アメリカ映画のイデオロギー

視覚と娯楽の政治学

細谷 等
中尾信一
村上 東
［編著］

論創社

予告編《トレイラー》は短く——序文に代えて

本書は、「イデオロギー」という題目のもと、カルチュラル・スタディーズ、ジェンダー論、クィア理論、ポスト・コロニアリズムといった切り口でアメリカ映画を論じるアンソロジーである。まず、イデオロギーとは何か。タイトルがズバリのテリー・イーグルトンの著書『イデオロギーとは何か』を繙《ひもと》いてみると、とてもここでは要約できない錯綜した意味に面食らってしまう。では、手っ取り早くウィキペディアに当たってみると、「物事に対する包括的な観念」、「日常生活における、哲学的根拠」、「社会に支配的な集団によって提示される観念」、とお手軽さが売りのネット百科事典でもスカッと定義されていない。

しかし、この意味の増殖にこそ、イデオロギーの本質が隠れているのではないだろうか。つまり、簡単かつ暴力的に（それこそ、イデオロギー的に?）定義してしまえば、「イデオロギー」とは錯綜した社会・歴史的文脈によって決定され、それぞれ異なる意味作用を発生させるポジションのことである、と。

したがって、立ち位置の数だけイデオロギーは存在し、「社会に支配的な集団」が普遍性の名のもとに押し付けてくる観念だけがイデオロギーではないことになる。支配的イデオロギーの暴力に晒される周縁的なグループの皮膚感覚あふれる生活意識（あるいは無意識）も、ある視座からの観念の産物、イデオロギーと言えるのだ（この特定の観念が「土着性」や「民族性」のように本質主義化されることによって、周縁的な集団のなかにさらに周縁化されるサブグループが再生産されることになる）。

このように考えると、体制／反体制、白人／有色人種、男性／女性、といった単純な図式ではイデオロギーを捉えることはできない。そこにあるのは単一方向の主従関係ではなく、各イデオロギーのヘゲモニーをめぐる闘争と交渉であり、そうした重層的な運動によって中心と周縁の関係性が複雑に変換・交錯し合うダイナミズムなのだ。

アメリカ映画もそのようなダイナミズムが展開されてきた場であったし、今でもそうである。『イージー・ライダー』（*Easy Rider*, 1969）をはじめとするニューシネマの反体制的な身振りに孕まれるホモソーシャルな男性中心主義、『羊たちの沈黙』（*The Silence of the Lambs*, 1991）のフェミニズム的な身振りに潜む抜き差し難いホモフォビア、そして『ミルク』（*Milk*, 2008）のLGBT的な身振りに紛れて再導入される古典的な女性嫌い《ミソジニー》。そこで繰り返されるのは、対抗が抑圧へと変転し、さらにそれへの対抗がまた新たな抑圧を産み出していく解放と回収の弁証法にほかならない。

この意味で、ハリウッド映画とは、わかりやすく安定した構図の背後で諸々の力がせめぎ合う陣取り合戦の競技場《アリーナ》であると言えよう。そして、こうした映像の力学をクィアの視座からなぞっているのが、トッド・ヘインズの『ポイズン』（*Poison*, 1991）と『エデンより彼方に』（*Far from Heaven*,

2002）である。

ニュー・クィア・シネマ系の『ポイズン』は、「ヒーロー」（"Hero"）、「ホラー」（"Horror"）、「ホモ」（"Homo"）とHの韻を踏む三つ物語で構成される。「ヒーロー」は郊外の平凡な家庭で起こった七歳の男の子による父親殺しを、ローカル・ニュースのザラついた画像で綴る。犯人の少年は姿を見せず、動機もまったく解明されないが、「ホラー」、「ホモ」という一見して関連のない物語とパラレルに展開することで、その意味が炙り出される仕掛けになっている。

「ホラー」は五〇年代のB級SFの手法を用いた（加えて、『マタンゴ』の影響大）エイズ問題のアレゴリー、「ホモ」はその名のとおりジャン・ジュネの『薔薇の奇蹟』が元ネタのゲイ囚人ものである。つまり、「ヒーロー」をこれら同性愛の挿話と接続することで、郊外住宅地という異性愛の砦を内側から食い破り、形骸化させていく不気味な諸力の存在がクィアに浮かび上がってくるのである。それはちょうど、『ブルーベルベット』（*Blue Velvet*, 1986）の郊外住宅地と同じである。充足した中流家庭の象徴である芝生の表層をひと皮剝いでみれば、そこには昆虫がお互いを食い潰していく弱肉強食の世界が露呈されるのだ。

安定した表層に潜在する諸力間の闘争。このすぐれてイデオロギー的なテーマを、ヘインズはメジャーでさらに追及する。『エデンより彼方に』は、ダグラス・サークの『天はすべて許し給う』（*All That Heaven Allows*, 1955）を鮮やかにパスティーシュした「メロドラマ」である。当然、メロドラマの前提として異性愛があり、そしてその延長線上には家庭があるが、ヘインズはその前提を徹底して突き崩す。

舞台は再び五〇年代の郊外住宅地、アメリカの豊かさと安定を象徴する時代と場所。しかし、それはまた赤狩りの時代でもあったように、暴力と抑圧のうえに成立した安定と豊かさでもあった。その抑圧の構造は、黒人の庭師と同性愛者の夫という二人の他者を媒介として可視化される。こうして郊外住宅地という「エデン（heaven）」は、その表層の安定を維持すべく、外部（エスニシティ）のみならず内部（セクシュアリティ）にも巣食う拮抗する諸力をかろうじて制しているパワーゲームの場であることが剝き出しにされる。

そして、この論集に通底するのも、こうした力学への考察である。以下、簡単ながら各章の紹介（煩雑になるので、各論で扱われる映画の原題と公開年は省略）。

三添篤郎は五〇年代の短編映画『ダック・アンド・カヴァー』に着目し、今ではナンセンスに見えるその啓蒙映画を起点として、冷戦下アメリカの「核」と「学」との抜き差しならぬ関係を明らかにする。つまり、この一〇分足らずの短編には、核開発といったハード面のみならず、核時代における知の育成というソフト面も推進してきた冷戦下のポリティックスが集約されているのだ。アトミックパワーに勝るとも劣らない「マンパワー」育成計画は能力主義《メリトクラシー》を偏重しており、そこにはＩＱテストの開発や、私たちにお馴染みのＴＯＥＦＬ、ＴＯＥＩＣといった資格試験の起源もあった。さらに筆者は、これまで冷戦や核開発とは無縁と思われてきた小説、サリンジャーの『ライ麦畑でつかまえて』をこの文化的な文脈に接続させ、ホールデン少年のアウトロー的な言説が如何に「核」／「学」とシンクロしていたのか、その時代性を詳らかにする。

越智博美は、冷戦期から現在に至るまでの地政学的な変容が、００７シリーズにどのように反映されていったかを辿っていく。『ロシアより愛をこめて』の（とりわけ、ダニエラ・ビアンキの）印象が強いせいか、このスパイ映画からは冷戦時代の米ソ対立がつい連想されがちである。しかし、筆者によれば、シリーズのイデオロギー的機能は冷戦体制の解消ではなく維持にこそあり、そのため仮想敵がソ連ではなく、米ソ関係を攪乱する第三項とされている点を指摘する（たしかに、ビアンキを操るのはソ連ではなくスペクターだ）。このように考えれば、オリエンタリズム映画の極東ならぬ極北『二度死ぬ』で米ソ間を仲介する日本の役割も合点がいく。しかし、冷戦終結後、スペクターはその身体性を喪失していき、それはそのまま実体のないグローバル経済の隠喩となっていく。ボンドが対峙するのはペルシャ猫をなでる禿頭《とくとう》の悪の権化ではもはやなく、文字通り見えない権力としての亡霊《スペクター》なのだ。

村上東は、ロバート・オルトマンの『バード★シット』を対抗文化への批判的テクストとして読み解いていく。七〇年代初頭、ハリウッド史における飛び地のような作家主義の時代、『Ｍ★Ａ★Ｓ★Ｈ マッシュ』や『ナッシュビル』の監督が撮った作品、と言えば誰でも反体制的なニューシネマを連想するに違いない。しかし、筆者はそこに対抗文化の挫折が先取りされた形で表象されていることを指摘する。イカロス神話に基づいたブルースターの「飛ぶ」行為は、地上の束縛から「跳ぶ」こと、社会改革のメタファーにほかならない。しかし、それはアストロドームというシェルター内での飛翔であり、そこから敷衍して核シェルターで防備された超大国の庇護のもとでの反抗であることが示唆される。対抗文化がロックやファッションなどの商品として、いとも簡単に市場に回収されていったことも同じ論理による。最後に筆者は現在に至る対抗文化の蹉跌を総括し、その「跳ぶ」行為があらかじめ失われたものであったことを歴史的に概観していく。

大田信良は、フランク・キャプラの『或る夜の出来事』を新旧グローバルパワーの交渉という地政学的文脈に接続させて読む。ロマンスと言えば性の政治学がお約束だが、ここでは逆説的にも――いや、正統的にもと言うべきか――筆者はこの映画に政治学そのものを見出していく。具体的には、哲学者スタンリー・カヴェルのハリウッド映画論を参照枠としつつ、イギリスの劇作家ノエル・カワード原作の映画『私生活』を媒介として、このスクリューボール・コメディの古典を米国リベラリズムに基づく新しい社会共同体の寓意として読み解いていく。三〇年代、世界大恐慌の洗礼を受けたにもかかわらず、その発信源となることでアメリカは超大国としての自らの地位をはからずも立証し、それに呼応するかのようにハリウッドは黄金期を迎える。新勢力アメリカと旧勢力イギリスの政治・文化・市場をめぐる対立と矛盾、そして交渉が、同時期に制作されたロマンスのプロットを重層決定していくプロセスが丁寧に辿られていく。

宇津まり子は『ハッシュパピー～バスタブ島の少女～』を取り上げるが、映画というテクスト自体ではなく、それに対する受容の分析、いわば映像における「読者反応論」を試みている。筆者によれば、この映画をめぐる批評言説は二つに大別される。そのひとつとして、マジック・リアリズムの手法を用いたその寓話的な構成から、環境破壊に警鐘を鳴らすエコロジー神話として解釈する言説がある。他方、その神話的な表象の装いのもと、無知と偏見に捉われた黒人低所得者層というステレオタイプを強化する、抑圧的なイデオロギー装置と糾弾する言説がある。筆者はこの両者を批判対象として、人種問題を白人／黒人というわかりやすい対立軸に還元することで、そうした批評言説自体が多様なエスニシティを抑圧する政治的な効果をもってしまう危険性を指摘する。以上のようにこの論では、一本の映画が錯綜した文化・社会的な文脈に投げ込まれ、災害、階級、人種をめぐる諸言説が拮抗する力の場となっていく過程が明快に綴られていく。

伊達雅彦はホロコースト映画の系譜を辿りつつ、『ディファイアンス』と『縞模様のパジャマの少年』をテクストに二一世紀におけるこのジャンルの質的な変化を論じていく。『ディファイアンス』は「戦うユダヤ人」のイメージを前景化することで、「犠牲者」という従来のステレオタイプを解体していく。たしかに、『ミュンヘン』（*Munich*, 2005）や『イングロリアス・バスターズ』（*Inglourious Basterds*, 2009）にも見られるように、ユダヤ人の表象のベクトルは変わってきている。筆者が指摘するように、それはイスラエルにおけるユダヤ人の政治的・軍事的力学の変容が深く影響していると言えるだろう。その意味では、視点をドイツ人の少年に据える『縞模様のパジャマの少年』は手法的には斬新だが、テーマ的にはお約束の域を出ない。むしろ、筆者もこちらの方に強意を置いているのだが、衣服＝「パジャマ」でガス室送りが決定されるという残酷なナンセンスにこそ、ホロコーストの無根拠を露呈させるこの寓話の衝撃があるように思われる。

中尾信一は『黒い罠』を中心に、映画における「境界線」の意味作用について考察する。オーソン・ウェルズ監督・出演のフィルム・ノワールの舞台は文字通り境界線、アメリカとメキシコの国境である。有名なロング・テイクのオープニング、陽気なラテン・ナンバーをＢＧＭに、国境は異民族が自由に交通する祝祭的な空間として提示される。しかし、自動車爆破事件を契機として、それは「文明」／「野蛮」、「善」／「悪」の境界線として前景化されていくことになる。さらに、そうした国家・民族的な境界線にジェンダーの境界線が重ね合わされることで、差異はいっそう強化されていく。だが、ウェルズの面目躍如たるところは、このように映像の政治学を実践しつつ、それを異化せずにはおかないところにある。筆者が論じるように、「差異の普遍化」を体現する刑事クインランによる事件のでっち上げは、境界線を引く行為の恣意性と、その行為自体が「善」／「悪」の境界線を侵犯してしまうアイロニーを暴露するものにほかならない。

松崎博は『ウエスト・サイド物語』を「色」と「他者」という切り口で再解釈する。たしかに、このミュージカルの古典で際立つのは、音楽や踊りもさることながら、高速道路の赤い鉄骨など鈴木清順を思わせるキッチュなカラースキームである。その様式美はジェット団とシャーク団の白と黒のコントラストにおいて、文字通りイデオロギー的な色彩を帯びてくる。今では失笑を禁じ得ないナタリー・ウッドの「黒さ」は、アメリカ独自の「人種」の定義、有色人種の血が一滴でも混じれば「黒人」と定義されるワンドロップ・ルールのデフォルメにほかならない。さらに筆者は、エニィボディズという抑圧されたトランスジェンダーのキャラクターを導入することで、色の政治学をさらに敷衍させる。伝統的にミュージカルは同性愛と密接な繋がりがあるが、舞台版が制作された五〇年代、同性愛者は共産主義の走狗として赤狩りの標的であった。それゆえ、エニィボディズのLGBT的欲望はトニーとリフのホモソーシャルな欲望へと置換され、同性愛カラーのラヴェンダーが極彩色の物語を支配する色の無意識となっていることが分析される。

細谷等はハリウッド映画におけるクィアの表象を歴史的に概説、その抑圧と解放の弁証法を解明していく。黄金期の三〇年代から五〇年代まで、ヘイズ・コードの規定により、ハリウッド映画では同性愛をあからさまに描くことはタブーとされてきた。しかし、映画産業の斜陽化が決定的となる六〇年代、倫理規制の緩和に伴って、セックスや暴力と並んで同性愛がスクリーンにカミングアウトする。だが、それはバッシングのためのカミングアウト、異性愛中心主義を強化するための装置としてであった。エイズ危機を迎えた八〇年代以降も事情は変わらず、『フィラデルフィア』に典型を見るように、同性愛者は病と同一視され、他者として表象され続ける。九〇年代に入るとニュー・クィア・シネマが台頭、その影響から『ブロークバック・マウンテン』のような同性愛映画がメジャーでも制作されるようになる。しかし、その解放の身振りの背後で、クィアの脱クィア化という巧妙な回収の手続きが行われていることを筆者は明らかにしていく。

照沼かほるは、『ユー・ガット・メール』などのロマンティック・コメディで知られるノーラ・エフロンの諸作品を取り上げ、そこでポストフェミニズム時代の女性たちがどのように表象されているかを辿っていく。エフロンの描く女性たちは、恋愛や結婚を自己選択・自己実現の対象とする個人主義者である。恋愛・結婚をイデオロギー的な実践として批判してきたフェミニズムの面影は、もはやそこにはない。しかし、ロマンスとキャリア形成を両立させるヒロインたちの姿は、あくまで理想的なロールモデル、映画的な願望充足にすぎない。実際、筆者が指摘するように、エフロンの作品はつねにアンビヴァレントである。そこにはフェミニズム以降の解放が、自己責任のネオリベラリズムへと容易に転化してしまう危険性を想起させる瞬間がある。その意味で、エフロンの脱政治的なロマンスは、ポストフェミニズムが直面しているアポリアを提起する、すぐれて政治的なテクストになっていると言えよう。

塚田幸光は、「プール」の表象とリンクさせつつ、ハリウッド映画における男性ジェンダーの変遷を辿っていく。ハリウッド黄金期の三〇年代、プールは恐慌時代におけるアメリカ的理想のイコンとして機能、それは『ターザン』映画にも反映され、ジャングルの河はプールの隠喩となり、安全と快適さへの欲望の表象と化していく。それに呼応してターザンの身体も、文化的かつ多分に優生学的な「健全性」のシンボルとして眼差される。しかし、ヴェトナム戦争以降、ニューシネマの時代に入ると、男性は性/政治的なヘゲモニーを喪失し、その身体はローラ・マルヴィ言うところの視線の政治学の生贄となる。その結果、異色のニューシネマ『泳ぐひと』で晒されるのはワイズミュラーの安定した身体ではなく、バート・ランカスターの老いて震える巨体、不安と不能に苛まれるアメリカの身体にほかならない。こうしてプールは、その朽ちた男性の身体をくっきりと浮かび上がらせる映像内のスクリーンとなっていく。

細かい経緯は忘れたが、本書の出発点は深作欣二の『解散式』にあったと記憶している。鶴田浩二と丹波哲郎が扮する古風なヤクザが、コンビナートを背景にドスを交えるシーンが鮮烈な初期深作映画の傑作だ。編者の一人である村上氏にこの映画の話をしたとき、「映画、好きなの？　ウチの大学にも中尾という映画に詳しいヤツがいるから、一度会ってみる？」となり、それでは三人で何かを残しましょう、となって本書が日の目を見たわけである。

映画や本が二〇世紀の遺物となりつつある現在、映画についての本を出すことなど、それこそコンビナートを背景にドスを交えるのと同じくらいアナクロなことなのかもしれない。それでも、私が二人の前近代的なヤクザに名状しがたい意気を感じたように、本書に何かを感じてくれる読者がいると信じて、さあいざ活字のドスを抜き……という次第であります。

最後になりましたが、カラー映画以上に色を見せたフィルム・ノワール調のクールなカヴァーをデザインしていただいた奥定泰之さん、この持ち込み企画を快諾、出版まで適切にファシリテートしていただいた論創社の松永裕衣子さんにはお世話になりました。改めて深く感謝いたします。

二〇一六年夏

細谷　等

アメリカ映画のイデオロギー◉目次

I

超大国の肖像

――イメージとしての体制／反体制

核と学の遭遇――『ダック・アンド・カヴァー』、コナント、サリンジャー

三添篤郎

はじめに

一九五一年、合衆国政府民間防衛局（ＦＣＤＡ）は、九分一五秒の短編映画『ダック・アンド・カヴァー』（*Duck and Cover*）を大々的に公開した。映画の公開は時宜を得たものであった。それは、ソビエト連邦が初の核実験に成功した二年後、核機密を合衆国外に流出させたとしてローゼンバーグ夫妻が逮捕された翌年のことであった。核攻撃によって本土爆撃される可能性は、まさに現実のものとなろうとしていた。その状況下で本映画は、ソ連から核弾頭が合衆国本土に飛んできた際、即座に机の下や塀などに「逃げて（duck）」、「頭を覆っていれば（cover）」、爆風からも放射能から

も自衛できることを、高らかに強調した。ポスト冷戦時代のわれわれの目から見ると、あまりに滑稽で杜撰な論理に立脚した啓蒙映画であった。

しかし物語の滑稽さは、『ダック・アンド・カヴァー』の文化的価値が低いことを全く意味しない。事実は逆である。『六〇年代アメリカ』で有名な社会学者トッド・ギトリンは、学生時代にこの映像に則した避難訓練を何度もさせられたことを鮮やかに記憶している（Gitlin 22-23）。さらにスタンリー・キューブリック監督『博士の異常な愛情』（*Dr. Strangelove or: How I Learned to Stop Worrying and Love the Bomb*, 1964）のブラック・ユーモアを彷彿とさせる核ドキュメンタリー映画『アトミック・カフェ』（*The Atomic Cafe*, 1982）や、TVアニメ『サウス・パーク』（*South Park*）のエピソード「火山」（"Volcano", 1997）、そしてスティーヴン・スピルバーグ監督の最新作『ブリッジ・オブ・スパイ』（*Bridge of Spies*, 2015）にいたるまで、『ダック・アンド・カヴァー』はアトミック・エイジの残像のように、これらの映像の要所で登場してきた。二〇〇四年、アメリカ議会図書館は、「一九五〇年代に何百万人という生徒たちに観賞された」このプロパガンダ映画を、「文化的・歴史的・美学的」重要性の高い映像に認定し、映像を半永久的に保護する「アメリカ国立フィルム登録簿（The National Film Registry）」に、『ベン・ハー』（*Ben-Hur*, 1959）などとともに選定した（"Saving the Silver Screen."）。文化批評家トレイシー・C・デイヴィスも述べるように、映像の破天荒さとは裏腹に、『ダック・アンド・カヴァー』は戦後合衆国の「集団的記憶」となってきた（Davis 9）。

滑稽極まりない本短編映画が、国家的価値を持ちえてしまう事実を、素直に受け止めることは難しい。学生は机の下にもぐれば核攻撃に対抗できるという一見すると杜撰な物語設定は、一九五〇年代的心性から見たとき、なぜ説得力を帯びることができたのだろうか。言い換えれば、第二次世界大戦後の合衆国政府は、なぜ「核」と「学」をひとつの映像表現のなかで共存させる映画を作り出そうとしたのだろうか。この問いを解明しない限り、わたしたちは映像から滑稽さ以上の意味を摑みとることはできないだろう。そこで本論は、『ダック・アンド・カヴァー』を、同時代に活躍したハーヴァード大学学長ジェイムズ・ブライアント・コナントや、ジェローム・デイヴィッド・サリンジャーの青春小説『ライ麦畑でつかまえて』(*The Catcher in the Rye*, 1951)と並置することで、映像の杜撰な論理に整合性をあたえた政治的・歴史的文脈を突き止め、映像の滑稽さから、冷戦初期特有の認識論を析出することを目的とする。「核」と「学」をひとつのテクストで共存させようとする思考法は、『ダック・アンド・カヴァー』の専売特許ではなく、戦後合衆国を支えた文化コードそのものである。

教育映画としての『ダック・アンド・カヴァー』

短編映画『ダック・アンド・カヴァー』が原爆映画の側面を持っていることは一目瞭然である。冷戦文化研究の名著ポール・ボーヤー『原爆の初光で――アトミック・エイジ幕開け期におけるアメリカの思想と文化』にはじまり、ローラ・マッケナニー『家庭で民間防衛が始まる――軍事化が五〇年代日常生活と出会う』、トレイシー・C・デイヴィス『緊急事態——冷戦期核民間防衛』、メルヴィン・E・マシューズ・ジュニア『ダック・アンド・カヴァー——冷戦から九一一における、映画とテレビにおける民間防衛のイメージ』といった一連の文化研究は、『ダック・アンド・カヴァー』を核戦争映画の一部あるいは代表作として扱ってきた。わたしもこの見解を否定するつもりはない。しかし、この映画が原爆映画であると同時に、教育に対しても比重を置いていることに違和感を覚えてしまうのもまた事実である。『ダック・アンド・カヴァー』は核映画であると同時に教育映画としても観賞することが可能である。

冒頭から結末まで映像を追ってみよう。九分一五秒の映像は、危険に対して用心深いバートという名前の亀が、爆竹の音に反応して甲羅に身を隠すアニメーションのシークエンスから始まる。それと同時に、「ダック・アンド・カヴァー」という歌のコーラスが始まる。つぎに、生徒を諭すかのように、男性俳優ロバート・ミドルトンのナレーションが入り、「亀さんバートがやったことを覚えておこうね、お友達のみんな。みんなひとりひとりが同じことをしましょうね。それがこの映画のお話だよ。ダック・アンド・カヴァー!」と、語り手と観客の親密さが作り上げられる。前口上として、この映画が民間防衛局の公式映画で、アメリカ教育協会(NEA)が協賛し、アーチャー・プロダクションズが制作を請け負ったことが告げられる。その後、亀が命の危機を脱したのは、危険を察知した途端に甲羅で防御したためであると強調される。ここまでが一分二〇秒のオープニングである。オープニング終了までで、子ども向けのアニメーションが駆使され、先生のナレーシヨンが入り、アメリカ教育協会のクレジットが入る。オープニングはこの映画が教育領域と隣接関係にあることを予感させる。

事実オープニングが終了した途端、場面は小学校に変わる。このとき映画冒頭から続くナレーションの語り手が、この小学校の男性教員の声であることを観客は知らされる。このクラスは、白人・非白人の区別なく多人種で構成されており、この映画が合衆国の全学生を対象とした総力戦体制の映画であることを暗示している。そして先生は、火事には消防士が、自動車事故には警察が出動するように、「新しい危険に対しても備えなければいけない」と続ける。ここで言う「新しい危険」とは核攻撃のことであり、必要な防衛策とは頭を手で覆い身を丸くする「ダック・アンド・カヴァー」のことである。この後、原子爆弾が爆発した瞬間を知る方法を、別のクラスの女性教員が説明している映像に切り替わる。さらに、休み時間のグラウンド、放課後の自宅前、道路で、非常警報サイレンが鳴った場合は、建物内かシェルターに避難行動を取るよう指示がある。ところが警報が間に合わない場合がある。その時は、亀さんバートのように、閃光を感じた瞬間に、「ダック・アンド・カヴァー」を迅速に行わなければいけないと、語り手は緊迫感を出して早口で急き立てる。警報が間に合わないと想定されるアポカリプス的状況として登場する空間は、教室と廊下と登校中の道路と自転車運転中の路上とスクールバス内とピクニック場と農場である。日常生活空間がグラウンド・ゼロに変貌するというメッセージは、都市と田舎の子どもたちすべてに向けられている。そして再び教室が映し出され、あらゆる場面でどのような避難行動をするか話し合っていくよう、語り手が締めくくる。亀さんバートが再登場してきてこう総括する――「何をすべきか覚えたかな、お友達のみんな！　声に出して教えてみて。閃光をみたらどうするんだったかな？」。それに答えて、子どもたちが「ダック・アンド・カヴァー！」と答えて、映像が閉じられる。エンド・クレジットとして、ニューヨーク・シティとアストリアの公立学校が協賛したことが挿入されて、この政府公認短編映画は終わる。このように映像全体を見てみると、本作を核戦争映画として区分する従来の議論には窮屈さを禁じ得ない。焦点は明らかに学校と学生に向けられている。

裏を返せば、この映画は核を描いているように見えながら、核を描いていないともいえる。原子爆弾と原子力がもたらす甚大な被害をすでに知っているわたしたちにとって、民間防衛局が提示したこの呑気な防衛策は、核攻撃が米国本土にもたらす被害を余りに過小評価もしくは隠蔽しているように映る。歴史家ジョアン・ブラウンによれば、第二次世界大戦後から五〇年代における原爆関連テクストには、「戦争・死・爆撃・攻撃・戦闘・核戦争・原爆・空襲」といった表現が欠落し、代わりに「危機・緊張・緊急事態・災害」や「生活への脅威」「起こるかもしれない事態」「いつか現実になるかもしれない出来事」といった婉曲表現が使われることが多々あった（Brown 79）。『ダック・アンド・カヴァー』も同様に、「危機」という語を頻用している。核の脅威をあまりに強調しすぎると、当時推進されはじめた原子力政策に反対運動が巻き起こる可能性があったという事情もあるだろう。それだけでなく、マンハッタン計画の主導者ロバート・オッペンハイマーが赤狩りされたことで、専門家が積極的に原爆被害を公表することを控えはじめたという政治的理由もある。

実際、机の下に隠れたところで爆風で木っ端微塵になるのではないかという、当然想定される科学的反論は、公開直後の映画評には奇妙なまでに登場してこない。

核の実態が後景になると同時に前景化されているのが教育である。映画冒頭でクレジットされているとおり、『ダック・アンド・カヴァー』の制作には民間防衛局だけでなく、アメリカ教育協会も携わっている。映画のタイトルを考えたのは、当時ヴァージニア州現職小学校教員であったヘレン・セス・スミスである。「学校でダック・アンド・カヴァー方式の避難訓練をやっている」と、本映画の制作会議で彼女が発言したことが、このタイトルの起源だとも言われている。[1]さらに完成直後、本短編はまずニューヨークの学校関係者向けに限定公開され、この映画の漫画版ブックレット『亀さんバートのダック・アンド・カヴァー』（*Bert the Turtle Says Duck and Cover*）は全米三〇〇万人の学生に向けて配布された。同種のブックレットは、一九五二年二月号の教育雑誌『アメリカ教育協会ジャーナル』にも掲載されている。民間防衛局は、『タイム』『ライフ』『ルック』といった主流雑誌や、NBC、CBS、ABCといったテレビ放送局で、同映画の広報活動を行い、ラジオ局では『亀さんバート』（*Bert the Turtle*）という一四分のラジオドラマを流すなど、この教育映画を民間防衛の代表作にする手立てを尽くした。もちろん、民間防衛局はその他にも八本の啓蒙映画『都市は戦わなければならない』（*Our Cities Must Fight*）、『原爆攻撃下での生存』（*Survival under Atomic Attack*）、『家庭の消火』（*Fire Fighting for Householders*）、『細菌戦争について知っておくべきこと』（*What You Should Know about Biological Warfare*）、『神経ガスについて知っておくべきこと』（*What*

You Should Know About Nerve Gas）、『救命のための緊急動作』（*Emergency Action to Save Lives*）、『これが民間防衛だ』（*This Is Civil Defense*）、『産業のための民間防衛』（*Civil Defense for Industry*）を制作していた。しかしこのなかで現在もなお命脈を保っているのは、学校と学生を舞台にした本作だけである。核映画『ダック・アンド・カヴァー』は制作においても、物語においても、広報においても、教育領域と密接に絡まり合っているのである。

ここでわたしは、『ダック・アンド・カヴァー』は核戦争映画ではなく、教育映画であると主張したいわけではない。そうではなく、「核」と「学」をひとつの映像表現のなかで同時に表象しようとする欲望のありかを突き止めないかぎり、この映画のメッセージをつかみ損ねてしまうと言いたいのである。『ダック・アンド・カヴァー』をめぐる先行論はこの両義性について回答できていないが、この短編映画の肝は、「核」と「学」が共存していることそれ自体にある。両者の共存がどのような意味を持ちえたのかを歴史的視座から見定めるためには、映像をとりまく種々の言説空間に目を向けなければならない。

コナント、マンパワー、国防教育法

「核」と「学」をひとつの思考回路のなかで結びつけようとする態度は、『ダック・アンド・カヴァー』のみに現れるものではない。大戦後に活躍した教育界の冷戦戦士たちもまた、「核」をめぐる領域と、「学」をめぐる領域を、隣接関係にあるものとして認識していた。彼らの言説を精査し、それを『ダック・アンド・カヴァー』に投げ返したとき、本短編映画はなぜ核映画と教育映画の両ジャンルの要素を合わせ持っていたのか把握できるようになるだろう。

まず注目したいのが、第二三代ハーヴァード大学学長ジェイムズ・ブライアント・コナント（在任期間一九三三－五三年）である。コナントも「核」と「学」をまたぐ人物である。一方で彼には科学者、とりわけ核科学者としての顔がある。第一次世界大戦中に毒ガス研究に従事したコナントは、第二次大戦中に米国国防調査委員会（ＮＤＲＣ）の会長となり、核爆弾の製造を秘密裏に行ったマンハッタン計画の中心的存在となった。彼はトルーマン大統領に原爆投下を進言したひとりでもある。大戦後は原子力委員会の顧問となり、核エネルギー政策を推し進めていった。ヴァネバー・ブッシュと並び立つ科学界のトップとして、彼は科学者育成に尽力した。これが「核」ひいては科学領域におけるコナントの顔である。

こうした科学大国を作り上げていくうえで、彼は教育改革に尽力し、メリトクラシーを推し進めていった。彼のもうひとつの顔とは、教育者としての顔である。彼は、縁故や親族関係、社会資本や文化資本において進学先と入試の合否が決定していく従来のアドミッション・ポリシーは見直すべきであるとして、学力を第一義に据えるメリトクラシーを合衆国の基盤に据えることに尽力した。しかし、もちろんメリトクラシーの理念は、一九三三年の学長就任と同時に彼が唱えていた主張である。しかし、第二次世界大戦直後に急速に彼の教育理念が普及したのは、大学受験の「機会均等」という民主主義の理念が、当時勃興しつつあった反共主義と相まって説得力を獲得できたからである。彼は、あきらかに冷戦構造を意識したタイトルで、一九四八年に教育哲学書『分断された世界における教育』(*Education in a Divided World*)を刊行し、「能力だけが勝つはずだ」(merit alone should win)」と冒頭から強く訴えかけた(Conant, *Education* 6)。この「能力だけが勝つはずだ」の目的語はソ連でもある。メリトクラシーが実現すれば、建前上「アメリカには階級が存在しない」ことを国内外に示すことができる(Conant, *Education* 14)。それは目の前で今始まろうとする共産圏との戦いに勝利するために、必要不可欠な教育改革であった。こうしてコナントは、メリトクラシーを、冷戦の文脈に接合することで理論武装していった。

彼のこの教育哲学は、受験体制の大改革という形をとって具体化され、アメリカに普及していった。全米統一学力試験SATの受験を、学長就任とともにハーヴァード大学の受験規定に盛り込んだように、コナントは学力試験を全米に普及することに命を削った。とくに第二次世界大戦後は、GIビルとベビーブームの煽りをうけ学生数が急増したため、受験制度改革のための舞台はそろっていた。彼が大量の帰還兵をハーヴァード大学に受け入れた功績は、すぐに一九四六年九月二三日号『タイム』誌のカヴァー・ストーリーで取り上げられ、彼は一躍時の人となった。冷戦が開始する翌四七年にコナントは、現在GRE、LSAT、TOEFL、TOEICの管轄母体でもある巨大試験機関ETSの創設に会長として携わった。

受験体制の再構築に関わったのは、もちろんコナントだけではない。四六年にはSAT対策講座カプランがニューヨークに開校し、受験産業の雛形が出来上がりはじめた。四八年には、合衆国教育局の機関誌『スクール・ライフ』（*School Life*）が特集「アメリカ的民主主義への熱意」を組み、メリトクラシー社会の到来を称える。アーサー・ミラーの戯曲『セールスマンの死』（*Death of a Salesman*, 1949）は、大学受験がいかに将来の収入を左右するかを悲劇的に描く。後に述べるように、J・D・サリンジャーの青春小説『ライ麦畑でつかまえて』も、戦後教育改革の渦中で登場したテクストであった。こうした教育改革において主導的立場にあったコナントは、『分断された世界における教育』を刊行するだけにとどまらず、五三年には『教育と自由』（*Education and Liberty*）、五八年には『今日のアメリカの高校』（*The American High School Today*）といった単著を相次いで刊行していくこととなる。

コナントは、このように一方では「科学者」として、また一方では「教育者」としての顔を持っていた。「核」と「学」は、コナントの思考ではいささかも矛盾するものではない。メリトクラシーに基づいて、生徒を能力別にスクリーニングする大学受験体制が整備されれば、優秀な科学者を効率的かつ効果的に養成できるようになるからである。事実、『ダック・アンド・カヴァー』公開と同年の一九五一年に刊行された『科学を理解する』（*On Understanding Science*）でコナントは、科学的知識をもった学生を育成することこそが戦後の課題のひとつであると提言している。コナントは、マンハッタン計画の際に国家によって独占・管理された科学的知を世俗化させ、合衆国全体の科学教育・研究レベルを底上げすることを画策していた（Conant, *On Understanding* 19）。ソ連に勝つためには、「核」と「学」は連携しなければならない。

教育を充実させれば共産主義に勝つことができる。このシナリオを好んだのは、コナントだけでない。むしろこのシナリオは合衆国政府こそ好んだものである。一九四九年、ハリー・S・トルーマン大統領は、「教育は国防の最前線にあり……教育を通じて共産主義と戦うことができる」と強調し、教育の役割を国防と断定している。そして教育ならびに学生こそが、「ファシズムや共産主義に対する防波堤」として機能することになるだろうと結論づけている。本来であれば、軍事的な核兵器で守られるはずの合衆国は、「教育」・「学生」によって守ることが可能であるとトルーマン大統領は強く訴えかけている（Truman, "Address at Rollins College."）。同年、原子力委員会会長デイヴィッド・リリエンソールも、核をふくめた専門的な科学的知を、メリトクラシーの名のもとに再編されつつある教育現場に接合していくことこそが戦後の課題であると提言している（Lilienthal 1）。冷戦初期合衆国においては、ソ連との科学技術競争が激化する。それに伴い、核を筆頭とする科学的知は、教育現場において、幅広い層の学生に教えていくことが不可欠となり、若手科学技術者の育成が重要な国家目標となっていった。トルーマン大統領とコナントとリリエンソールは、教育を通じてソ連に勝利するという目標を共有しあう冷戦戦士であった。

一九四〇年代後半にこうした論調が出来上がると、五〇年代には学校で育成された国家的人材を「マンパワー（manpower）」と直截に呼ぶブームが訪れるようになる。先陣をきったのは、『ダック・アンド・カヴァー』公開と同年の一九五一年にコロンビア大学が立ち上げた国立人材委員会（The

National Manpower Council）である。アメリカ教育協会との共同研究によって進められたこの教育組織は、メリトクラシーに基づいた職業選択と科学者・研究者の育成を多角的に議論した。その報告書が『人的資源と教育』（*Manpower and Education*, 1956）である。本教育会議の報告に登場する発想とは、学生それ自体を合衆国の「マンパワー」と見なす奇妙なものである。

民主主義にとって避けて通ることのできない責務とは、あらゆる個人の才能や能力をたえず育成していくことである。個人の成長を促進するという理想に加えて、我が国が集めることの出来るありとあらゆる能力が、こんにち差し迫って必要な状態にある。合衆国は今やある状況下に置かれているのだ。訓練されたマンパワーの全資源（all its resource of trained manpower）を最大限にフル活用することが、以前の平時に比べて、急を要すると同時にまた時には難しくなっているのだ。

（Educational Policies Commission 7）

このような問題設定をしたあとに、国立人材委員会は、原子力の登場によって変容する新たな産業構造に対応可能な、「訓練されたマンパワー」の養成を国家目標として位置づけている。コナントが大学受験によって選抜しようとした学生、トルーマン大統領が「国防の最前線」に立つとした学生、リリエンソールが専門的知識を持つとした学生に対して、一九五〇年代合衆国は「マンパワー」というキャッチ・コピーを割りあてた。

もちろん、マンパワーという語はそれ以前から存在していた。マンパワーは、一九世紀半ばの産業革命を受けて、馬力の発想とおなじく、エネルギー量を人間の力で換算するなかで生まれた造語である。『教育と冷戦』の著者アンドリュー・ハートマンも述べるとおり、この語が、エネルギー産業を飛び出て、教育領域にまで派生し使用されるようになったのは、第二次世界大戦中のことである。軍産学複合体制がとられていた戦中、教育現場における職業訓練は、軍事訓練と同等のものとみなされていた。総力戦のエートスが醸成される渦中において、学校で教育を受ける学生は、即座に軍事的な活躍が期待されるマンパワーとして位置づけられていった。そしてこのマンパワーという概念は、共産圏に打ち勝つという共通目的を持った冷戦初期の教育現場において、またたくまに広まっていったのである（Hartman 63）。実際、五〇年代の教育雑誌『学校と社会』（*School and Society*）や、民間防衛局の出版物『学校における民間防衛』（*Civil Defense in Schools*）や『民間防衛警報』（*The Civil Defense Alert*）といった専門書だけでなく、一九五〇年代の『ニューヨーク・タイムズ』『タイム』といった主流メディアにおいても、マンパワーという語は幾度となく登場していた。

そして、学校でマンパワーを育成することで共産主義に打ち勝つという物語は、最終的に法案となる。一九五七年にソ連の軍事力を世界中に周知させることとなったスプートニク・ショックが起こると、合衆国政府は国防教育法（The National Defense Education Act of 1958）を制定した。本法案は、国防のための研究・教育環境の充実を目的として、科学技術・外国語教育に巨額の予算を投じただけでなく、奨学金の充実や、学生選抜試験の制度面も強化していった。国防教育法は、まさにコナントが打ち出した政策を、政府をあげて法案として支えるものであった。そして何よりも注目すべきは、国防教育法がマンパワーという概念に依拠して起草されていたことである。

こんにちの教育における緊急事態に対応するためには、政府のあらゆるレベルで、さらなる努力が必要である。従って本法案の目的は、さまざまな手段で、各個人や各州、その下部組織に、実質的な援助を与えることである。その結果、充分な質と量を伴った訓練されたマンパワー（trained manpower）が、合衆国の国防を必ずや請け負ってくれるはずである。（"The National Defense Education Act of 1985." 1582）

言うまでもなく、「訓練されたマンパワー」という表現は、コロンビア大学の国立人材委員会がその報告書で使用した表現と、まったく同一である。教育現場で育成されたマンパワーがあれば、核弾頭をもつ敵国に打ち勝つことができる——コナントを筆頭とする知的マッチョな冷戦戦士たちが好んだシナリオは、こうして法案として結晶したのである。

トルーマン大統領やコナントやリリエンソールやコロンビア大学の教育プロジェクト、そして国防教育法を念頭においたうえで、『ダック・アンド・カヴァー』を見なおしたとき、わたしたちはその映像表現から滑稽さだけを感じてしまう段階から、一歩前に進むことが出来るはずだ。この九分たらずの短編映画に見られるのは、物陰に隠れれば、原爆クライシスを回避できるとする民間防衛政策の杜撰さではない。この短編映画は、ソ連からの核攻撃に対して、国防の要塞と化した学校空間で、「訓練されたマンパワー」が勝利をおさめるプロセスを萌芽的に描いているのである。映像単体でみると杜撰に見えるこの物語は、冷戦戦士たちが好んだ物語そのものである。『ダック・アンド・カヴァー』は国防教育法の予告編である。

ホールデンの大学受験

ここまでわたしたちは一九五一年公開の『ダック・アンド・カヴァー』とそれを取り巻く状況を解析してきた。そこで見て取ることができた「核」と「学」の相補関係は、同時代の文学テクストにも循環していた。その代表例こそ、『ダック・アンド・カヴァー』と同年に刊行されたサリンジャーの傑作小説『ライ麦畑でつかまえて』である。もちろん本小説に、『ダック・アンド・カヴァー』への言及があるわけでない。通説にしたがえば、本作は、高校退学を余儀なくされたホールデン・コールフィールドが、ニューヨークに出て「インチキ（phony）」な人物を糾弾し、「成長」を拒み、イノセントな幼年期を永遠に追い求め続ける青春物語である。そしてこの青春物語を、ジェームズ・ディーン主演『理由なき反抗』（*Rebel Without a Cause*, 1955）やビート世代の文学と同列の「若者文化」もしくは「ティーネイジャー文化」として位置づけることは、合衆国文学・文化史における定番の解釈である。しかしホールデンを「若者」として一括してしまうことで、逆に見えなくなることもある。本小説においてホールデンは、四年制の寄宿制の名門私立高校の三年生であり、「イェール大学かプリンストン大学に進学する」予定の大学受験生として設定されているのである（Salinger 112）。この設定を見過ごすことは決してできない。先述したとおり、同時期に、ハーヴァード大学学長コナントは、学力を最優先とするメリトクラシー国家アメリカを立ち上げるために、大学受験を抜本的に再編しようとしていたからである。『ライ麦畑でつかまえて』は、これまで本論で触れてきた言説・表象群と、水面下で文化コードを共有しているのではないだろうか。一九四九年のクリスマス前の三日間を描く『ライ麦畑でつかまえて』を、メリトクラシーをめぐる文学テクストとして読み進めていくとき、そこにわたしたちは、「核」と「学」を両立しようとする戦後的認識論にサリンジャーも参与していたことに気付かされるはずである。

『ライ麦畑でつかまえて』を大学受験という視点から読み直していく可能性は、冒頭からすでに暗示されている。この戦後告白体小説は、コロキアルな語彙を使った持って回った言い回しで、両親の影を消し去ることから始まっているからである。冒頭からホールデンは、自分の出生情報、両親の職業、あるいはそれに付随した自伝めいた一切のことを語ること、また読者がそのような来歴を聴こうと期待することを、先回りして封じている。たしかにこの小説では母は声のみ、父にいたっては一度も登場してこない。ホールデンは遺産や縁故に依拠しない新しい物語を紡ごうとしている。アイヴィー・リーグを受験するかもしれないと作中で明記されている、プレップ・スクールの高校生ホールデンが、家庭環境や親族関係の話題を物語開始と同時に回避したがるのはなぜか。

この問題に絡んでくるのが大学受験制度である。当時のアイヴィー・リーグは、プレップ・スクール出身の高校生をほぼ自動的に合格させるシステムになっていた。一九世紀に誕生したプレップ・スクールは、従来、教会や家庭が担っていた子弟の規律訓練を、学校空間で実践するために誕生し、とりわけ「ブルジョアでキリスト教徒のジェントルマンで、可能ならば運動能力の高い」若者を再生産する均質的な教育装置であった（Brookeman 60）。そこで育成されたプレップ・スクール卒業生の受け皿が、東部のアイヴィー・リーグであった。イェール大学、プリンストン大学、ハーヴァード大学の合否判定要因を緻密なアーカイヴ調査によって解明したジェロム・カラベルの大著『選ばれし者』によれば、ＳＡＴが導入される以前の二〇世紀前半、アイヴィー・リーグはそれまでの受験で必要のなかった推薦状、エッセー、課外活動報告書、出生情報の提出を義務づけるようになった。それらの資料は受験生の民族的・階級的出自、両親の資産を特定するための材料として使われ、合否判定基準となった。こうしたプレップ・スクールとアイヴィー・リーグの蜜月は、コナントの大学改革にも関わらず、第二次大戦後もしばらく継続されることになる。例えば、小説の登場人物ジョージは名門寄宿高校アンドーヴァーの高校生であるが、一九四六年のアンドーヴァー高校生のハーヴァード大学合格率は実に九四％であった（Karabel 189）。ホールデンの寄宿学校も同様である。一八八八年に創設されたペンシー高校は、「少年たちを明晰な思考をする優秀な若者へと形作ってきた」ことを喧伝する「すごい裕福な家の子どもがいっぱいいるところ」である（Salinger 4, 7）。ホールデンの知り合いの大学生が、物語中ことごとくアイヴィー・リーガーなのは、プレップ・スクール卒業生の典型的な進学先を物語っている。ホールデンは物語冒頭で縁故を真っ先に否定すると、続いてそれに関わる人物たちを次々と糾弾しはじめていく。プリンストン大学生エディ・バードセル、イェール大のアイヴィー・リーガー、サリーに近づくハーヴァード大学生、エルクトンヒルズ高校やペンシー高校の学友、さらにはプレップ・スクールそのものが、ホールデンにとってすべて「インチキ」である。

そして彼は、従来的な進学制度に関わる人物や制度を否定した代補として、SATのプロトタイプとなったIQテストで用いられていた価値尺度をしばしば用いることで、コナント同様、縁故主義からメリトクラシーへの移行を進めようとしている。ホールデンにとって、ルームメイトのストラドレーター、学友フレデリック・ウッドラフ、エドモント・ホテルの宿泊客、音楽酒場アーニーズの客と演奏者、売春斡旋をするエレベーター・ボーイのモーリスは、ホールデンにとって全員、「モロン（moron）」である。「モロン」は、IQ検査を二〇世紀初頭に開発したフランスのアルフレッド・ビネーの仕事を、合衆国に翻訳し紹介したH・H・ゴダードが、高度知能障害者を描写するために持ち出してきたギリシア語である（Gould 159）。本試験の点数分布は人種・民族的に区分けされ、優生学思想を支える科学的根拠とみなされた。一九二四年移民法が制定されるさい、プリンストン大学教授カール・ブリガムはこのIQテストの点数を、人種・民族排斥を進めるための科学的論拠として活用した。そしてこのブリガムこそ、第二次大戦後の合衆国高等教育においてコナントらが積極的に導入していったSATの開発者であった。優生学を裏付けるために教育現場に持ち込まれたIQテストやSATといった学力測定法は、第二次大戦直後に高等教育が拡充されていくなかで、優生学を支えるための数学的根拠としてではなく、学力の高い高校生を大学に引き入れるための物差しとして利用されていくようになる。ホールデンの解釈枠組みは、学力測定法の枠組みによって構成されている。

ではホールデンは能力中心主義者なのだろうか。その葛藤が鮮やかに描かれるのが第一八章である。ホールデンは、コロンビア大学に通っている高校の先輩カール・ルースを、「ウートン・スクールでは誰よりも知能指数が高く」、「わずかなりとも知性的な会話を交わすことに興味をもつ」学生として捉えている（Salinger 177）。ホールデンにとって知性の指標は、計量可能なIQの数値に求められている。彼は、「インチキ」と離縁していく一方で、知能検査で高得点を取るという手順を踏まえた大学生カールとなら関係を継続してもよいという判断をしている。ホールデンが批判するのはプレップ・スクールとそれをとりまく教育制度であり、知そのものではない。ホールデンは、コナントとトルーマン大統領と『ダック・アンド・カヴァー』を経て、国防教育法へといたる過程で形成されていったメリトクラシーに接近しているようである。冷戦戦士たちは、マンパワーたる学生が主体的に核戦争に参加していく戦後合衆国の姿を構想した。コロンビア大学生カール・ルースに会って、能力主義になびいた直後のホールデンも同様に、マンパワーになろうとしている。

いずれにせよ、原子爆弾なんてものが発明されたことで、ある意味では僕はいささかほっとしてもいるんだ。もし次の戦争が始まったら、爆弾の上に進んでまたがってやろうと思う。ぼくはそういう役に志願しよう。ほんとに、真面目な話。(Salinger 183)

なぜ一八章末尾でホールデンは、あたかも「自爆テロ志願者」を彷彿とさせるかのように、唐突に「核」の話を行うのか(巽 293)。「核」と「学」の交差を見てきたわたしたちにはうまく見通せるはずだ。『ダック・アンド・カヴァー』は核戦争の勝敗を生徒に託し、コナントはメリトクラシー体制下で科学者育成に尽力し、トルーマン大統領は「教育は国防の最前線」であると主張し、コロンビア大学はマンパワーの育成に尽力し、最終的に、教育・研究こそが核の脅威への対抗手段となるとして国防教育法が制定された。ここで、ホールデンがみずからマンパワーとして核弾頭そのものになろうとする身振りは、冷戦初期に繰り返された「核」と「学」の遭遇の、文学的表現である。教育の話を徹底的に突き進めていった際に、「核」に到達するという点において、ホールデンは冷戦戦士と思考を共有している。『ダック・アンド・カヴァー』の子どもたちが防衛のために机の下に隠れていたとき、同じ時期に同じニューヨークにいたホールデンは原子爆弾に乗って反撃に出るマンパワーの役回りを志願している。

ではホールデンは、「インチキ」を摘発したあとに、メリトクラシー国家が誕生することを望んでいるだろうか。最終的にホールデンはこの道にも進まないことになる。物語後半、ホールデンはニューヨーク大学英文科教員アントリーニ先生と邂逅する。アントリーニ先生はホールデンに大学進学を勧め、「高等教育を受けた学究の徒こそが価値のあるものを社会に与えることができる」はずだとコナントさながらに説明をする（Salinger 246）。大学という知的共同体に参加しなければ、ホールデンは社会階梯から落下する。

「ほかにも学校教育が君に寄与するところはある。ある程度長い期間にわたって学校教育を受けているとだね、自分の知力のおおよそのサイズというものが、だんだんわかってくるんだ。それがどういうものにフィットして、更に言うならばおそらく、どういうものにフィットしないのかということがね。そしてしかるのちに、それだけのサイズを持った知力がどのような思考を身にまとえばいいのかが、君にも見えてくるわけだ。そうすることによって君は、サイズに合わない理念やら、似合わない理念やらを試着してみる手間を省くことができる。いちいちそんな試行錯誤みたいなことをしていたら、膨大な時間が無駄になってしまうものね。そして君は自分という人間の正しい寸法を知り、君の知力にふさわしい衣をまとうことができるようになる。」

（Salinger 247）

それから出し抜けに僕はあくびをしてしまった。まったく、なんて失礼なやつなんだ！

アントリーニ先生は能力主義者である。学校教育を受ければ自分に何が適切で、何が適切ではない職業かをすぐに理解できるという彼の発想は、メリトクラシーに基づいたマンパワー育成政策と同じ論調である。ホールデンは、こうしたコナントﾆアントリーニ的な理念を耳にしたとき、「あくび」をしてしまうのである。ホールデンは縁故主義を否定した先に到来するであろうメリトクラシー社会をも、最終的に否認していることになる。

ではホールデンはいかなる教育体制を模索しているのか。そこで仮託されてくる人物こそ、若くして夭逝した弟アリー、あるいは小学四年生で「オールA」を取る一〇歳の妹フィービーである。ふたりは『ダック・アンド・カヴァー』で大活躍する少年少女たちと同世代である。ホールデンは、彼らに「山ほど本を買い与えて、自分たちで読み書きを教える」ために西部に逃げる必要があると、物語終盤で訴えかける（Salinger 258）。ホールデンは、WASPの特権階級向けの戦前教育制度を抜け出しつつ、メリトクラシーとも異なる教育が行われる共同体を夢想し始めるのである。しかし、その計画は具体性を帯びることなく頓挫している。彼は精神病棟に収容されるからである。

病棟で一連の出来事を回顧する最終第二六章で、ホールデンは、次の九月に学校に戻る予定かと尋ねる精神科医の問いを払いのけ、新学期の開始を引き延ばしていくと同時に、精神病棟に居座り続ける。そして物語はそのままエンディングを迎え、第一章の冒頭に循環構造をとって戻ってくる。精神病棟への収容を、ホールデンの抵抗の限界と捉える必要はない。「イェール大学かプリンストン大学に進学する」宿命を背負ったホールデンは、物語上、円環し続けることによって、プレップ・スクールとアイヴィー・リーグの境界線上に留まり続けることになる。彼はいつまでもSATを受験しないため、結果的に大学生になることもない。第二次世界大戦後の教育体制が、ソ連との戦いにおいて不可避的に取り込んでいった統一学力試験を、ホールデン・コールフィールドは受験しない。『ライ麦畑でつかまえて』は、マンパワーを養成する冷戦期の大学に参入することを、永遠に先延ばし続ける非大学受験小説である。もちろん合衆国政府は、『ダック・アンド・カヴァー』の少年少女たちがホールデンのような態度を取ることを望んではいないだろう。

『ダック・アンド・カヴァー』をめぐる、ささいな謎から始まった本稿において確認してきたのは、第二次大戦後の合衆国では、核言説と教育言説が幾重にも重なり合っていたということである。核エネルギーについて語ろうとするとき、そこには教育が見え隠れし、やがて教育は核爆弾に代わって国防を担うものとして認識されていくようになる。ソ連からの核弾頭を打ち倒すのは、アメリカ合衆国の核弾頭ではなく、マンパワーとしての学生である。こうした言説空間が生成される渦中において、ホールデンは大学受験をしないことによってマンパワーになることを避けようとしたのである。

『ライ麦畑でつかまえて』と同年に公開された短編映画『ダック・アンド・カヴァー』で展開する映像が滑稽に見えるのは、わたしたちが一九五〇年代に通用した論理とは異なる論理で、冷戦以後の「核」と「学」の世界を生きているからに他ならない。そして、『ダック・アンド・カヴァー』はその滑稽さと杜撰さがあるからこそ、冷戦的思考法を凝縮した短編映画として、今もなお文化的価値を持ち続けているのである。

註

（1）『ダック・アンド・カヴァー』の製作過程や広報活動に関しては、専門サイト Conelrad に詳しい。〈http://www.conelrad.com/index.php〉

参考資料

[書籍・雑誌・ウェブサイト]

Boyer, Paul. *By the Bomb's Early Light: American Thought and Culture at the Dawn of the Atomic Age*. New York: Pantheon, 1985.

Brookeman, Christopher. "Pency Preppy: Cultural Codes in *The Catcher in the Rye*." *New Essays on The Catcher in the Rye*. Ed. Jack Salzman. Cambridge: Cambridge UP, 1991. 57-76.

Brown, JoAnne. "A is for Atom, B is for Bomb: Civil Defense in American Public Education, 1948-1963." *Journal of American History* 75.1（1988）: 68-90.

Conant, James B. *Education in a Divided World: The Function of the Public Schools in Our Unique Society*. Cambridge: Harvard UP, 1948.

——. *On Understanding Science: An Historical Approach*. New York: Mentor, 1951.

Conelrad. Web. Apr. 20, 2016.

Davis, Tracy C. *States of Emergency: Cold War Nuclear Civil Defense*. Durham: Duke UP, 2007.

Educational Policies Commission. *Manpower and Education*. Washington D. C.: Educational Policies Commission, 1956.

Federal Civil Defense Administration. *Civil Defense in Schools*. Washington D. C.: GPO, 1952.

——. "FCDA Establishes Manpower Office to Spur Recruiting." *The Civil Defense Alert* 1.8（1952）: 1, 3.

Gitlin, Todd. *The Sixties: Years of Hope, Days of Rage*. New York: Bantam, 1987.

Gould, Stephen Jay. *The Mismeasure of Man*. New York: Norton, 1981.

Hartman, Andrew. *Education and the Cold War: The Battle for the American School*. New York: Palgrave, 2008.

Hershberg, James. *James B. Conant: Harvard to Hiroshima and the Making of the Nuclear Age*. New York: Knopf, 1993.

Karabel, Jerome. *The Chosen: The Hidden History of Admission and Exclusion at Harvard, Yale, and Princeton*. Boston: Mariner, 2005.

Lemann, Nicholas. *The Big Test: The Secret History of the American Meritocracy*. New York: Farrar, 1999.

Lilienthal, David E. “Education’s Responsibilities.” *School Life* 31（1949）: 1.

Maul, Ray C. “Are Schools Losing “Man” in Their Manpower?” *School and Society* 77（1953）: 369-72.

Matthews, Melvin E, Jr. *Duck and Cover: Civil Defense Images in Film and Television from the Cold War to 9/11*. Jefferson: McFarland, 2012.

McEnaney, Laura. *Civil Defense Begins at Home: Militarization Meets Everyday Life in the Fifties*. Princeton: Princeton UP, 2000.

Salinger, J［erome］D［avid］. *The Catcher in the Rye*. 1951. New York: Little, Brown, 2001.

“Saving the Silver Screen: 25 Films added to National Film Registry.” *loc.gov.* Library of Congress. Web. Apr. 20, 2016.

“The National Defense Education Act of 1958.” P.L. 85-864; 72 Stat. 1580-1605. Sep. 2, 1958. *U.S. Government Publishing Office*. Web. Apr. 20, 2016.

Truman, Harry S. “Address at Rollins College, Winter Park, Florida. March 8, 1949.” *Truman Library Org*. Harry S. Truman Library & Museum. Web. Apr. 20, 2016.

巽孝之。『増補新版 ニュー・アメリカニズム——米文学思想史の物語学』青土社、二〇〇五年。

［映画］

Duck and Cover. Dir. Anthony Rizzo. Archer Productions, 1951.

◎本稿は、日本英文学会関東支部第六回大会（二〇一二年一一月一〇日・中央大学駿河台記念館）で開催されたシンポジウム「英米文学とエネルギー」において口頭発表した内容をもとにしている。

００７は誰と闘うのか――冷戦を愛するスパイ

越智博美

はじめに

二〇一二年のロンドン・オリンピック開会式、エリザベス女王をエスコートしたのは俳優ダニエル・クレイグ扮する諜報部員００７であった。全世界に放送される式典において女王同様に誰もが一目でわかるというその認知度は、たんに一国のスパイという枠を超越したグローバルなものになっている。同時にこのダニエル・クレイグのボンドがはじめて登場した『カジノ・ロワイヤル』（*Casino Royale*, 2006）を見たときの、過去のボンドたちとの違いもあらためて思い出す。なぜ、クレイグのボンドはここまでシリアスかつ、ハイパーにマッチョな身体を持っているのか。そしてその後のシリーズ展開において、彼の出自が強調されはじめるのはなぜか。最終的にショーン・コネリーのボンド作品へのオマージュがちりばめられた『スペクター』(*Spectre*, 2015)においては、クレイグの出演する四作すべてが、世界をネットワーク化して監視するシステムを動かしていた悪の組織スペクターを率いるエルンスト・スタヴロ・ブロフェルドを名乗るフランツ・オーベルハウザーの私怨に、収斂することになる。

むろん、イアン・フレミングの原作において、ボンドがスコットランド生まれであるという部分はフレミングの後期の作品『〇〇7は二度死ぬ』(*You Only Live Twice*, 1964)と『黄金銃を持つ男』(*The Man with the Golden Gun*, 1965)では言及されていたし、映画のなかではスコットランドの出自を語ることはないまでも、映画シリーズにおける初代ボンドが、スコットランド出身のショーン・コネリーであったという点でその繋がりは含意されていた。しかしシリーズが長命になり、コネリー以外の俳優になると、それは見えなくなっていった(1)。

シリーズものの映画としてすべてが形式化されたボンドの映画には、むしろ、だからこそ、ウンベルト・エーコの提示したワンパターンとも言える二項対立の図式が成り立つのではなかったか。すべてが、「ボンドとM」、「ボンドと悪者」、「悪者と女」、「女とボンド」、「自由な世界とソ連」、「愛と死」、「忠実と不実」といった二項対立に駆動されている(Eco [2003] 36)。またその物語はつねにストーリーのかたちも決まっている。つまり、エーコの物語構造分析に従うなら、「Mが動き、ボンドにタスクを与える」「悪者が動き、ボンドの前に姿を現す(仮の姿の場合あり)」「ボンドが動き、悪者に最初の妨害を入れる。あるいは逆」「女が動き、姿を現す」「ボンドは女を取る（彼女をものにする、あるいは誘惑を開始）」「悪者、ボンドを捉える（女ともども、あるいはボンドのみ、あるいは双方別々に）」「悪者、ボンドを痛めつける（女ともども、あるいはボンドのみ）」「ボンド、悪者を退治（本人を殺す、ないしはその代理の代表者を殺す、あるいはその殺害に手を貸す）」「ボンドは休息し、女を楽しむ。のちにその女を失う」といったかたちで進むのがきまりなのである（Eco［1979］156）。

確かに一見して、物語のパターンは相変わらず同じである。相変わらず同じだが、クレイグになってからは、一作完結とは必ずしも言えないかたちで『スペクター』に至る。むろん、「自由世界と共産圏」という二項対立はもはや、成立していない。そもそもその二項対立を成立させること自体が第二次世界大戦後におけるスパイ物ジャンルの重要なパフォーマンスでもあっただろう。そのようなあらたな世界のありかたと、クレイグの００７シリーズは何か関係があるのか、それともないのか。そうしたことを考えるきっかけとして、本稿では二項対立が正しく成立していたと思われるコネリー主演の初期ボンド作品が、いかに冷戦期の文化とその中における男性性という軸を中心にしながら、実のところ冷戦という枠組みそれ自体を維持するための物語であったかということを考察したい。

冷戦期のプレイボーイ

そもそもスパイもののジャンルは、アメリカ文学ならジェイムズ・フェニモア・クーパーの『スパイ』(*The Spy*)、イギリス文学であればジョウゼフ・コンラッドの『密偵』(*The Secret Agent*)をはじめとして、ラドヤード・キプリングの『キム』(*Kim*)も有名だろう。しかし、今わたしたちがスパイもので思い浮かべるイメージ——エージェントが指令を受け、何かを運ぶ、あるいは誰かに会う、そこからスリルに満ちた冒険が始まる——という一種のテンプレートを創出したのは、ウェズリー・ブリトンによれば、フレミングも愛読していたというジョン・バカンの一九一五年のスパイ小説『三十九階段』(*The Thirty-Nine Steps*)である(Britton 1-19)。エージェントは、ボーイ・スカウトのごとく追跡と脱出をくり返す。フレミングと同時代のル・カレなどがむしろ心理戦のように二重スパイ問題などを扱うのに対して、ボンドは軽々と世界を動き回る。彼はさながら航空機時代における大英帝国の冒険小説の末裔のようでもある。

フレミングは、一九五三年の『カジノ・ロワイヤル』(*Casino Royale*)を皮切りに、一九六六年死後出版の(『オクトパシー』と『リヴィング・デイ・ライツ』の原作が所収された)『007号/ベルリン脱出』(*Octopussy and The Living Day Lights*)に至る一四作のボンドものを書いている。冷戦期の諜報合戦のさなか、たとえばスパイであったことが露見してスキャンダルとなったケンブリッジ出身の五人組の事件のように、スパイは身近な話題であった(Black 7, 27-30)。

映画化されたのは『ドクター・ノオ』(*Dr. No*, 1962)が最初である。原作から映画までの時間の経過のなかで外交、軍事の問題が変化するほか、エンターテインメントとしても、これらは原作とはまったく別のストーリー展開を見せることがしばしばある。本節では、ボンドが冷戦期において、イギリスのみならずアメリカにおいても人気を得た現象について、冷戦期にアメリカにおいて再定義された「男らしさ」を、雑誌『プレイボーイ』との蜜月関係から考えてみたい。

ボンド映画の制作を行っているのは、一九六二年に設立されたイーオン・プロダクションというイギリスの会社である。創設者のひとりロバート・R・ブロッコリーはアメリカ人で、そもそもハリウッドで仕事をしており、イーオンへの資金を拠出しアメリカでの配給を請け負うユナイテッド・アーティスツはハリウッドの会社である。また初期の脚本を担当していたリチャード・メイバウムもハリウッド出身である。そのためだろうか、アメリカにおいては外国映画とは思われていないようである。たとえば「ボンド、ジェイムズ・ボンドです」というせりふは、二〇〇五年にアメリカン・フィルム・インスティテュートが出したアメリカ映画名台詞一〇〇選の二二位にはいっている。ティノ・バリオの指摘するように、これは相当程度アメリカの資本に支えられて「国際的なマーケット」を念頭において作られたシリーズなのである(Lawrence 336)。その、コネリーのボンドが示して見せた個人の能力の高さは、クレイグにおいてはさらに大きな意味を持っている。

ボンド映画は『ドクター・ノオ』、『ロシアより愛をこめて』(*From Russia with Love*, 1963)、『ゴールドフィンガー』（*Goldfinger*, 1964）の成功で、原作の売り上げ増も含めた「ボンドマニア」現象を引き起こす（Chapman 89-122）。ケネディ大統領が原作のファンであるということもあいまって、アメリカにおいても、大ブームとなっていた。コネリーは、一九六五年一一月号の『プレイボーイ』インタビューで、自分とボンドを同一視されることを嫌がりながらも、どこかでそれを受け容れている様子であり、ボンドに備わる「自己信頼、決断の能力、最後までやり抜き、また生き延びる能力」を、むしろ人に委ねない新しいあり方として評価している（"Playboy Interview" 76）。トニー・ベネットとジャネット・ウーラコットは、映画のコネリー／ボンドが創り出したヒーロー像は、従来のような「貴族的、アマチュア」としてのそれではなく、あらたな「ミドルクラスのプロフェッショナル」像、言い替えれば能力主義《メリトクラシー》的なリーダー像であるとしている（Bennett and Woollacott 34-35）。

こうした男らしさのありかたに、アメリカン・アダムやカウボーイのような孤高のヒーロー像に共通する性質を読み取ることは可能である（Lawrence 337-344）。実際、孤高のヒーローがアメリカのヒーローとしてあらためて認識されたのは、冷戦期であった。全体主義に同調することのない強い男性像は、孤独なカウボーイ像、さらに六〇年代前半には共産主義に対抗する強い大統領としてのケネディにも重ねられるようになる。反共主義は男性的なイメージを付与されていたものの、すでに一九五〇年代においては、それに同調して身を委ねてしまうことは逆に男性性の危機として認識されていた。

このような同調の要請に対抗しようとしたのが一九五三年創刊の雑誌『プレイボーイ』であった。共産主義に取り込まれてはならぬという社会の要請に加えて核家族を中心とした責任や成熟を求められたとき、男たちは、そのような同調主義を、自由ではなく全体主義であるととらえ、またそれを女による抑圧であるとも読み替えた。そのような男の反乱が『プレイボーイ』なのである。それはあたかも、ヘルベルト・マルクーゼの『エロスと文明』の俗流の実践であった。一夫一婦制を産業化社会が要請する労働者抑圧システムとして捉えたマルクーゼが唱えた方法は、性をそのような抑圧のシステムから解放することであった。『プレイボーイ』は、マルクーゼがそもそも問題化している官僚制や労働の疎外といった問題に蓋をしながら、きわめて個人的な男の解放を――郊外住宅ではなくアパートを、妻ではなく恋人を求めることによって――実現して、「核時代からのちょっとした逃避」を提案しようとするのである（"Volume I, Number I" 3, Cuordileone 180-236, 越智 92-100）。

ボンドとボンド・ガールのセックスとは、マルクーゼ的な抵抗が、さらに消費社会の「マスター・コード」として、政治やその他の言説が翻訳された姿となる（Denning 112）。これはまた「一家の稼ぎ手であることからの逃走」でもあった（Ehrenreich 51）。したがって、K・A・コーディリオネが指摘するように、同調主義に抵抗する男性表象は、この時点で変容する。それ以前はミッキー・スピレーンのハードボイルドなヒーローのマイク・ハマーや、エッセイストのフィリップ・ワイリーがターゲットとするのは、男を騙す悪女、あるいは結婚して男を縛る女であり、こうした女を徹底的に攻撃するのが彼らの作品の特徴であった。しかし今や恋人とのバカンスを楽しむジェイムズ・ボンドや『プレイボーイ』社主ヒュー・ヘフナーがあらたなモデルになる（Cuordileone 195）。一九六〇年代になると、これはたんに若い男性たちのスタイルには留まらず、ケネディが体現する政治的立場と結びつけられることになる。コーディリオネによれば、ヘフナー的な態度――「活力と知性に溢れ、同調しない」――は、あらたな男性性のスタイルになった。そして、それは以前のような「センチメンタルで、真面目で頼りがいがあり、予測可能で安全を求め、妻に甘い」モデルではもはやないという点で、ケネディら――女たらしという噂を含めて――若い世代が体現するニュー・フロンティアの政治姿勢でもあった（Cuordileone 198-201）。プレイボーイのボンドは大西洋の両岸において、そのスタイル自体が冷戦期にふさわしい「男らしさ」のモデルとなっていたのである。

家族を嫌い、多彩な趣味を持つという生活スタイルとして描かれる新しい「男らしさ」は、しかし、核家族を規範とする「男らしさ」からみれば、ことによると同性愛疑惑を呼び込みかねない。だからこそ、プレイガール、あるいはボンド・ガールは、こうした快楽と消費を軸にしたライフスタイルが依然として異性愛体制の内部にあり、なおかつ彼女たちを「落とす」という点では男が性的な魅力を持っていることを示す有効なツールである（Hines 100-102, Ehrenreich 50-51）。実際、『ドクター・ノオ』においてヴィーナスのごとく海辺に登場する白い水着姿のハニー・ライダーは、はじめてボンドと出会った時にはナイフで身を守ろうとし、『ロシアより愛をこめて』のタチアナ・ロマノヴァもソ連の情報部員としてボンドを騙そうとし、また『ゴールドフィンガー』のプッシー・ガロアは敵ですらあるが、ことごとくボンドの男性的な魅力に惹かれ、最終的にはボンドを助ける側に回る。

女性の性的解放を体現するようなボンド・ガールたちは、その後科学者（『ムーンレイカー』（*Moonraker*, 1979））やスパイ（『トゥモロー・ネバー・ダイ』（*Tomorrow Never Dies*, 1997））など、仕事を持つ女性という設定になっていき、さらには『消されたライセンス』（*License to Kill*, 1989）、その後ベルリンの壁崩壊から時を置いて発表された『ゴールデン・アイ』（*Golden Eye*, 1995）以降『スカイフォール』（*Skyfall*, 2012）に至るまで、Mはジュディ・デンチが演じる女性上司となる。しかし社会的に進出した女という設定であっても、ボンド・ガールはつねに彼に組み敷かれることになる。その変遷をふまえても、シリーズ初期の一九六〇年代のボンド・ガールは、まさしく『プレイボーイ』のグラビアに馴染むようなタイプとして、ボンドの「男らしさ」を支えていた。

消費、ツーリズム、ライフスタイル

多かれ少なかれ、シリーズものには決まったパターンがあり、もちろん００７シリーズも例外ではない。上記のエーコの図式化のみならず、たまの例外を除いてはまず毎回出てくるせりふ「ボンド。ジェイムズ・ボンドです」、あるいはマティーニを「シェイクで。ステアではなく」と注文すること。上司Mのオフィスのドアを開けるまえに、まず秘書のマネー・ペニーの見ている前で帽子掛けに帽子を投げて掛けること。こうした動作やきまったせりふの他に、たとえば「ボンド・カー」のようなスポーティな自動車、ロレックスやオメガの腕時計、仕立ての良いタキシードなど、『プレイボーイ』が重視するスタイルとボンドは親和性が高い。それは消費のモデルとして値段がつけられるものでもあり、映画は、上記に挙げたもの以外にも拳銃、タバコ、お酒、その他のブランド・ロイヤリティに溢れている（Jaffe 96）。また（作品によって提携ブランドは変わるが）ワルサー、スミノフ、ラークといったそれら商品のブランドはボンドの趣味とライフスタイルの洗練を物語るものであり、実際、『ロシアより愛をこめて』におけるオリエント急行での食事のシーンでは、相手方が頼んだワインが料理にそぐわないというその点でボンドがその正体を怪しむことになる。

消費されるのはブランドのみではない。ボンド映画のひとつの特徴は、彼が文字どおり世界中を移動していくことだろう。マイケル・デニングは、これをイギリスの覇権の力の衰退とともに、その文化が世界の中心から滑り落ちたことの徴候としている（Denning 103）。であるとすれば、なおいっそう、そのツーリズムはイギリス以外の観客に対して開かれていたとも言えるだろう。コネリーの映画だけを取ってみても、ジャマイカ、イスタンブール、ザグレブ、ヴェニス、メキシコ、マイアミ、ケンタッキー、ナッソー、香港、日本、アムステルダム、ロサンジェルス、ラスヴェガスなどが舞台となる。

冷戦期には、アメリカについて言えば、強いドルを背景に、ツーリズムがミドルクラスの享受できるものとして階級なき社会を象徴する行為となり、とくに海外旅行はマーシャル・プランともあいまって、推奨されるものになっていた。(2) 一九四六年には旅行雑誌『ホリデー』が創刊される。リチャード・K・ポップは、冷戦期ツーリズムを論じる著作の冒頭で、ヒッチコックの映画『北北西に進路をとれ』(*North by Northwest*, 1959)を「二〇世紀半ばにおける旅行文化の精髄」であるとしている(Popp 1)。この映画ではスパイと間違えられた主人公がスパイよろしく大活劇を繰り広げるのだが、ニューヨークから二〇世紀特急でシカゴに行き、シカゴからノースウェスト航空を使って移動し、最後はラシュモア山に行く。その間映画を観る者は、車窓からの眺めを共有し、主人公と視線を共有しながら旅をする。それは、アメリカを扱った映画のみならず、たとえば『ローマの休日』(*Roman Holiday*, 1953)にも冷戦期ツーリズム映画という側面を読み込むことができる(Anderson 1-19)。観客は無垢なプリンセスとともにローマの名所を巡り、最後は彼女がその思い出を収めた写真を手元に残すように、その景色を記憶する。このような意味でボンド映画とは、ジョン・アーリが言うところの「観光のまなざし」を育む場でもある。

本節では、第二次大戦中、情報部に勤め、フレミングとも接点のあったロアルド・ダールが、ボンド・ガールを含めた一定の条件を入れ込みさえすれば原作を気にしなくてもよいと言われて脚本を執筆したという意味で、シリーズもののパターンが色濃くでた『007は二度死ぬ』をツーリズム、および冷戦期オリエンタリズムという点から取り上げてみたい(Conant xiii-xx)。

『ホリデー』は毎年一回、海外の国(あるいは都市)の特集を組み、また同様に毎年一回アメリカのどこかの都市の特集を組んでいた。一方、『プレイボーイ』は、家庭的なレクリエーションの象徴たるバーベキューをはじめとするアウトドア志向に抵抗するインドア派の男性誌ではあるが、旅行となれば話は別である。雑誌には「インターナショナル・デートブック」というページがあり、その時々の海外の話題が提供されていた。『ホリデー』も『プレイボーイ』も、日本へのツーリズムが本格化する一九六〇年代になって日本特集を組んでいる。前者は一九六一年一月号で日本を、後者は同年一一月号に東京を特集した（Johnson 101）。また同年オリバー・スタットラーのベストセラー『日本の旅館』（*Japanese Inn*）も出版されている。フレミングが東京を訪れたのは一九五九年、六二年だが、丁度その時期は日本への旅行客が約七万一〇〇〇人から約一一万四〇〇〇人へと急増した時期でもある（Black 60, Johnson 101）。日本は高度成長期へと舵を切り、六四年のオリンピックを控えていた。映画が公開された六七年は川端康成のノーベル賞受賞の年でもあり、さらに七〇年の万博を控えた時期ということになる。

　ダールは、映画が封切られた一九六七年『プレイボーイ』のインタビューに答えて、この作品の映画化の脚本執筆依頼を受けたときのことを語っている。彼は、イーオンのブロッコリーとハリー・サルツマンから、女の登場人物の決まったかたち《フォーミュラ》だけは守るようにと言われた。それによれば、「女は三人。それ以上でもそれ以下でもない。女その一は、ボンドを支え、およそ冒頭から三分の一ほど登場。その後敵に排除される。できればボンドの腕の中がいい」、そして二番目はボンドに敵対する女で彼を捕まえるが、ボンドは「性的磁力」で彼女を圧倒する。しかしこの女は類を見ない方法で殺される。第三に登場するのはボンドの味方で最後の三分の一に活躍し、決して殺されず、最後にボンドの意のままになる（Dahl 87）。これだけでプロットのかなりの部分が構成されている。原作と同じなのは、日本が舞台であり、ボンド・ガール（三番目の女）の名がキッシーであり、タイガー・タナカその他のエージェントが登場し、また悪者がスペクターであるということくらいである。

映画のプロットは単純である。宇宙開発競争をしている米ソの宇宙船が行方不明になり、双方が相手のせいだと思い込み一触即発の状態になる。日本周辺を怪しいとにらんだＭＩ６はボンドを送り込む。その真犯人は（おそらく中国とみられる第三国から報酬を受け取っている）国際犯罪組織スペクター（Special Executive for Counter-intelligence, Terrorism, Revenge, and Extortion）の首領エルンスト・スタヴロ・ブロフェルドであった。ブロフェルドは日本の秘密基地から発射した自前のロケットで米ソのロケットを宇宙で捕捉し、両国を戦争状態に至らせようとしていたが、ボンドの活躍でその野望は潰えることとなる。

このプロットに先に言及した三人の女が絡んでくる。ボンドは香港で殺害されたはずだが、実は生きており、日本にやってくる。丹波哲郎扮する日本の諜報部員タイガーとアシスタントのアキ（これが第一の女である）に助けられながら、彼は神戸に行き、そこで怪しい船を調べている際に捕えられてしまう（ここで登場するのが第二の女だが、ボンドを殺しそびれたことでピラニアの池に落とされて殺されることになる）。ボンドは、問題の基地に潜入する準備をする。アキはその間に敵に毒殺され、ボンドは基地のある島に漁師に扮して渡り、そこで結婚する（浜美枝演ずるタイガーの部下で第三の女キッシー）。タイガーたちとともに、基地を襲撃したボンドは、ブロフェルドは取り逃すものの、基地を破壊して米ソ開戦を防ぎ、物語はキッシーとのラブシーンで終わる。

基本的にはエーコの示した枠内で動くこの物語は、舞台の日本に関してはツーリズムの名所をいかんなく映し出す。それはたとえば『プレイボーイ』一九六一年一一月号の東京特集で紹介されていたような「ＴＯＫＹＯ」そのものでもある。ボンドが目にするのは銀座、東京タワー、国技館、ホテルニューオータニ（スペクターのメンバーの会社という設定）、女性の手によるマッサージつきのお風呂。また高度成長の東京を象徴するかのように、地下にあるタナカの移動基地（丸の内線の車両）にはハイテク装備が完備されている。対照的に、タナカの精鋭部隊は忍者（姫路城がトレーニングセンター）である。

ここで着目したいのは第一の女および第三の女が、他のボンド・ガールとは違って、ボンドの魅力により彼の味方になるのではなく、最初から従順な部下としてタナカより差し出され、また彼女たちも積極的にボンドと行動を共にし、「仕える」点である。

映画制作の時期の米ソの関係を考えると、米ソがついに戦いを始めるように仕向けるプロットは実のところ現実的ではある。一九六〇年代は、たとえばキューバ危機を背景にして制作された『博士の異常な愛情』（*Dr. Strangelove, or: How I Learned to Stop Worrying and Love the Bomb*, 1964）でもわかるように、歯止めなく核攻撃が行われることへの恐れが浸透していた時代である。六三年の部分的核実験禁止条約や米ソ・ホットラインの設置、六八年の核拡散防止条約締結にもかかわらず、軍拡競争の決定的な歯止めには至らなかった。また六〇年代半ばのアメリカでは、米ソの宇宙船開発競争の中、アポロ計画が進められ、六七年には発射台での火災事故で宇宙飛行士の犠牲が出てもいる。米ソ両陣営のにらみ合いによる均衡を第三国が崩すというのはそれほど頓狂な発想ではない。この図式の中に日本も当然巻き込まれており、中国の核開発の脅威の中、佐藤内閣は非核三原則をもって、むしろアメリカの核の傘のもとにはいることになる。

『二度死ぬ』の映画において、米ソの戦争勃発を防ぐ使命を帯びたボンドに対して日本がどこまでも協力的な国として描かれることがこの文脈にあるとすれば、クリスティーナ・クラインが一九五〇年代までの映画やミュージカル等を分析して提示した「冷戦オリエンタリズム」の図式は、なおも有効なものとして影を落としていると言えるだろう（Klein 1-18）。第二次大戦中には敵国人として瓶底メガネに出っ歯、つり目の野蛮な男として表象されていた日本と日本人が、冷戦期になるとアメリカの同盟国とその国民として位置づけられ、それにともないミドルブラウ文化における日本表象の再編成が行われる。『東京暗黒街竹の家』（*House of Bamboo*, 1955）、『八月一五夜の茶屋』（*The Teahouse of the August Moon*, 1956）、『サヨナラ』（*Sayonara*, 1957）といった映画が次々公開され、日本は「ゲイシャ」という女として表象されるようになった。そうした表象の変化をつうじて西側諸国にとって友好的なパートナー、あるいはモデル・マイノリティとしての日本と日本人というイメージが増殖するとともに、そのような日本はツーリズムのまなざしのもとに再編成されることになる(3)。西側諸国のために働くボンドが核の傘の下に庇護される日本に出向いた際のボンド・ガールが従順なゲイシャ風の女性であることは、不思議ではない。そしてまたケンブリッジ大学で少々日本語を習ったのだとボンドが言うとき、彼の言葉は、ソ連のスパイでもあったケンブリッジ大学出身のエリートたちが同性愛者でもあったという当時のスキャンダルからくる、スパイのセクシュアリティへの疑惑を払拭してボンド・ガールたちとの異性愛の関係を保証するかのようである。[4]

この物語のサスペンスは、宇宙船が忽然と姿を消す事件によって米ソが一触即発の状態に陥るという、当時共有されていた危機的なイメージにある。英国のボンドは、その活躍によって、戦争を防ぎ、米ソのにらみ合いの継続としての冷戦という現状を回復することになる。ボンド映画をツーリズム・アドベンチャーとして見た場合に、ボンドの旅の目的地、すなわち地中海、カリブ、香港、あるいは日本の漁村などは、マイケル・デニングによれば、すでに産業化された土地の外側を取り巻く「快楽としての周縁」であり、それらは牧歌的なイメージとともに「真正なる文化」が息づくところとして構築され、そのように提示されている（Denning 104）。しかし、同時にそれらは米ソの対立においての要所でもある。しかしそうした「周縁」の女たち――しかもハニー・ライダー、プッシー・ガロア、キッシー・スズキといったエロティックな名を与えられた女たち――を次々とものにするとなると、そこにはデニングの指摘する通り、同時にコロニアリズムの視線を感じ取らずにはいられないだろう（Denning 104-5）。しかもそこは人種的な他者性を帯びた「悪者」がいる場でもあり、冷戦状態という現状の回復は、「彼女」を救う騎士道的物語という図式を使うことにより、コロニアルな関係性をジェンダー配置の秩序を仕切り直す物語としても表象する。

冷戦の護り手としての初期ボンド

ボンドというエージェントを放つ中心は、ＭＩ６のＭであり――ベネットとウーラコットが指摘するとおり、Ｍは象徴的な父として、英国と性差を意味するための特権的シニフィエであるファルスを表象する――この父たるＭを中心に国家、性、人種をめぐる差異のシステムが発動する⑤(Bennet and Woollacott 132)。Ｍの元で、殺しのライセンスを与えられ、銃を携えたファリックなボンドは文字通り、そうした周縁を平定する。そのしるしがおそらく最後にボンド・ガールとベッドにはいるおきまりのシーンである。

しかし、その「平定」がしばしば「冷たい戦争」としての、けっして実戦に持ち込まない冷戦の維持であるとすれば、そのような冷戦とは何だったのだろうか。冷戦はコネリー時代の００７シリーズのなかで物語の枠組みをなしているが、しかしエーコが指摘するように、フレミングは「邪悪なものをロシアとすることを止めており、映画も同様である」(Eco [2003] 45)。『ロシアより愛をこめて』においては、ソ連のスメルシュのローザ・クレッブ（レズビアンであることがほのめかされる）が、実のところスペクター側の人間であり、「イスタンブールの冷戦はこの先冷たいままではない」と言い、米ソを衝突させようともくろむ。また一九七〇年代の『私を愛したスパイ』(*The Spy Who Loved Me*, 1977) は、『二度死ぬ』の海洋版とでも言えるような作品である。英ソの潜水艦を捕らえて米ソの核戦争を引き起こすことで世界征服を企む海運王が倒さねばならない相手であるとわかると、その野望を挫くべく、ソ連の女スパイと協働するのである。これもまた米ソが戦闘状態に陥らないという意味での「冷戦」状態を維持するための戦いである。

コネリー時代の007において、ソ連ではない敵として設定されているのがスペクターである。正体を摑ませない幹部は番号のみで呼ばれ、ナンバーワンのブロフェルドはつねに猫を抱く手と膝から下のみが映り、『二度死ぬ』に至るまでその顔が見えることはない。『ダイヤモンドは永遠に』(*Diamonds Are Forever*, 1971)においては正体を隠すために、猫までもが影武者という念の入れようである。スペクターとブロフェルドの名称使用については法的な問題が発生して、いったんコネリーとともに映画から姿を消す(『ユア・アイズ・オンリー』(*For Your Eyes Only*, 1981)にそれらしき人物が登場するも、係争中につきその名は伏せられる)(Smith and Stephen 178)。しかし、再度登場するときには『スペクター』として、その名は映画のタイトルになっている。

大田信良はコネリーのボンドに「怒れる若者」時代の「保守性や反フェミニズム」と交錯する性質を読み取り、また「金融資本の不可視の抽象性やそのグローバルな運動」と結びつけながら、『慰めの報酬』(*Quantum of Solace*, 2008)を、金本位制が空洞化して金融資本が流通する時代の物語として位置づける(大田 182, 190-91)。こうした議論が逆に示すのは、むしろ冷戦期が、米ソがにらみあって停滞する特殊な一時期というよりは、むしろ現在のような金融資本の時代、あるいはグローバル化を準備する過程であったとする最近の考え方である。

ジョヴァンニ・アリギによれば、冷戦とはアメリカの資金の流動性を上げるために「発明」されたものである。ソ連の工作という恐怖をてこに、「西ヨーロッパと日本を自由世界の砦やショー・ケースに作り上げる」ことが、「軍事力の強化」を通じて実現され、「外国政府に対する軍事援助と、海外におけるアメリカ自体の直接的軍事支出が、世界経済の拡大にとって必要な資金（流動性）のすべてを提供した」（アリギ 454-56）。一九五〇年代から六〇年代にかけては、「過剰資本」が大規模に投下されて資本主義の競争圧力が加速する。このなかで「どの政府も支配できない形で、世界の資金（流動性）のますます多くが預金として蓄積」される一方で、オフショア金融が急増する（アリギ 456-57）。アリギの言う第四サイクルの中心となるアメリカと第三サイクルの英国とが、ソ連とにらみ合いながらその枠組みを堅持する。この米ソの対峙という事態は、地政学的な想像力とともに敵を他者として認定し合うことで成立していたという点で、両国は実のところ、敵同士としてそれほど遠いものではなかった。むしろお互いにらみあいながら自国のテクノロジーやインフラを競争しつつ開発し続けた点では、冷戦は一種の協力関係であったと言えなくもない（バック＝モース 12-14）。だからこそ東西を隔てた壁の崩壊後、一気にグローバル化は進むのである。

００７シリーズにおける邪悪なもの、スペクター的なものは、あたかも過剰資本の表象でもあるかのように、多くの場合米ソの外側のオフショア資金の地政学に重なり合ったところに登場し、米ソの対峙の態勢を攪乱する。あるいは『ゴールドフィンガー』のように、今やその維持が困難になっている金本位制としてのブレトンウッズ体制にとどめを刺すかのように、アメリカの金塊貯蔵庫を核汚染によって使用不可能にする陰謀としても登場する。

アリギのサイクルという考え方とは枠組みが違うものの、アントニオ・ネグリとマイケル・ハートの『帝国』は、まさしくこのような金融資本主義への転回について、主権が国民国家から縮減することをその徴候として読んでいたのではなかっただろうか（Negri and Hardt xi-xvii）。冷戦が金融資本主義を育てる場であったとして、同時にそれがそうした国家の主権を弱体化させていくのだとすれば、冷戦の維持とは、グローバル化が進みはじめるその過程で、まさしく領土を持つ近代的な国家の主権を、その弱体化に抗うように維持するということだったとも言えるだろう。

冷戦下の政治体制を象徴するものとしてのみボンドを読むなら、たしかに彼は「民主主義の自由、活力溢れる男らしさ、モビリティ、生を表し、他方で悪者は全体主義的な拘束、機械のエントロピー、無気力、死」を表すというオドネルの見立てはその通りである（O'Donnell 62）。しかしおそらくそれだけではない。スペクターはコネリーとともに姿を消すが、それ以降の敵対勢力も冷戦終結の時期に至るまで、だいたいにおいて、ソ連ないしはアメリカの「冷戦のための装備」をかすめ取って両者を闘わせ、滅亡に導き、世界征服を成し遂げようとする。むしろ冷戦の二極構造に対する第三項として、その二項対立を簒奪することをもくろむ存在なのである。コネリー、およびロジャー・ムーアが演じていた冷戦期の００７とは、米ソの対峙という枠組の崩壊を止める存在、そのことによって、資本の流動化と増大を促進しながらも、国家のいまや縮減しつつある主権の枠組みを同時に維持しようとする、近代国家のエージェントなのである。

スペクター

そして、スペクターは、メンバーのドクター・ノオやクレッブが消えても、その真の首領だけはそこをすり抜け、二〇一五年の『スペクター』で復活する。そして、その物語の中では、遡及的に『カジノ・ロワイヤル』以降の作品における陰謀はすべてスペクターによるものであるということになった。

ここまでの議論からすれば、この邪悪な存在は、政治的な攪乱者であるのみならず、オフショア的な資金、あるいは余剰資本としての位置づけを与えられるだろう。それは同時に生産体制がいわゆる工場生産から、情報産業へ移行する時期にも重なる。初期の映画においては、ボンドは敵の基地に捕らえられると、ロケットなり潜水艦なりの製造工程を見せられることになるが、最終的にはそれらをしばしば派手に破壊する。たとえば『二度死ぬ』において、巨大宇宙基地に打撃を与え、ブロフェルドが逃亡の際にそこを爆破するに至らせる。スラヴォイ・ジジェクは、こうした工場見学のシーンについて、「工場における生産活動をきわめて社会主義リアリズムに近い方法でみごとに提示して」おり、ボンドの仕事はこの生産活動の場を破壊することであると述べている（ジジェク 162)。その後わたしたちは、「消滅する労働者階級を配した世界」に戻るのだが、こうした生産現場（とその破壊）への言及は、デジタル化した生活へ移行する中でこそ重要性を持っている。つまりポスト産業化社会への移行が、生産から象徴的活動への労働の移行であり、実在する人を「仮想的な存在として扱って」しまうことを強いられている。そのような現状を思考するためには、むしろ「物質的生産」に焦点を当てることが意味を持つのである（ジジェク 162-65）。少なくとも初期のボンドは、こうした大きな生産や経済の体制の変化を支えながら、同時に領土的な国家をも支えていたのではないか。だからこそ、ボンドとＭＩ６の関係は極めて安定しており、英国の利害を護るエージェントとして機能している。[6]

冷戦期が終わったあとに登場したブロスナンのボンドにおける敵は、たとえば『トゥモロー・ネバー・ダイ』（*Tomorrow Never Dies*, 1997）においては、新聞の社主である。彼の野望は、ＧＰＳ等の操作を通じて、英中の戦争を引き起こそうとするものだが、それを、ボンドに阻まれるのである。情報化の時代ならではの悪役だが、ただしその悪の根源は社主の野望に特定できるものであり、社主を排除すればこの計画はなきものとなる。

しかしながら、『カジノ・ロワイヤル』においては、金融資本主義がその陰謀の背景をなしている。ル・シッフルが闇の資金をつかって旅客機製造会社の株の空売りを仕込む。そのうえで、その会社の旅客機を爆破することで株価を暴落させ、買い戻しにおいて大きな利ざやを稼ぎだそうとしているのだが、それをボンドに阻止されたために、大金を失った。結果としてル・シッフルはモンテネグロのカジノ・ロワイヤルにおいて、その損失を補塡すべくポーカーに参加することになる。アリッサ・Ｇ・カールは、この空売りのからくりが、危機とともに語られる国家のナラティヴと相同であることを論じ、この作品が金融資本主義の、また九一一のテロ以降の、その駆動力として危機を必要とする市場の物語であることを明らかにしてみせる。カールが援用するのは、一八世紀奴隷貿易以降の大西洋のモダニティを、アリギを用いて論じたイアン・ボウコムの『大西洋の亡霊《スペクター》』の議論である。そもそも空売りであれ、なんであれ、株の投資においては、価値は取引をしない限りは想像上のものであり、金銭と取引したときにはじめて、特定の現実の価値が生じる。ル・シッフルの航空機爆破計画は、リスクを現実化することにより、株価を操作して、そこから現実に利益を得ようとする点で、ポーカーの賭けと、さらにはG20に象徴される金融資本主義体制ともその基本の論理を共有している（Karl 165-67）。

冷戦の地政学をもはや共有することがない流動的な金融資本のもとでの統治形態は、アリギの言葉を借りるなら「絶対的非領土性」に基づいた「非領土的ネットワーク」であり、ネグリとハートにとっては「帝国」、つまり同様に「脱領域化」したネットワーク的な権力配置であるということになる（アリギ 142, 144, Negri and Hardt xii-xiii）。

冷戦期には維持されていた領土の明確な国家の主権は縮減し、その運営体制も変容しており、国家の輪郭は、あたかも投資された金融資本のように抽象的なものに感じられていく。実際、Mは『カジノ・ロワイヤル』において「冷戦が懐かしい」と口にする。コネリーの時にはMI6、およびMI6とボンドの関係は安定していた。殺しのライセンスと行為能力《エージェンシー》は、領土的国家の官僚主義的な権力構造のなかで国家の名代として保証されていた。しかしクレイグのボンドのシリーズにおいて、ＭＩ６は安定した組織ではもはやないし、またしばしばその適性も含めて疑いの目を向けられるボンド自身のエージェントとしての立場も流動的である。『スペクター』にいたっては、ＭＩ６は存立危機に陥っている。

一九世紀から二〇世紀への転換期において、アメリカが帝国主義的な拡張をすると同時にフロンティアという国体の輪郭線を失っていた時期には、身体の輪郭線がむしろ表象として求められ、とりわけ屈強な男性の身体表象が流通していた（Brown 129-63）。「非領土性」のロジックがこのようにＭＩ６という国家組織の輪郭の瓦解として現れるときに、あたかも一〇〇年前に国家の輪郭線を喪失していたときと同様のことがくり返されるかのように、明瞭なのはボンドの身体の輪郭のみである。『カジノ・ロワイヤル』においては、ヴィーナスのごとく海から現れる初代ボンド・ガール、ハニー・ライダーへのオマージュとも言えるシーンにおいて、その身体をさらすのはボンド・ガールではなくボンド自身、つまり海から姿を現すのは女の肢体ではなく、鍛え抜かれた男の身体なのである。また男性器への拷問のシーンにおいては、彼の裸体のシルエットが観客の視線の前に現れる。その強靱な身体は、クレイグ演じるボンドの映画四作すべてに共通するものであり、他方敵側の男は、それとは対照的に、けっして鍛えた身体ではなく、ことによると精神のバランスを欠く人物として描かれている。ル・シッフルは、ブロフェルドを思わせる目の傷を抱えており、『慰めの報酬』のグリーンはまったく目立たない小柄な男、また『スカイフォール』のシルバも頭脳は秀でているがＭに異様に固着する元エージェント、『スペクター』のフランツ・オーベルハウザー、あるいはエルンスト・スタヴロ・ブロフェルドは、ボンドに自分の父を奪われたと恨んで、『カジノ・ロワイヤル』以降のすべての事件を、ボンドへの復讐のためだけに仕組んだ。その彼も、見た目は小柄な男である。

こうした悪役たちが、金融市場、水資源の投資市場、サイバー空間等の場において、ポスト産業主義時代の犯罪を起こしているのである。もはや核弾頭やロケットではなく、また国家と国家の戦争としても想像されないその犯罪の形態は、金融資本の実体なき抽象的な状態と相同の実体のなさで語られる。フレドリック・ジェイムソンは、金融資本となった資本が、もはや工場ではなく、市場における投機そのものになっていることを指摘する。それはコンテクストからも遊離しており、もともと貨幣に備わる抽象性に加えて、さらなる抽象性を獲得しており、デリダの言葉を借りれば「価値の亡霊《スペクター》」ということになる(Jameson 251)。このようなシステムをジェイムソンは、別の単語を使って「ウイルス」のようなものとも呼ぶのだが、その語彙は、ジジェクがテロを語るときの語彙「ウイルス」と重なり合う(Jameson 249)。『「テロル」と戦争』においてジジェクは九一一以降のテロを「実体のない」戦争であって、「その攻撃はウイルスや毒など、どこにでもあり、どこにもないような、目に見えない戦争の亡霊《スペクター》」であるとする(Žižek 37)。金融資本主義が浸潤した世界の価値も、テロも、その実体が抽象的で不可視である限りにおいて「スペクター」なのである。このような見えないものを「見る」ためには、つねにリスクと事件が必要となる。ナオミ・クラインが『ショック・ドクトリン』でショック療法のたとえを使いながら論じたように、まず事件があり、その空白に、たとえば新自由主義の経済政策、監視装置などが導入されていく（Klein 3-26）。そして、その際に動員される感情は、ネグリとハートの指摘するように、「恐怖」なのである（Negri and Hardt 339）。監視社会は、恐怖によって作られていく。

『スペクター』において、ブロフェルドがボンドに見せるのは、もはや製造工場ではなく、無数のディスプレイの集約である。そこには世界じゅうでテロや事故が起きている様が映し出されている。まずは事件を起こし、そのことである種の価値を実体化するというル・シッフルの手法がここでは監視社会の実体化プロセスとして現れている。このとき、誰が邪悪で誰が正義なのかという輪郭も曖昧である。ＭＩ６解体をもくろむＭＩ５の責任者は実は密かにスペクターのメンバーでもあり、世界の情報網の統合を目指しているが、その合意の取り方は、テロ事件を起こして監視の必要性を感じさせて合意を得るというものである。とすれば、それはまさしく交換を介して抽象的な価値を実体化する金融資本主義のロジックの物語化ではないだろうか。

スペクターの犯罪は、世界のネットワーク、あるいは別の言い方をすれば「非領土的ネットワーク」の統治の作り替え——監視社会化と生政治《バイオポリティクス》——として現れている。スペクターとは、金融資本主義の実体のなさ、またそのなかで国家のかわりにむしろ定められる監視社会ネットワークの存在論そのものであるとも言えるかもしれない。だからこそブロフェルドの身体の線は、ボンドの身体の輪郭とはむしろ対照的に細く、また最後はボンドに向かって自分を殺すように言いさえする。

クレイグがボンドを演じる四作における邪悪な存在は、それ以前のメガロマニアックな悪の化身とは様子を異にしている。ボンドは四作のそれぞれで敵を追いかけているが、実はそれこそがボンドを包囲し、追いかける仕組みである。実のところボンドを追いかけつづけていたスペクター＝ブロフェルドは、ボンドに災禍を差し向けて彼を自らのもとにたぐり寄せていた。ブロフェルドはいわばリアリティTVのように、ボンドを監視し続けていたのである。彼の父がボンドの里親になり、ボンドを育てたことがその恨みのもとであり、義兄弟のような彼らが互いに追いかけ合う。

しかし、ブロフェルドを倒したからといって、スペクターが作り上げてきたものは消滅するのだろうか。またその悪の根源を自分の実父がいわばボンドに簒奪されたという「私怨」に還元することは、はたして見る者を納得させるに足る「理由」になるのだろうか。言い替えれば、ブロフェルドが悪の根源なのであれば、彼さえ倒せば、そのネットワークは帳消しになるのだろうか。さらにまた、ボンドがこの間、生体監視装置を身体に埋め込まれ、監視の生政治の元にあることを考えれば（Qの機転でその接続を断つことによって、ボンドは巨大監視装置のネットワークから一時逃れ、その強靭な身体と頭脳を機能させることができる）、スペクター的なものに対峙するのに、鍛え抜かれた身体と頭脳はどれほどに有効なのだろうか。

ボンドがブロフェルドを殺さずに立ち去ることが、その答えを雄弁に示してはいないだろうか。ブロフェルドという個人の恨みのみでは、この金融資本主義のガバナンスのシステムを動かし得ないだろうという、この齟齬のようなものこそが、その表象の不可能性を、微細な違和感として感じさせるものかもしれない。

註

（1）むしろ映画でコネリーを見たことがフレミングにインスピレーションを与えている（Britton 100）。ただしコネリーのあと、ジョージ・レーゼンビーはオーストラリア、ティモシー・ダルトンはウェールズ、ピアース・ブロスナンはアイルランド、ロジャー・ムーアとダニエル・クレイグはイングランド出身であり、俳優からスコットランドを読み取ることはできない。

（2）冷戦期とツーリズムについては、次の文献を参照のこと。Richard K. Popp, *The Holiday Makers: Magazines, Advertising, and Mass Tourism in Postwar America*（Louisiana State UP, 2012）, Christopher Endy, *Cold War Holidays: American Tourism in France*（U of North Carolina P, 2004）.

（3）クリスティーナ・クラインおよびナオコ・シブサワの議論を参照のこと。『サヨナラ』がトラベルガイドを兼ねていることについては、次の文献を参照のこと。Sheila K. Johnson, *The Japanese Through American Eyes*（Stanford UP, 1991）, 82.

（4）ガイ・バージェス、ドナルド・マクリーン、キム・フィルビーといったケンブリッジ大学卒業生のエリートがソ連のスパイであり、しかも同性愛や両性愛など性的マイノリティであったというスキャンダル（Black 28, 61）。また一九六〇年代には、マクミラン政権の国防大臣を務めるジョン・プロヒューモがソ連軍人とも通じるクリスティン・キーラーと関係を持っていたことが露見して政権を揺るがす大スキャンダルにもなっていた（Black 61; 大田 169-198）。

（5）この議論はフレミングの小説の議論であるが、とりわけ初期ボンド映画には当てはまる。

（6）ジジェクがボンドに言及していることについて中山徹さんからご教示いただいた。ここに記して御礼を申し上げる。

参考資料

[書籍]

American Film Institute. "AFI's 100 Years. . . 100 Movie Quotes."（2005）
http://www.afi.com/100years/quotes.aspx

Anderson, Caroline. "Cold War Consumer Diplomacy and Movie-Induced Roman Holidays." *Journal of Tourism History*. 3.1（2011）: 1-19.

Bennett, Tony and Janet Woollacott. *Bond and Beyond: The Political Career of a Popular Hero*. London: MacMillan Education, 1987.

Black, Jeremy. *The Politics of James Bond: From Fleming's Novels to the Big Screen*. Lincoln: U of Nebraska P, 2005.

Britton, Westley. *Beyond Bond: Spied in Fiction and Film*. London: Praeger Publishers, 2005.

Brown, Bill. "Science Fiction, the World's Fair, and the Prosthetics of Empire, 1910-1915." *Cultures of United States Imperialism*. Ed. Amy Kaplan and Donald Pease. Durham: Duke UP, 1993. 129-63.

Conant, Jennet. *The Irregulars: Roald Dahl and British Spy Ring in Wartime Washington*. New York: Simon and Shuster, 2008.

Cuordileone, K.A. *Manhood and American Political Culture in the Cold War*. New York: Routledge, 2005.

Johnson, Sheila K. *The Japanese through American Eyes*. Stanford: Stanford UP, 1988.

Dahl, Roald. "007's Oriental Eyefuls" *Playboy* June（1967）: 86, 90-91

Denning, Michael. *Cover Stories: Narrative and Ideology in the British Spy Thriller*. London: Routledge, 1987.

Eco, Umberto. "Narrative Structures in Fleming." *The James Bond Phenomenon: A Critical Reader*. 2nd ed. Ed. Christoph Lindner. Manchester: Manchester UP, 2003. 34-55.

——. *The Role of the Reader: Explorations in the Semiotics of Texts*. Bloomington: Indiana UP, 1979.

Ehrenreich, Barbara. *The Hearts of Men: American Dreams and the Flight from Commitment*. New York: Anchor Books,

1983.

Endy, Christopher. *Cold War Holidays: American Tourism in France*. Chapel Hill: U of North Carolina P, 2004.

Hines, Claire. " 'Entertainment for Men': Uncovering the *Playboy* Bond." *The James Bond Phenomenon: A Critical Reader*. 2nd ed. Ed. Christoph Lindner. Manchester: Manchester UP, 2003. 89-108.

Jaffe, Aaron. "James Bond, Meta-Brand." *Ian Fleming and James Bond: The Cultural Politics of 007* Eds. Edward P. Comentale, Stephen Watt, and Skip Willman. Bloomington: Indiana UP, 2005. 87-106.

Jameson, Fredric. "Culture and Finance Capital." *Critical Inquiry* 24.1（1997）: 246-65.

Karl, Alissa G. "Waiting for Crisis: *Casino Royale*, Financial Aesthetics, and National Narrative Form." *Criticism, Crisis, and Contemporary Narrative: Textual Horizons in an Age of Global Risk*. Ed. Paul Crosthwaite. New York: Routledge, 2011.

Klein, Christina. *Cold War Orientalism: Asia in the Middlebrow Imagination, 1945-1961*. Berkeley: U of California P, 2003.

Klein, Naomi. *The Shock Doctrine: The Rise of Disaster Capitalism*. New York: Allan Lane, 2007.

Lawrence, John Shelton. "The American Superhero Genes of James Bond." *James Bond in World and Popular Culture: The Films Are Not Enough*. 2nd ed. Ed. Robert G. Weiner, B. Lynn Whitfield and Jack Becker. Newcastle upon Tyne: Cambridge Scholars Publishing, 2011.

"Playboy Interview: Sean Connery." *Playboy* November 1（1965）: 75-84.

O'Donnell, Patrick. "James Bond, Cyborg-Aristocrat." *Ian Fleming and James Bond: The Cultural Politics of 007*. Eds. Edward P. Comentale, Stephen Watt, and Skip Willman. Bloomington: Indiana UP, 2005. 55-70.

Popp, Richard K. *The Holiday Makers: Magazines, Advertising, and Mass Tourism in Postwar America*. Baton Rouge: Louisiana State UP, 2012.

Shibusawa, Naoko. *America's Geisha Ally: Reimagining the Japanese Enemy*. Cambridge: Harvard UP, 2010.

Smith, Jim and Stephen Lavington. *Bond Films*. London: Virgin Books, 2002.

"Volume I, Number I." *Playboy* December 1 (1953): 3.
"Tokyo—Playboy on the Town." *Playboy* November 1 (1961): 105-114, 164-176.
Žižek, Slavoj. *Welcome to the Desert of the Real.* New York: Verso, 2002.
越智博美。「核家族の男たち——冷戦期アメリカにおけるリベラリズムと組織からの逃走」三浦玲一、早坂静編著『ジェンダーと「自由」——理論、リベラリズム、クィア』彩流社、二〇一三年。
大田信良。「スキャンダル——金融資本とカントリーハウスの文化」大谷伴子、松本朗他編著『ポスト・ヘリテージ映画——サッチャリズムの英国と帝国アメリカ』上智大学出版、二〇一〇年。
アーリ、ジョン。『観光のまなざし——現代におけるレジャーと観光』加太宏邦訳、法政大学出版局、一九九五年。
ジジェク、スラヴォイ。『全体主義——観念の（誤）使用について』中山徹、清水知子訳、青土社、二〇〇二年。
バック-モース、スーザン。『夢の世界とカタストロフィ——東西における大衆ユートピアの消滅』堀江則雄訳、岩波書店、二〇〇八年。

［DVD］

キャンベル、マーティン。『カジノ・ロワイヤル』二〇世紀フォックス・ホーム・エンターテイメント・ジャパン、二〇一二年。

ギルバート、ルイス。『００７は二度死ぬ』二〇世紀フォックス・ホーム・エンターテイメント・ジャパン、二〇一二年。

ハミルトン、ガイ。『ゴールドフィンガー』二〇世紀フォックス・ホーム・エンターテイメント・ジャパン、二〇一二年。

ヒッチコック、アルフレッド。『北北西に進路を取れ』ワーナー・ホーム・ビデオ、二〇〇三年。

フラー、サミュエル。『東京暗黒街・竹の家』二〇世紀フォックス・ホーム・エンターテイメント・ジャパン、二〇〇九年。

メンデス、サム。『００７　スペクター』二〇世紀フォックス・ホーム・エンターテイメント・ジャパン、二〇一六年。

ヤング、テレンス。『ドクター・ノオ』二〇世紀フォックス・ホーム・エンターテイメント・ジャパン、二〇一二年。

――。『ロシアより愛をこめて』二〇世紀フォックス・ホーム・エンターテイメント・ジャパン、二〇一二年。

ローガン、ジョシュア。『サヨナラ』二〇世紀フォックス・ホーム・エンターテイメント・ジャパン、二〇〇四年。

ワイラー・ウィリアム。『ローマの休日』パラマウント・ホーム・エンターテイメント・ジャパン、二〇一一年。

跳ぶ前に観ろ――ロバート・オルトマンの『バード★シット』と対抗文化（？）

村上　東

まわりには沈黙した日本人の群衆がぎっしりとりかこんでいた。そしてかれらは動こうとしなかった。　大江健三郎「見るまえに跳べ」

前置き

アメリカ合州国が世界一素晴らしい国であり、アフガニスタンやイラクへの合州国の関与がそうした遅れたアジアの国々に平和と民主主義をもたらすと信じている方々はおそらくロバート・オルトマン監督の作品を観ないであろうし、観たとしても評価しないであろう。世界にその名を知られるようになったのは一九七〇年公開の『M★A★S★Hマッシュ』（*M*A*S*H*）だが、合州国軍隊のふざけた日常を描き、戦争とナショナリズムに関する偶像破壊路線に新機軸を持ち込んでいる。『ギャンブラー』（*McCabe and Mrs. Miller*, 1971）と『ビッグ・アメリカン』（*Buffalo Bill and the Indians, or Sitting Bull's History Lesson, 1976*）では、合州国の文化ナショナリズムにとって最も重要なジャンルである西部劇を相手にして、その化けの皮を剝ぐ。一九七五年公開の『ナッシュビル』（*Nashville*）では、保守的な音楽産業の本拠地で繰り広げられる愚行と社会悪に焦点を当てている。映画産業の状況が変化し、彼も好きなようにお金のかかる大作を撮れなくなる八〇年代以降には留保をつける（Armstrong 2015, 276）として、初期の代表作に関して言えば、反体制的な映像作家という評価は間違っていない。では、本稿で取りあげる『バード★シット』（*Brewster McCloud*, 1970）はどうだろうか。

『バード★シット』は対抗文化に対する風刺、批判を含む作品だ、という評価が定着しつつあると思われる。無理を承知で、あらゆる映画を対抗文化の側に属するのか、それとも保守文化の側に属するのか、分けてしまうとすれば、オルトマン作品の多くは明らかに前者の側ということになろう。では、どうして対抗文化を代表する映画監督が対抗文化批判なのか。このいささか複雑な問題にひとつの仮説を示すことが本稿の目的である。はじめに種明かしをしてしまえば、第一に、保守的な側から対抗文化を攻撃するのであれば恐らくは狙い撃ちにするであろう代表的な活動や偶像、例えばヴェトナム反戦運動やヒッピー共同体といったものは描かれていない。対抗文化が抱いていた、自由度の高い社会が明日にでも実現する、あるいは、社会はすぐに変わる、といった夢が主題に据えられているだけ、としてもよい。当時の学生運動で主導的な立場にあり、現在まで多くの回想や歴史書等を書き続けているトッド・ギトリンのような人物なら必ず前景化するであろう出来事や人物は登場せず、羽根をつけて鳥になる夢を追う若者の物語となっている。とはいうものの、社会改革の夢とその挫折という人間の歴史と同様に古い主題を六〇年代後半の合州国を舞台にして描くならば、対抗文化と関わりを持つかたちで描くのは自然なことである。第二に、合州国のナショナリズムに対する批判というように、個々のオルトマン作品から取り出せる具体的な問題群の背後に、抽象度を高めた言い方をするならば、人間の愚かさ、社会そして政治といったものをむしばむ病理ないし悪という大きな主題があるという点を押さえておきたい。社会改革の夢と挫折も人間の愚かさ、非力さゆえのことであれば、『バード★シット』と他のオルトマン作品の共通項が浮びあがる。確かに、私たちが市民運動の勉強会や政治運動の集会などで上映したいと考えるような作品、言い換えれば、運動の栄養剤になるような、私たちは前進しているのだ、と希望を持たせてくれるような作品などこの監督にはない。

議論の進め方は以下のようになる。まず、この作品が対抗文化の批判を含むものだという立場に寄り添って、その妥当性を検証する。そして一度作品から離れて六〇年代へ飛び、対抗文化と総称されるさまざまな運動、現象をおさらいする。おしまいに、単に対抗文化にとどまらず、今まで人間が失敗を繰り返してきた社会改革の夢こそがこの映画の主題だとする地点への着陸を目指す。

対抗文化批判としての『バード★シット』

主人公ブルースター・マクラウドは、鳥のような翼を背中につけ遠いところへ飛び去る計画を持ち、その実現に向けて日々努力を重ねる。ついに計画実行の日となり、彼は手足の力で羽根を動かし宙に舞うが、すぐに力尽きて墜落死する。脇筋をすべて削ぎ落としてしまえば話はこれだけである。鳥と同様の飛行能力を身につけて空を飛ぶことだけが実現されなかった目標であるのならば、人間は鳥にはなれません、という当たり前の教訓(これは作品に時折挿入され狂言回しの機能を持つ鳥類学者の講義で最初から示されている)しか導き出せなかろう。もちろんのこと、象徴主義によって〈見果てぬ夢〉が語られるのだが、はじめから馬鹿馬鹿しい航路が設定されているわけで、哀れな結末は見えている。これから私がまず問題としてゆくのは、この〈飛翔〉が〈対抗文化の見果てぬ夢〉と特定できるか否かという点だが、作品のなかに決定的な証拠と呼べるような台詞や描写がないため、対抗文化の夢に重ね合わせて読み解くリック・アームストロングの論考(Armstrong 2011)では、細部の読みを積み重ねる議論となっている。取りあえず、〈対抗文化の見果てぬ夢〉と解釈する路線で、先行論文とは若干異なった視点を交えつつ、作品の展開をみてゆきたい。

SF作品を一応除けば、オルトマン監督作品のなかでこの映画は一番リアリズムからかけ離れた作風となっている。ギリシャ神話にあるイカロスの物語が一九六〇年代後半の合州国に再現されることにはじまり、現実にはおそらく起こり得ないであろう出来事（例えば腕力に恵まれているとは到底思えない男女とペットのカラスが一瞬にして狙った相手を絞殺する。また、主人公は体育館に造られた核シェルターで警備員につきとめられることもなく暮らしている）もあり、六〇年代に注目されたニュー・ライターズと呼ばれる小説家、ジョン・バース、トマス・ピンチョン、ジェイムズ・パーディなどのリアリズムを離れ想像力に依拠した作品群との共通性がある。朝鮮戦争当時の野戦病院で繰り広げられる医師や看護師のドタバタ喜劇（『M★A★S★Hマッシュ』）や開拓地の町で衝突する地元住民と大資本の殺し合い（『ギャンブラー』）といった話であれば、一回見ただけでも多くの観客がかなりの程度内容を理解できるかも知れない。しかしながら、前述した象徴主義への依拠と非リアリズムと呼べる要素もあって、公開当時の映画評は惨憺たるものだったそうである。ところが日本では、由良君美が公開当時に映画評を書いており、ジョン・ドライデン以降文学にたびたび登場する疑似英雄譚《モック・エピック》の流れをこの『バード★シット』が受け継いでいることのみならず、鳥類学者の講義と映画の展開が生み出す笑いの仕掛けなども細かく解説をつけている。恥ずかしい話だが、この私もインターネットに情報があふれるようになるまでこの映画評のことを知らなかった。公開直後にこの映画評が広く読まれていたとしたら、少なくとも日本における受容史がいささか異なったものとなっていたかも知れないと考えると残念である。

　主人公の飛行計画が作品を織りあげる縦糸だとしたら、横糸に例えられるものは主人公の計画遂行に立ちはだかる人間が次々と犠牲者になる連続殺人事件である。殺人事件が起きれば当然警察の捜査がはじまるわけで、徐々に追い詰められてゆく主人公が鳥人となる計画を逮捕までに残された時間で実現できるか否かが粗筋となる。映像で最初に殺される（前半部の殺人は前後して映像に出ている可能性がある）のは、運転手兼雑用係として主人公を雇っていたエイブラハム・ライトという実業家の老人（史上初めて空を飛んだライト兄弟の弟として出てくるが、実在のライト兄弟にはエイブラハムという名の兄弟はいない）で、主人公にロールス・ロイスを運転させ、自分が経営する老人ホームの売り上げを強圧的（今の言い方でパワハラ、セクハラにあたる行為だが、その矛先は主人公にも及んでいる）に取り立ててまわる。集めた紙幣が風で飛ばされた時に、拾い集めようとする主人公にピストルを向け、命を絶たれる。彼を含めすべての犠牲者の死体には鳥の糞がかかっている。主人公の計画遂行を助ける謎の女性ルイーズが主犯だが、彼女が飼っているカラスが犠牲者に糞《シット》（邦題はこの点に由来する）を落とすことが殺人の合図であり、犯行後はこの糞が犯人の署名としての機能をも持つ。犠牲者すべてに共通するのは、富と権力の側にいる人間だということだ。この対立によって、鳥の糞を被る者は〈構造的な社会の悪〉を代表し、鳥人を目指す主人公ブルースターと守護神ルイーズは〈悪徳に満ちた社会からの自由〉を象徴するという、この作品の大枠が明らかになる。

カラスを意のままに操っていることのみならず、このルイーズは〈超〉をつけてもいいほど人並外れた能力の持ち主で、犠牲者を瞬時にして絞殺（カラスの糞が落ちたら、すぐに相手は死体となってしまい、絞殺の場面は映像に出ていないため、具体的な方法は謎だが、超能力とでも呼ぶしかなかろう）

するし、殺人課の刑事やパトカーの運転に習熟しているであろう交通巡査を相手にカー・チェイスをやってのけ、主人公を救う。裸の背中、ちょうど肩甲骨のあたりに以前鳥の羽根が生えていた跡が残っており、かつて主人公と同じ飛翔の（つまり自由の）夢を追い、その夢に破れたことを窺わせる。この点は、作品全体の解釈に関わる部分なので、後で触れる。

物語が実際に動き出す前に、狂言回しである鳥類学者のいささか長い解説がある。〈現実の人間社会〉対〈鳥が象徴する自由〉という主題が示されているし、主人公の棲家である核シェルターの意味が読み取れるので、引用したい。

鳥の飛翔、人間の飛翔、人間と鳥との類似、鳥と人間の類似。今から私がお話しする講義では、一時間かそこらこうした主題を扱いますが、結論は出しません。結論と言えるものはほとんどないからです。ドイツの詩人ゲーテは「私は望む、無限の空に身を投じ、恐ろしき奈落から高く離れ飛ぶことを」という詩行で人間が持つ飛翔への願いを表しました。明らかに最も進化した生物である人間は、鳥の飛翔を観察し、自分たちが大地に囚われていることを知りました。ですから、人間の頭のなかからずっと飛びたいという欲望がついえたことはありませんが、その夢はなかなか叶いません。その夢とは飛行能力の獲得でしたか、それとも真の飛翔が人間にもたらすと思われる自由だったでしょうか。人間が鳥の環境に与えている致命的な被害に較べれば、鳥が人間に及ぼす迷惑など些細なものですが、このことにも触れるかも知れません。人間と鳥の両方を守るため将来巨大な閉鎖環境を建設すべきなのでしょうか。そうであれば、事情次第で人間はその空間に鳥を入れてやるのか、それとも排除するのか、判らないところです。

まず、鳥と人間との類推で作品が展開されてゆくことが示唆される。次に、単に物理的な飛行の問題ではなく、鳥の飛翔が人間にとっての自由の象徴である点も暗示されている。そして鳥類学者が「巨大な閉鎖環境」と言う時に、野球場兼体育館（ヒューストン・アストロドームと呼ばれる実在の施設）が画面に映り、その建物が象徴としての意味を持っていることも示される。

主人公はその野球場兼体育館にある核シェルターで寝起きし、飛翔に向けた研究と訓練を続けている。主人公たちの飛行計画と連続殺人を対抗文化の象徴とする立場を取れば、「鳥が人間に及ぼす迷惑など些細なもの」、言い換えれば対抗文化の若者がやっている反戦運動や文化活動で現実の社会が変わることなどない、と読めるし、鳥を目指す主人公を、少なくとも当座は、守っているのはその巨大な閉鎖環境である。また、計画の挫折という結末で主人公はその閉鎖空間から排除されることにもなる。こうしたかたちで、随時挿入される鳥類学者の講義は、作品の象徴主義を、そして疑似英雄譚が持つ笑いの要素を補強してゆく。

核シェルターというものも突っ込んだ解釈が可能であろう。核シェルターが持つ政治性については本書に収録されている三添氏の論考にあたっていただきたいが、本当に核戦争となり、現在の南東北、北関東よりも遥かに厳しい放射能汚染が広がれば、核シェルターなど無意味である。爆心地に近ければ、熱線、熱風から直接受ける被害を避けることはできよう。しかし、仮に核シェルターに逃げこむことで外部の人間よりも生き延びる期間が長くなったとしても、いずれは外の地獄へ出て行かねばならない。三添氏が書いてくれているように、核シェルターが持つ真の役割は、冷戦期の防空演習と同様に、共産圏と戦う合州国戦士としての意識を市民に持たせるところにある。そうした文化の政治学におけるホット・スポットで対抗文化の夢（私があとで導き出す結論に沿って言えば、当時多くのひとが対抗文化に託した社会改革の夢となろうか）が温められているという皮肉も確認しておきたい。別の言い方をすれば、アメリカ帝国の繁栄に守られてヒッピーの夢があったということになる。

主人公の活動が屋内野球場とそのなかの核シェルターによって守られていると同時に閉じ込められているように、主人公の夢と挫折の物語は入れ子構造となっている作品に包み込まれてもいる。最後の場面で、屋内野球場を飛び回り、力尽きて主人公が墜落死した瞬間、球場はサーカスに一変し、「この世で一番素晴らしい見世物」は団員紹介で幕となる。主人公ブルースターが追い求めた飛翔の夢は、実ははじめから「毎度馬鹿馬鹿しいお笑いを」だったわけである。こうした派手な種明かしは結末まで温存されるのだが、もちろんのこと、伏線は張られている。鳥類学者の講義もそのひとつだが、映像の冒頭、メトロ・ゴールドウィン・メイヤー社の作品ではおなじみのライオンが、いつもの雄叫びをあげず、照れくさそうな表情で「台詞、忘れちゃった」とくる。同じ疑似英雄譚の流れをくみ、しかも入れ子構造を構える作品となれば、ジョン・バースの『やぎ少年ジャイルズ』（*Giles Goat-Boy or, The Revised New Syllabus*, 1966）が頭に浮かぶ。入れ子構造であれば合州国小説にはいろいろとあり、例えば『マディソン郡の橋』（*The Bridges of Madison County*, 1992）でも使われており、ここでは人間が抱く最も崇高な夢がサーカスの出し物へと矮小化されている点だけを確認しておきたい。

題名が画面に浮かぶところで、屋内野球場で行われる国歌斉唱の練習風景が映し出され、クレジット・ロールがはじまる。調子っぱずれで歌うのが年配の白人女性である他は楽隊、合唱団、チアリーダー、皆アフリカ系である。その白人女性は、自分の下手な歌を棚に上げて、楽隊を叱り飛ばす。耐えかねた団員たちは、全米黒人地位向上協会（NAACP）が「アフリカ系合州国人の国歌」と呼ぶ "Lift Every Voice and Sing" を歌い踊りはじめる。カメラは主人公が飛翔の研究を続ける核シェルターへ移動するが、そこにあるスクリーンは球場の練習風景を映し出している。主人公は、白人女性の横暴な態度に不満なのか、研究の手を止める。クレジット・ロールが「監督、ロバート・オルトマン」で終わる時に例のカラスが糞を落とすと、そこは新聞記事で、当時副大統領だったスピロ・アグニューの発言「アグニュー、社会は一部の合州国市民を見捨てるべきである」との見出しが読み取れる。国歌の練習風景は黒人公民権運動から人種暴動への流れを想起させるし、ニクスン政権は対抗文化の盛りあがりに際し敵役、悪役として見做される（ニクスンも自分の保守性を売り物とし、対抗文化に違和感を持つ層を取り込んでいった）傾向を強めていった。連続殺人事件を軸に〈富と権力の側〉と〈飛翔つまり自由の夢を抱く側〉の対比は浮き彫りにされるが、六〇年代の出来事に対応している描写はこのふたつにとどまる。

私は〈対抗文化〉という言葉を使ってこの章を書き進めている。しかし、ずばり対抗文化と呼べる描写は少ない。学校へ行く、あるいは仕事をする、といった普通のこととはまるで違う生き方をしている若者が主人公である点、六〇年代後半の合州国を舞台としている点、〈富と権力〉対〈飛翔の夢〉という図式が前景化されている点、こうした要素から主人公が対抗文化を象徴していると受け止めるのは無理のない連想である。そうした解釈は多いし、間違っているとは思われない。しかし、主人公ブルースターは、友人と村をつくって有機農業をはじめるわけでも、ヴェトナム反戦運動で機動隊とぶつかるわけでも、マリファナやコカインを楽しみつつロック・バンドで活躍するわけでも、インドへ行ってヒンズー教徒になるわけでもない。他人に知られることなく自分だけの夢を追い求める若者などいつの時代にもいたであろう。対抗文化という言葉が連想させる典型的な六〇年代の若者像に主人公は当てはまらないのである。

まず、この作品と対抗文化の関係を最も詳細に、また説得力のあるかたちで読み込んだリック・アームストロングの議論を紹介しつつ、この作品に描かれている対抗文化の問題に触れたい。また、羽根を持っていた痕跡のあるルイーズの存在から、対抗文化以前にも幾度となく繰り返され挫折してきた社会改革の夢に作品が結びつく可能性も検討する。

主人公ブルースターには、守護神ルイーズ以外にも、支援してくれる女性がいる。健康食品の店で働くホープという名の若い女性が彼に食べ物を差し入れるのである。彼女は主人公に熱をあげており、主人公がパンツひとつで鉄棒にぶら下がり筋力を鍛えている様子を見て自慰に耽る。そのことに気付いた守護神ルイーズは主人公に解説する。

ブルースター、大人になるにつれて、彼女たちには何かがおきるのよ。だんだんと地面のほうに向いていくの。セックスを経験したら、地面に根を下ろしちゃって、自分とおんなじ子供たちを産んでゆくのよ。だから、あなたは誘惑されちゃ、駄目。

この作品では、女性と性交渉を持ち親密な間柄となると、空を飛ぶ夢の実現が怪しくなってしまう、とされている。実際、スザンヌという別の女性の誘いに乗り、ブルースターは童貞を失う。そのことを察したルイーズはブルースターに「あの娘が何するか判ってるの、それであなたは死んじゃうのよ」と言い残し、カラスを連れて部屋から出てゆく〈断定はできないが、一瞬悲しそうな表情をみせるものの平然と球場を去る彼女の後姿は、過去に同様の経験をしていることを想像させる〉。ルイーズの予言通り、スザンヌは彼が連続殺人に関与していることを密告しているし、その密告とは直接の関係を持たないものの、彼の飛翔は短い時間で終わり、野球場のドームから外へ出ることすらない。〈自由の探求、冒険の可能性〉と〈結婚して家庭生活という平凡な日常〉が対比されるのは常識的な考え方、あるいは原型的と呼んでよい物語の構図であろう。また、レスリー・フィードラーが『アメリカ小説の愛と死』で定式化した、女性と縁のない、女性を遠ざける男性主人公の系譜とも呼応する。

主人公と女性との関係が対抗文化と結びつくのは以下の点である。はじめての性交渉のあと、ブルースターは自分の飛行技術が完成間際であることを彼女に話す。すると、スザンヌは「飛んでけるの！　ブルースター、大金持ちになれるわよ。いい弁護士、世話してあげる。あなたを守るのよ、特許も取らなきゃならないし」と、興奮して、同時に大真面目に金儲けの話へ逸らしてゆく。アームストロングは、トッド・ギトリンなどヒッピー文化を推進し擁護する側にいた人間が早いうちから抱いていた懸念にも触れつつ、ヒッピー文化が多大なる商品価値を持ち、実際そうしたものとして消費されていった事実とスザンヌの金銭哲学とが符合することに着目する。女、セックス、と駒を進めてゆけば、その次は金の話だ。その分、夢は遠のいてしまう。スザンヌの前の彼氏は、以前芸術家の卵だったそうである。しかし親に反対され、今は地元の名士のところで秘書のような仕事をしている。この彼氏の経歴も、その後の社会の変化と軌を一にしている。反体制運動の教祖、扇動家であったジェリー・ルービンは株屋へと華麗な転身（有名な話であり、アームストロングも議論に織り込んでいる）を遂げた。私より数年年上の同業者が「みんな、戦争やめて、セックスを、なんて言ってたのに、七二年くらいになると、結婚式でカーペンターズの「愛のプレリュード」（“We’ve Only Just Begun”）だもんね」と言っていたのを私もよく憶えている。

スザンヌとブルースターはともに対抗文化を代表してもおかしくはない年齢であるし、性の肯定、窃盗を犯罪視しない姿勢（ふたりとも自動車泥棒の経験者である）など共通点を持つ。そうした点を確認せずとも、七〇年代前半にこの映画を観れば、奇妙なことをしている若者、つまりはヒッピーという連想は自然である。そして、何らかの大義があったとしても、ヒッピー文化の商業化が躓きの石となった。そして、そのことを七〇年公開の『バード★シット』が言い当てていることはアームストロングの指摘する通りである。

対抗文化とその後

ヴェトナム戦争は合州国の敗北に終わった。当時は覇権主義に対する反省が必要だ、等の主張が多かったものの、合州国が海外における軍事作戦をやめてしまうことはなかった。アフガニスタン、イラク、そして北アフリカと、現在まで戦火のニュースが途絶えたことはない。また、九・一一同時多発テロを口実に整備が進んだ安全保障体制はジョージ・オーウェルの『一九八四年』で描かれた全体主義社会を準備するものとなっている。合州国国民のみならず海外に暮らす私たちにとっても脅威である〈仕組み〉はますます強固なものになっている。対抗文化を反戦運動、学生運動中心に捉えるならば、ヴェトナム以降現在までの約四〇年は無残な歴史であった。市民や学生の力で戦争終結が実現されたのならともかく、多少なりとも合州国の体面を汚さないかたちでの撤退、停戦は既に政治課題だったのであるし、警察との衝突、催涙ガス、といった物理的な圧力、組織内部の問題から、運動は衰弱してゆく。対抗文化を代表する夢が、自分たちの手で、すぐにヴェトナム介入をやめさせ、戦争のない世界を実現することであったとしたら、その夢は無残に終わっている。ウッドストック音楽祭に世代の夢を託した歌であるジョニ・ミッチェルの「ウッドストック」では、上空を飛ぶ爆撃機が蝶に姿を変える夢想が織り込まれ、「私たちはエデンの園へ戻らなければ」と結ばれる。しかし七〇年代のある時点から彼女は、「花園と見紛うものにでも」（"We've got to get ourselves back to the garden" から "We've got to get ourselves back to some semblance of a garden"）と歌詞を一部変え、もはや対抗文化の夢がエデンの園と等式で結べなくなったことをつけ加えるようになった。『バード★シット』の主人公がたどった飛翔の夢から墜落死までの道筋が、対抗文化の夢と挫折を予言するものであったならば、その予言はすぐに的中したことになろう。そうした解釈にかなりの妥当性があることは前の節で述べた。しかし、対抗文化を代表する出来事や人物（あるいはそれらと思しきもの）を登場させ、ずばり対抗文化を攻撃したものとなっていない点、ずばり対抗文化の表象と呼べるものからずれている点は無視できない。ここからは、対抗文化と総称されるものとそのなかに含まれる個々の現象をみてゆく。また、対抗文化の夢が、〈今すぐにでも自分たちを、そして社会を変える〉ことだとしたら、その夢と実際に対抗文化的と呼べることをやっていた人間の現実との相違をみてゆく。

信仰の問題も対抗文化の無視できない要素だが、対抗文化の夢と挫折という話とは重ねて考えることがむずかしいだろう。保守と対抗文化とに二分するのであれば、ピューリタンの信仰に由来するものが前者でその他は後者となろう。その二分法で説明すべき部分があるだろうし、ヒンズー教

（クリシュナ教）や禅宗はビート、ヒッピーの文脈で語られることが多い。しかし、信仰は個人の考え方、生き方の問題であり、現在にいたるまで自分の思うところに従って信仰生活を続けている人間は多く、対抗文化の勝ち負けを云々する際に前景化されることはないであろう。また、黒い回教徒となると、公民権運動との関わりのほうがはるかに重要であり、いわゆる対抗文化とは一応区別しておいたほうが良かろう。

上記の二分法ではフェミニズムも対抗文化のなかに入れられることもある。しかし、ジェリー・ルービンなどの本では影が薄いし、例の「戦争やめて、セックスを」は、反ピューリタン的な色彩が濃いとしても、けっしてフェミニズムではない。また、対抗文化とフェミニズムの関連に触れる書物にかならずといっていいほど指摘されているのは、学生運動における男性中心主義である。対抗文化の時代と重なる部分があるといえども、合州国のフェミニズムでみておくべきところは、ベティ・フリーダンから全米女性機構へと発展する流れや六〇年代各地で戦われた職場差別を争点とした数々の裁判であろう。そして、フェミニズム（LGBTの問題を含めても良かろうか）はある程度にせよ結実をみている。

ヴェトナム反戦運動を契機として社会全体を変えるという希望は消えていったに等しいとしても、反戦運動自体は現在までしっかりと続けられており、六〇年代を思い起こさせるものがほぼ沖縄だけという日本とは違う。対抗文化と結びつけて語られる反戦運動は、シカゴ・セヴンと呼ばれる活動家が逮捕、起訴された六八年のシカゴ民主党大会がその頂点だったとする見方もあるものの、七〇年ニクスン大統領のカンボジア侵攻作戦に反対する学生四人を州兵が射殺するという事件がオハイオ州ケント州立大学で発生、全米に抗議行動が広がっている。

中国共産党の農村への浸透を文献で確かめ蔣介石政権敗北の原因を突き止めることから東アジア研究を深化させていったチャルマーズ・ジョンスンは、冷戦の戦士という心意気で、中国や日本（『通産省と日本の奇跡』という研究もある）の社会を研究していたそうだが、合州国の覇権主義、軍産複合体主導の軍事外交に対する手厳しい批判者に晩年変貌する。『アメリカ帝国への報復』序文で「いま振り返ると、私も反戦運動を支持すればよかったと思う。愚かしくて無茶な運動ではあったが、やはり正しかった。アメリカの政策のほうが間違っていたのだ」と述べるようになるだ。もし反戦運動を対抗文化の一部とするならば、意外なところから継承者が現れたものである。ジョンスンは沖縄基地問題に関しても中身の濃い分析を残している。

学生運動に、理念の相違、方針の対立が多々あり、離合集散に明け暮れていたことは日本の新左翼運動以上かも知れない。しかし、少数かも知れないが、六〇年代からずっと何かを続けている人間もいる。ＳＤＳ（Students for a Democratic Society）の中心人物で、シカゴ・セヴンのひとりでもあったトム・ヘイドンはカリフォルニア州の地方政治家として長年活動を続けてきたし、同時期にＳＤＳで活動したトッド・ギトリンはその後大学で社会学の教員となり、著述のみならずさまざまな社会活動に関わってきている。最新の著作『ウォール街占拠運動』（*Occupy Nation: The Roots, the Spirit, and the Promise of Occupy Wall Street*, 2012）では、一％のための社会を変えたいとの台詞で有名になった市民運動を取りあげ、かなり楽観的な論調で、対抗文化との連続性を確認している。これは二〇一二年三月福島被曝問題についての講演を頼まれてニュー・ヨークへ行った時の私の経験とおおむね一致する。正にネグリ＝ハート路線とも見做せる押し出しの強さで耳目を集めていたウォール街占拠運動という活動の背後に、日本ではほとんど報道されないが、労働、人権、環境など、多様な市民運動が根づいている。集会（というか勉強会）にも連れていってもらったが、ハドスン川上流にあるインディアン・ポイント原発と福島事故との関連、移民の労働組合結成と活動の展開が議題になっていた。新自由主義がますます残忍になってきている、言い換えれば、九九％を不幸にする〈仕組み〉が以前にもまして強大、強固になっている現状に対し、やはり非力であるとはいえ、さまざまな問題に取り組む何らかの運動がある。対抗文化の夢あるいは幻想が七〇年代前半で蒸発してしまったか否かはともかく、社会を変えようという市民の活動には日本などよりも力強い連続性があることは確かだ。

では、ギトリンが対抗文化に託した希望、ミッチェルが歌にこめた夢は何だったのだろうか。この部分の結論を急いでしまえば、実際にあった運動あるいは現象と報道や音楽などの表象文化によって肥大化した幻想とが致命的なほどにずれていただろう、ということである。コミューンあるいは既存の社会から独立して形成される共同体の研究を続けている宗教学者のティモシー・ミラーは『六〇年代のコミューン』で、数からすれば六〇年代に生まれのちに消えていった共同体は圧倒的に多いものの、ヒッピー的なものが大多数を占めるわけではないことを指摘している。また行政学者のエドワード・モーガンは『六〇年代の経験』のなかで、六七年一〇月に行われたヒッピー文化の葬式に触れている。ヒッピー文化が世界に知れ渡り、自分の人生を変えられるのではないか、社会全体が変わるのではないか、という夢あるいは幻想が定着するにつれて、小規模ながら牧歌的な共同体にさまざまな人間が流入し、問題も出てしまう。金儲けに利用されてしまう可能性、六九年にカルト集団が引き起こしたシャロン・テート事件（英語では、"Charles Manson Slayings" と言う）のような犯罪の可能性が生じる。ジョニ・ミッチェルやジェファスン・エアプレインが夢を託したウッドストック音楽祭は六九年の出来事だったが、その時点で既に共同体を基盤とした〈新しい生活〉は何らかの変容を余儀なくされていただろうし、ヴェトナムだけが侵略戦争であるのなら、撤退は政治日程に載っていたのだ。

映画『ウッドストック 愛と平和と音楽の三日間』（*Woodstock*, 1970）『イージー・ライダー』（*Easy Rider*, 1969）といった映画を観て、「革命だ、私たちはアメリカの義勇兵だ」と歌うジェファスン・エアプレインのレコードを聴いているだけだったとしたら、対抗文化の夢が近い将来実現するような期待を抱いてしまうかも知れない。しかし、同じ時代にマール・ハガードの「ムスコーギのオクラホマ人」("Okie from Muskogee," 1969）といった歌もはやっている。

俺たち、ムスコーギじゃ、マリファナなんか吸わない
ＬＳＤで異常体験したりしない

目抜き通りで徴兵カードを焼き捨てたりもしない
まっとうな生き方、自由であることが好きだ

ムスコーギのオクラホマ人だってことが俺たちの誇り
保守のクズだと言われたって楽しく暮らせる土地
郡役所では今でも星条旗
ウイスキーが最強の娯楽

男女関係で変てこなことなんかしない
手をつないで、普通のことをするのさ
サンフランシスコのヒッピーみたいに
髪の毛を長く汚く伸ばしたりしない

私がここで仮に「保守のクズ」と訳した"square"の反対語は"hip"で、ノーマン・メイラーの「白い黒人」("The White Negro: Superficial Reflections on the Hipster," 1957)で独特の定義(対抗文化を肯定したとしても、メイラーの主張に対してはさまざまな意見があろう。例えば、アフリカ系アメリカ人の類型化などは今なら集中砲火を浴びるものと思われる)が下されている対立概念である。もちろんのこ

と、後者は対抗文化を指し示す言葉である。この歌が発表された六九年、ヒッピー文化はカッコよさの頂点にあった。しかし、保守的な一般市民の開き直り、いや、反撃もあったわけである。そして、〈ヒップ〉であることがカッコいいとしても、社会全体は〈スクェア〉な市民中心に廻っていた。のちに私の友人となる連中は、反戦などの市民運動、学生運動に参加することはあっても、高学歴の進路を歩む自分たちまで徴兵されるような事態にならないことを祈りつつ、あるいは自分たち（女の場合は彼氏）が徴兵年齢に達する前に戦争が終わることを願いつつ、普通の学生生活を送っていたそうである。

議論を整理しよう。第一に、近い将来、社会が大きく変わるという対抗文化の夢あるいは幻想が社会のかなりの部分を覆っていたとしても、かなりの数の人間に共有されていたとしても、それは大規模な虚像であったろう、ということである。造られた夢ゆえに、しぼむのにも時間はかからなかった。社会が抱える多種多様な問題すべてを〈対抗文化〉か〈保守〉か、そのどちらかに分けてしまうのなら、こうした整理の仕方になろう。このことは、ウッドストック音楽祭が開催された時点で、言い換えれば、対抗文化が商品として合州国のみならず世界に流通した時点で、学生運動にせよ、その他の分野にせよ、雲行きが怪しくなっていたことからも指摘できよう。夢と現実には時間差があったのだ。また、対抗文化の夢にはさまざまなものが含まれるが、それらすべてで同時に大きな変化が生じることを期待するというのにも無理があろう。

第二に、対抗文化として括られるもののなかにはさまざまな運動、活動があり、それらすべてをひとまとめにして語ること自体に無理があろう。信仰やフェミニズムは対抗文化と分けて考えたほうが良さそうなことは既に述べた。反戦運動、言い換えれば軍産複合体を中心とした覇権国家に対する批判にせよ、対抗文化の時代に盛りあがりがあったとはいえ、対抗文化以前から、そして現在まで、運動は続いている。

もし、対抗文化の夢が実現した時は社会のすべてが変わるのだ、という期待（ロックの歌詞などを読むと、そういう期待が根強かったことが判る）があったとしたら、十九世紀の社会主義運動と同等にあやしいものだったのかも知れない。ピューリタン道徳を資本主義発展の原動力とするマックス・ウェバーを拡大解釈すれば、軍産複合体を中心とした覇権国家の問題を解決するためには、保守的なピューリタン文化を攻撃することからはじめるべきだ、という議論もできたかも知れないし、そうした議論で対抗文化全体を意味づけることも不可能ではなかったろう。しかし、長髪やジーパンを会社の重役にし、信仰の多様性やフェミニズム、ＬＧＢＴを取りこんでもなお覇権国家は健在である。いや、むしろ取りこむことでますます強固なものになってきたのだ。

見果てぬ夢を笑う

飛行能力を身につけ現代の人間社会からおさらばする、というのが『バード★シット』の主人公ブルースターの夢であった。この「飛ぶ」という行為を〈社会改革の夢〉とみるためには、ふたつの条件がある。第一に、リアリズムではなく象徴主義で考えることが必要である。第二に、主人公たちと敵対し連続殺人事件の犠牲者となる登場人物が〈社会改革の夢〉にとって障壁となる保守の側、体制の側にいて、主人公がおさらばしたいものを代表していることである。では、〈社会改革の夢〉と〈問題だらけの社会〉が対比されていても、リアリズムで描かれるのは後者のみで、前者は象徴主義（ないしファンタジー）による提示なのだろうか。もし〈社会改革〉の夢と挫折を描く、あるいは風刺するのであれば、それらしき人物をリアリズムで描きこむことがないのはなぜなのか。この点に関しての私見を述べることで結語としたい。

ひとことで言えば、思想、信条において左翼である芸術家であっても、人間全体の愚かさを笑いの作品に仕立てることがある、ということである。保守の側を批判あるいは風刺する。さもなかったら、社会改革の希望を描く。そうであれば、その芸術家が左翼だということは判りやすかろう。しかし、合州国には、左翼でありつつも人類を笑い飛ばした先駆者がいるのだ。ジョン・シュレシンジャー監督作品『いなごの日』の原作（*The Day of the Locust*, 1939）などで知られ、のちに六〇年代のブラック・ユーモアの先駆と見做されるナサニエル・ウェストは、晩年ハリウッドで脚本家として生計を立てながら、国内難民救済などの政治運動に精力を傾ける。しかし、人類全体の愚かさあるいは非力さを描く〈笑いの作家〉であるウェストは、自分が希望を託すような人物や出来事を小説で扱うことができない。時は三〇年代、笑いの矛先を保守に向けるか、社会改革の希望を携えたプロレタリア作品を出版すれば作家としての評価を得られようし、自分が関わる政治運動への貢献ともなろう。実際、知人のジェイムズ・T・ファレルは『スタッズ・ロニガン』三部作（*Studs Lonigan* trilogy, 1932-35）などで地位を確立している。それでも、笑いの文学にこだわり続けるウェストはジレンマに立たされる。以下は彼が批評家のマルカム・カウリーに送った書簡の一部である。

希望があるから書く、新しい、今よりもよい社会のために書く、ということでしょう。ですが、私は笑いの作家であり、重要なことがらを扱うのであっても、笑っている様子などなく書くことなど不可能です。（中略）ここカリフォルニアでは左翼運動が活発であり、私も多くの時間を費やしています。ですが、次の小説がハリウッドを舞台にしたものであっても、左翼運動を書き入れることはできません。スタインベックの凄い『怒りのぶどう』に登場する「母さん」が持つ力を信じたい、でも、内心、正直言って、それはできません。（Martin, 335-36）

「次の小説」とは『いなごの日』のことだが、不幸を逃れることのできない大衆に深い洞察と共感を持ちつつも、そうした大衆を救済する能力などなく、自分の洞察と共感をただ絵に描くのみの知識人＝画家をめぐる話である。書簡にある通り、左翼運動も市民運動も描かれず、体制側に向けられた批判や風刺もない。『いなごの日』は独ソ不可侵条約が締結される一九三九年に出版される。翌年、文名とは無縁のまま、ウェストは交通事故で他界。しかし、プロレタリア文学が色褪せたあとも、彼の評価は揺るぎないものとなってゆく。

『M★A★S★Hマッシュ』、『ギャンブラー』、『ナッシュビル』と代表作を列挙するまでもなく、オルトマンは合州国の保守文化と対峙した映像作家である。彼がアビー・ホフマン、ジェリー・ルービン、トム・ヘイドン、トッド・ギトリンなどが当時やっていたことをどの程度評価していたか、あるいはどの程度批判的であったかは判らないが、彼の監督作品は通例対抗文化に含めて考えられる方向性、例えば、ヴェトナム反戦（『M★A★S★Hマッシュ』）、九九％のための政治（『ウェディング』）に繋がる内容となっている。であれば、社会改革を、あるいは対抗文化を愚かな人類の見果てぬ夢として笑う作品を制作する際、ウェストと同様の路線で、自分が理解できる人物や活動を風刺の対象とはせず、ただ鳥のように飛ぶという隠喩で非力な人間社会を描こうとした可能性もあろう。体制側の人間が風刺の対象となり、連続殺人事件の犠牲者となる『バード★シット』において、ひと知れず孤独な作業を続ける求道者的な主人公やお金儲けの仕組みに絡め取られてゆく若者が登場しても、現在からみても共感できるような対抗文化の側面を代表する人物が描かれなかった理由はここにあるのかも知れない。そうした人物が登場し、わずかなりとも希望を示すのだったら、人類全体を笑うお芝居としての統一感が失われよう。またしても、私たちの夢は、私たちが非力、愚かであるがゆえに、つぶれるのだ。

主人公ブルースターの守護神であるルイーズの背中には羽根の跡がある。このことは彼女が主人公と同様の求道を企て失敗した経験を持つことを示している。一九世紀から本格的に動き出し一九三〇年代に頂点を迎えた合州国社会主義運動の隠喩であろうか、いや、おそらく人類が有史以前から持ち続け、挑み続けてきた社会改革の夢、その哀れな痕跡と考えるほうが良さそうである。オルトマンが描いた社会の悪とは、誰か特定の人物が悪であり、その人物がいなくなれば解消されるようなものではなく、社会の成り立ち、社会の仕組み全体が問題なのである。

参考資料

［書籍］

Armstrong, Rick. "*Brewster McCloud*'s '60s Hangover." *Robert Altman: Critical Essays*. Ed. Rick Armstrong. Jefferson: McFarland, 2011.

——. "Altman/Nixon/Reagan: Honorable Secrets, Historical Analogies and the Nexus of Anger." *A Companion to Robert Altman*. Ed. Adrian Danks. Malden: Wiley Blackwell, 2015.

Gitlin, Todd. *The Sixties: Years of Hope, Days of Rage*. New York: Bantam, 1987.

——. *Occupy Nation: The Roots, the Spirit, and the Promise of Occupy Wall Street*. New York: HarperCollins, 2012.

Johnson, Chalmers. *Blowback: The Costs and Consequences of American Empire*. New York: Holt, 2000.（チャルマーズ・ジョンソン。『アメリカ帝国への報復』鈴木主悦訳。集英社、二〇〇〇年）。

Martin, Jay. *Nathanael West: The Art of His Life*. New York: Farrar, Straus & Giroux, 1970.

Miller, Timothy. *The 60s Communes: Hippies and Beyond*. New York: Syracuse UP, 1999.

Magee, Gayle Sherwood. *Robert Altman's Soundtracks: Film, Music, and Sound from* MASH *to* A Prairie Companion. New

York: Oxford UP, 2014.
Morgan, Edward P. *The 60s Experience: Hard Lessons about Modern America*. Philadelphia: Temple UP, 1991.
Rubin, Jerry. *Do It! Scenarios of the Revolution*. New York: Simon and Schuster, 1970.
由良君美。「疑似イカルスの青空失墜――『バード・シット』から『鼠小僧次郎吉』まで」。『セルロイド・ロマンス』所収、文遊社、一九九五年（初出は『映画批評』一九七一年九月号）。
――。「飛行の夢、落下の夢――ヨナ＝イカルス」。『セルロイド・ロマンス』所収。

［ＶＨＳ・ＣＤ・レコード］

Altman, Robert. *Brewster McCloud*（VHS）MGM/UAM, 1970.
ミッチェル、ジョニ。『レディズ・オブ・ザ・キャニオン』（ＣＤ）ワーナーミュージック・ジャパン、二〇〇六年。
Mitchell, Joni. *Shadows and Light*（record）. Asylum, 1980.

ノエル・カワードと再婚の喜劇としての『或る夜の出来事』

――「長い二〇世紀」のなかの映像文化

大田信良

哲学者スタンリー・カヴェルのハリウッド映画論

アメリカ合州国のハリウッド映画が一九三〇年代に文化生産したロマンティック・コメディ『或る夜の出来事』（*It Happened One Night*, 1934）を、再婚の喜劇として、解釈したのはスタンリー・カヴェル『幸福の追求――ハリウッド再婚の喜劇』であった。カヴェルによれば、再婚の喜劇の特徴は、なによりもまず、ヒロインが、未婚の若い少女ではなく、既婚女性であるということであり、それゆえそのプロットもまた、中心的なカップルを単に結びつけるのではなく、彼ら二人を一度切り離したのちに再び結び合わせる、という点にある。再婚の喜劇の構造において、結婚は、離婚やその脅威にさらされる。別の言い方をするなら、その形式や意味が新たに問い直されたり再定義されたりする必要があるものとして、ヒロインと相手の男性との関係が提示されている、ということだ（Cavell 1-2）。実際、再婚の喜劇は、旧来の家父長制における結婚とは区別される男女の人間関係を物語るような「平等の喜劇」として捉えられてもいる。たとえば、『或る夜の出来事』の結末は、女の貞操と男の誇りを保つために二人の性的成就の障壁として就寝時に部屋の真ん中にロープを張って掛けられた毛布つまり「ジェリコの壁」を崩す合図となる角笛を誰が吹き鳴らしたか明示しない。このように男女いずれかが能動的／受動的であるか曖昧なままにすることにより、性的差異やジェンダーの階層関係を明確にすることをこの映画は拒否している[1]（Cavell 82）。

ただし、ここで注意すべきことは、カヴェルの再婚の喜劇論は、一九八〇年代半ば以降の大学研究・教育制度において抬頭することになったフェミニズムやジェンダー研究ではなく、近代ヨーロッパ哲学に発する懐疑主義の伝統を踏まえたうえでそれを乗り越えるようなリベラルな社会・共同体論を志向するものであったということだ[2]（Cavell 74）。

けして無限な存在ではなく有限な知に限定されるわれわれ人間の存在との関係において世界は実在するのか、他者は確かに存在していて私という自己と社会関係を取り結んだり結び直したりすることができるのか。そうして結局のところ、そのようなさまざまな関係についての知や欲望の諸能力は、人間社会と呼ばれるものを構築したり再編制したりすることができるのか、むしろ、幸福の追求のテロス＝結末であるはずの社会は実のところ自らを不幸な戦争や貧困に至らしめるホッブス的な自然状態へともたらす欲望や破壊力と切り離せないのではないか。このような懐疑や不安に対する答えは、以下のようになるだろう。ハリウッドのロマンティック・コメディは、その再婚の喜劇によって、そうした諸能力は人間が他者と取り結んだ関係を破壊する力でもあるだけでなく新たな社会契約による関係を和解や約束といったスピーチ・アクトにおいて再創造する力でもありうること、とりわけ、自己と他者を関係づける能力の表現としての結婚において、そのような懐疑に応答することにより乗り越えることができる、と（Cavell 74）。これはまた次のようにまとめ直すこともできる。ハリウッド映画という映像文化がその重要な要素として含むスピーチ・アクトを基盤としたこうした結婚は、既婚の男女とりわけ女性が二人の絆の脅威として抱える離婚の契機を孕みつつもまさにそれゆえに無限のユートピア的な可能性に開かれた結婚の反復可能性、すなわち、喜劇的な結末を志向する再婚にほかならない、かつまた、この再婚の喜劇の構造が旧ヨーロッパ世界の階層秩序とそれが孕む差別・格差とは別に二〇世紀の米国リベラリズムが約束する新しい社会共同体のアレゴリーとなっている、と。

再婚の喜劇としての『或る夜の出来事』とノエル・カワード

さて、それではいよいよ再婚の喜劇としてカヴェルが論じた『或る夜の出来事』を具体的に確認してみよう。このハリウッド映画の結末に近づく時点にヒロインの結婚式の場面がおかれているが、この結婚に先立って、パブリックなメディアである新聞報道が、次のようなヘッドラインを掲載しているのがスクリーンに映し出される。

エレン・アンドリュース嬢、本日挙式
　父親は彼女の駆け落ちを見逃し、教会での結婚式を主張
　花婿は飛行機に乗り挙式会場の教会に降り立つ予定

『ニューヨーク・レコード』紙のヘッドラインは、たとえば前述の日本語字幕では、「エレン・アンドリュース嬢、本日挙式」となっているが、実際の映像では"Ellen Andrews Remarries Today"となっており、令嬢エリーことエレン・アンドリュースの「挙式」は、初婚ではなく、たしかに再婚として、描かれている。

それでは、一度目の結婚は、いったい、いつどこで挙げられたことになっているのか。ここでわれわれはこの映画の冒頭場面に立ち戻らなければならない。たしかに、そこではエリーの過去の結婚について言及されていたことに気づく。

アンドリュース：エリー、わしのいうことを聞け。
エリー：イヤよ、私は結婚したのよ。

アンドリュース：あの男と暮らすなど、許さん。
エリー：私の夫はキング・ウェストリーよ。間違いなく、法律的な、そして正式な結婚よ。パパには口出しさせないわ。二人とも成人よ。
アンドリュース：お前を船に乗せた後、結婚の解消を交渉中だ。

この親と娘との会話のやりとりから了解されるのは、エリーが、富豪の銀行家であるアンドリュース氏に反対されているらしいキング・ウェストリーと、すでに「間違いなく、法律的な、そして正式な結婚」をしてしまっていることである。父親が反対するこのプレイボーイの飛行士ウェストリーとの最初の結婚によって、エリーは父からの自由を勝ち取りその家父長制から彼女は離脱していた、といえるかもしれない。

実際、この映画をみたことがあるものには周知のことだが、父の名と法にしたがわない反抗的で気の強いわがまま娘は、海上に浮かぶヨットに監禁されるものの、その旧態たる権威主義的なやり方に反発して、ハンガー・ストライキによる抗議を行う。その後、さらに海へと飛び込み脱出に成功したエリーは、マイアミからニューヨークに向かう夜行バスに乗り込む。しかしながら、その自由と自立を求める旅の過程で、最初はスクープ目当てだったピーターにめぐり逢いともに成長の経験をシェアしたヒロインは、彼と最終的に結ばれる前に、再度、もとの家族である父親のところに帰還してしまうことになる。こうして、新聞報道にあるように、ウェストリーとの再婚の話が進行することになったのだ。

だが、前の夫との二度目の結婚においては、幸福を約束する再婚となるはずのものだったとはいえ、このロマンティック・コメディが欲望する理想的な男女の婚姻関係が出現することはない。彼との結婚では、彼女が育った家庭環境や階級と類似のところに嫁ぐことにしかならず、それでは、自らの欲望に基づき新しい帰属関係を形成することで今までとは異質な別の共同体に移動して社会を形成することにはつながらないからである。ウェストリーとの再婚自体は、結局のところ、実現することはない。というのも、挙式の途中であらわれたピーターが、エリーを連れて、ニューヨークからミシガン州、グレンフォールズへ、今度は、ヨットでもバスでもない、二〇世紀アメリカの経済・産業・製造業の物質的な基盤であった自動車で、最終的な幸福の地をめざして脱出と自由の旅をすることになるからだ。

言い換えれば、『或る夜の出来事』においては、新たに問い直され再び結び合わせられる妻と夫の平等は、一見して公式には結婚をすでにしているわけではない失業中の新聞記者の男との関係性において約束されている、ということだ。だとするなら、最終的に、そして、実質的に、この映画において肯定される再婚とは令嬢エリーと失業者ピーターとの階級格差をともなった結婚ということになるが、このような現実にはありえないような男女関係の結び直しを、贅沢とモダンな性的放蕩のスタイルへの単なる逃避主義としてのファンタジーというよりは、欲望の弁証法にしたがい現実原則をも内包するような、いったいどのような願望充足のロマンスの構造が可能にしているのであろうか。

カヴェルが再婚の喜劇として解釈した『或る夜の出来事』の際立った特質は、どこにあったのか。すでに結婚している夫ウェストリーと現在恋愛関係にある理想の夫ともなるべきピーターとの間で、エリーという女の交換は、なされているわけではない、まず、このことを確認しておきたい。ヒロインの結婚と恋愛にかかわる二人の男は、実際に、親しく付き合うことはないし、交換される女を媒介にして男同士のホモソーシャルな絆が、この時点で、構築されるわけでもない。この映画テクストにおける再婚の喜劇の構造的規定要因は、もとの家父長制を代表していたはずの父親とは別の機能を担ってアンドリュース氏が介入している点にあり、このことの意味は、再婚の喜劇の構造における必ずしも家父長制イデオロギーとはいえないような特異な父娘関係という観点から考察する必要があるのだろう。ハッピーエンドとなるヒロインの結婚をもたらすのに重要な役割を果たす存在となるのは、彼女の父親にほかならない。この映画の映像スクリーンに映し出される合州国におけるマネーあるいは金融資本を代表するこの富裕な銀行家は、旧い家父長制社会の法や文明を代表するというよりは、娘が抱く性的欲望の側に立ち、そしてまた、彼女の欲望の充足・実現のために、まるでシェイクスピアのロマンス劇『テンペスト』のプロスペロのように、良き魔術を使う父親像として機能している。

『或る夜の出来事』の結末において、アンドリュース氏は、ウェストリーからの電話を受け一〇万ドルの小切手が届いたこととそれと引き換えに彼がエリーとの結婚解消を承諾したことを確認するのだが、このときのやりとり・通信に使用されるメディアが、電話であることに注目してみよう。これとは対照的に、その直後に届いたエリーとウェストリーとの結婚解消の成立の確認を催促するピーターからの知らせ、および、「『ジェリコの壁』が崩れそうだ」に対して、アンドリュー氏が秘書に命じた「壁を崩してよし」という返信は、声あるいは音声言語のメディアではなく、文字あるいは書記言語のメディアである電報として差異化されている。家を飛び出したエリーを見つけ出した報奨金を拒否するピーターに支払われる経費三九ドル六〇セントの場合もそうであるが、『或る夜の出来事』における再婚の喜劇を構造的に規定するマネーとメディアをさまざまなレヴェルで交錯させ結び合わせる結節点の契機をなしているのが、エリーの父親、すなわち、この喜劇の物語を統括する魔術師にして演出家にほかならない。

さて、カヴェルも示唆するように、エリーのウェストリーとの再婚をヘッドラインで報じる新聞メディアがパブリックなものであることは、すでに、指摘したが、他方、ピーターとの結婚につづく親密な恋愛を視覚イメージによって提示するのは『或る夜の出来事』の物語内容であったのであり、この映像物語はプライヴェートな領域を表現するメディアとして、パブリックな領域にかかわる新聞メディアと対をなしていたと考えることができる。こうしたパブリックな新聞／プライヴェートな映像物語の二項対立が、結婚をめぐる対立を解消する結末の場面においては、まず、電話／電報の対立に置換されたうえで、さらに、パブリック／プライヴェートという区別を横断的に乗り越えその領域空間の対立の想像的解決が試みられているように思われる。そして、この映画テクストは、最後のダメ押しをするかのように、場面をミシガン州のモーテルで新婚の床につくヒロインとその結婚相手の影を、窓の外から大きな関心をもって見つめる経営者夫妻の視線を通じて提示したあと、「ジェリコの壁」を崩す合図の角笛の音とともに、無限の可能性に開かれた二人の結婚生活と社会形成を孕んだ暗闇のイメージが映し出されて、それを観客は現実と夢の境界を超えた魔術的で魅惑的な贈与であるかのように、受け取ることになる。

以上のように他者の存在およびユートピア的な共同体二つへの希望すなわち「幸福の追求」という近代ヨーロッパの哲学・文化伝統の系譜において合州国ハリウッド映画を論じたカヴェルの解釈を私なりに確認したうえで、次の議論は、再婚の喜劇としての『或る夜の出来事』と二〇世紀英国ロンドン、ウェスト・エンドの代表的な劇作家ノエル・カワードとの関係について、論じる。

アメリカ合州国の哲学者カヴェルにとって、なによりも一九三四年から一九四九年の間に制作された再婚の喜劇と彼が呼ぶロマンティック・コメディこそが、世界の映画文化に対するハリウッド映画の代表的な貢献をなしているのであり、そして、その始まりを画する映画テクストこそ『或る夜の出来事』にほかならなかった。米国が二〇世紀になって文化生産した再婚の喜劇の映画は、人間性の創造、母親の不在、互いを認識するための男女間の抗争等々に対する問題に対する新たな表現が、特に、男女のカップルの間で交わされる会話に具現した言語表現がグローバルに経験されシエアされる可能性を開いた。このように考えるカヴェルにとって、映画という映像文化において、会話がモダンな男女の自由なライフスタイルを特徴づけるようなセクシュアルなものであるからといって十分だ、というわけではない。

かりにもしそうであれば、再婚の喜劇映画のジャンルは、一九三四年米国ハリウッドで制作された『或る夜の出来事』ではなく、一九三〇年のカワードの英国演劇テクスト『私生活』を映画化した一九三一年に始まった、ということになる（Cavell 18）。この映画テクスト『私生活』（*Private Lives*, 1931）は、離婚後それぞれ別の相手と結婚したカップルが、新婚旅行先で鉢合わせし、焼け棒杭に火がつき再婚しようと駆け落ちするストーリーを含んでおり、たしかに、再婚の喜劇の要素は確認できる映画となっている。しかしながら、カヴェル自身が忘れずに付け加えた補足説明にあるように、二人の関係は、富裕で洗練されたカップルが知的な会話を交わすと同時に互いに逆上しながらも誰よりも互いを認め合うというエキセントリックなものであり、結局、この映画テクストは喧嘩と仲直りを繰り返す物語に終わっている。こうして、エリオットとアマンダ二人のウィットにあふれ、センチメンタルで激しいやりとりは、いかなる幸福の終着地に成功裡のうちに到達することがない。この男女は仲直りしながらも、とどのつまり、互いを許し合いその和解を通じて新たな共同体や社会を形成することを表立って目指すことは、けしてない、ということだ。空間的にも、アマンダが到着するのは、安定したあるいは新たな理想的人間関係が可能となるような核家族の空間ではないし、時間的にも、エリオットと共有したはずの過去が明示的に提示されることもなく、このカップルは、ただ欲望と軽蔑を中心にした軌道を、永遠無限に回り続けているだけなのだ（Cavell 18-19）。

これはまさに結婚に関するありがちな見解かもしれないが、カヴェルが主張するように、再婚の喜劇というジャンルにおけるスピーチ・アクトとしての会話には、自己の欲望や他者の承認、純粋な許しという和解、死と再生の変容・存在について新たな見解に到達するような変化を求めるような全面的な和解、そして、最終的には、混乱と離婚の都市から解き放たれた空間に至ることが求められていたのだ。『私生活』の構造には、このような再婚の喜劇に属するとみなされるのに十分な特徴がみられない（Cavell 19）。

とはいえ、ここで英国の演劇テクストとしての『私生活』と一九九〇年代以降のカワード解釈について、一応、確認しておいてもいいことがある。社会性を帯びた喜劇というよりはむしろドタバタの要素をふんだんに盛り込んだ笑劇とみなした方がよさそうなこのカワードの代表的芝居は、近年では、ジェンダーだけではなくセクシュアリティの観点から、再評価されてきていることがそれだ。主要キャラクターのひとりであるアマンダが、自己の欲望やセクシュアリティに関して、道徳性の問題を正常／異常という二項対立を揺るがしあまつさえ突き崩してしまうような思索を提示してみせる場面がある。

アマンダ：でも、私生活の底の底まで完全に正常な人なんてほとんどいないと思うわ。何が正常で何が異常か、そんなことその時の状況次第よ。宇宙線とか放射線とかなんとかいうものをいっぺんに混ぜ合わせて、パッと火花を飛ばしたら、何がよくって何が悪いか

なんていうこともまったくわからなくなるんじゃないかしら。(Coward 16)

アラン・シンフィールドも取り上げるこの場面がわれわれに表象しているのは、ゲイとしてのアイデンティティをもったカワードと『私生活』という演劇テクストの劇場での上演やリーディングにおいてその直接的な男性同性愛の表現を探り当て固定化するような要請では、もちろん、ない[3]。セクシュアリティの旧道徳を支える正常/異常の対立を突き崩す脱構築的場面は、そうした欲望の表現や実現がかかわるパブリック/プライヴェートという社会関係を組み替える可能性を秘めている、ということだ(Sinfield)。正常な性的欲望はパブリックな空間で許容されても、異常な欲望はプライヴェートなクローゼットの閉域に押し込めておくべきだ、といったような思考と想像を超えて、新たなユートピア的な世界と社会共同体の可能性を外部に志向することがこの笑劇仕立てのテクスト内部にひそかに埋め込まれていたのではなかっただろうか、たとえば、気まぐれなアマンダの可笑しなファンタジーがエリオットと「いまこの瞬間に」「すばやく」、「一緒に」、「脱出する」=駆け落ちの旅を思考する、別の場面に[4](Coward 35)。

あるいは、われわれは、むしろ九〇年代のゲイ・スタディーズやそのアイデンティティ・ポリティクスの立場に立って、映画『私生活』のほうはひとまずおいて、『私生活』という芝居とカワードだけを、米国の劇場文化やショウ・ビジネスさらにはハリウッド映画産業との間にさまざまに取り結ばれた相互関係は無視したまま、英国のナショナルな演劇文化のなかで一方的に肯定すべきであろうか。たとえば、〈冷戦期米国のイデオロギー装置としての核家族とそれを支える自由・平等で民主主義的な異性愛を映像化したハリウッド映画〉／〈ヨーロッパ上流階級の特殊な環境において享受された放蕩で贅沢な同性愛の文化を劇場空間において上演した英国演劇〉、といった二項対立を設定することによって。

ロマンティック・コメディをめぐるトランスアトランティックな競合・矛盾

一九三〇年代ハリウッド映画業界において「英国」映画と呼ばれる、英国の歴史や地理的空間を背景にその文化や遺産を言祝ぐ映画が量産されたが、この事象を説明するのに、制作に携わった人びとが英国びいきであったという「感傷的」な観点や第二次大戦勃発に際した「政治的に動機づけられたプロパガンダ」という観点だけでは不十分だ、とマーク・グランシー『ハリウッドが英国を愛した頃――ハリウッド製「英国」映画一九三九-四五』は論じている。そもそも、実際の英国映画は米国で人気を博したことはないにもかかわらず、ハリウッド映画業界において、アメリカ人の視点から描いた英国の物語、すなわち、ハリウッド製「英国」映画が興行的な成功に結びつくとみなされたのはなぜか。ハリウッドの描く英国が過去のイングランドであるという点が重要だし、また、大西洋を横断した旅行がそれほど一般的ではなかったことも考慮に入れてよい。歴史・文化遺産を共有しながらも両国間の時間・空間的な距離を認識することで、英国という古い国を見出すと同時に、北米の空間に新しくより平等な社会を築いた先祖に対する感謝をよび起すことになる、というわけだ。こうした「英国」映画は、トランスアトランティックという観点からは、やっかいなものとされてきたが、ハリウッドの英国への愛は、単なる英国びいきというよりも、興行上の数値すなわち国外市場での実際に獲得された売り上げの実績に起因していた。米国が表現した愛には、経済的な理由があったのだ（Glancy 4-6）。

では、そもそもなぜ、英国だったのか。それを考えるには、一九二〇年代にはじまるヨーロッパにおけるアメリカ映画の衰退に目を向ける必要があるが、グランシーにしたがい、トーキーの登場によってアメリカ映画と非英語圏の観客との間に言語の壁が築かれることになったことに、まずは、注目しよう。ヨーロッパにおける収益の重要性から、この壁を乗り越えようと、最初は、各国の母語を話す俳優たちを起用したが、こうしたリメイク・外国語版の制作は、コストがかかり不経済であった。ヨーロッパの観客は、各国の代替キャストではなくハリウッド・スターを好んだこともあり、外国語版制作は長続きしなかった。ほかの選択肢として残ったのは吹き替えと字幕であったが、ヨーロッパで好まれた吹き替えはこれまたコストがかかり、より経済的な字幕はヨーロッパの大衆には人気がなかった。さらに、トーキーが導入された時代は、ヨーロッパ全土に固有のあるいはナショナルな映画産業が発展した時期と重なっており、ハリウッドにとっては厳しい法制化が各国で進むようになった。こうした動きのなか、一九二五年から三八年の間ヨーロッパの一一カ国以上の映画産業が、自国の市場で何らかの保護をうけるべく、輸入映画に対する割当制、税金、制限条例などを課すようになった。ヨーロッパ映画産業が国家・政府に依存して産み出したこうした規制が、文化的あるいは経済的に、アメリカ映画による支配からの脱出とは言わないまでも抵抗として機能した（Glancy 10-11）。このような状況のなか、一九三〇年代においてハリウッドは可能なかぎり国外市場からの収益を得る可能性を探っていたのだが、その主要な収益は、英国とそのさまざまな植民地から構成される帝国＝コモンウェルスという言語の壁のない英語圏の国々からもたらされた。そして、合州国の映画産業がますます同じ英語を使用する英国市場に依存するようになったことは、この時期に制作された長編映画の形態に重大な影響を与えた（Glancy 36-37）。

なかでもグランシーが重要視しているのは、MGMが一九三四年から乗り出した英国の歴史ドラマと文学作品を翻案した一連の映画制作であった。一九八〇年代のいわゆる英国「ヘリテージ映画」を思い起こさせもする、これらのハリウッド「英国」映画は、予算をふんだんに使い、最高の監督とトップ・スターを動員してつくられた。『宝島』（*Treasure Island*, 1935）はハント・ストロンバーグだったが、こうした英国「時代劇＝コステューム・ドラマ」は、MGMで最も強い影響力をもち優れた創造力を有する新世代のプロデューサーとして登場したディヴィッド・O・セルズニックとアーヴィング・サルバーグによって制作された。セルズニックはディケンズの小説をもとにした映画『孤児ダビド物語』（*David Copperfield*, 1935）、そして、サルバーグは、シェイクスピアの翻案『ロミオとジュリエット』（*Romeo and Juliet*, 1936）も制作したが、『戦艦バウンティ号の叛乱』（*Mutiny on the Bounty*, 1935）のような有名な史実をあつかったものや英国詩人ロバート・ブラウニング夫妻の出会いを描いた戯曲を映画化した『白い蘭』（*The Barretts of Wimpole Street*, 1934）も手がけている。およそ三年間に制作されたこれらのMGM映画は、一九三三年アレクサンダー・コルダ制作の非イギリス人スタッフ制作で国際市場に向けて「わかりやすい」「イギリスらしさ＝イングリッシュネス」を狙って成功した『ヘンリー八世の私生活』の場合と同様、英国文化をグローバルな観客にプロモートするようなプログラムであった。こうした形態の映画制作には、英国の才能も勢ぞろいしてはいるものの、アメリカ人の監督たちや脚本家がもたらす彼らなりの偏向・「新鮮な観点」が積極的に取り入れられることで、程よく適当なバランスがとられていたからだ（Glancy 74）。

「イギリスらしさ」やそのイメージに対してアメリカの映画制作者たちがもった偏向による観点は、コロンビア制作フランク・キャプラ監督『或る夜の出来事』の富豪の令嬢と失業者の男性というカップルにみられるのと同様に、階級という主題に関わるものだった。大恐慌後の業界再編と淘汰を経てニューディール政策が本格化しプロダクション・コードという映画倫理に関する自主規制が機能し始めるこの時期の米国映画産業は、多種多様で極端な左翼や右翼の政治文化との間のいわば中道を行くポピュリズムによって、労働者というよりは、民衆・大衆を映像文化的に表象するさまざまな試みをおこなったことはすでに知られている（Denning）。このような文化実践は、しかし、ナショナルなリベラリズムの政治文化を編制するように機能しただけでなく、反ファシズムの立場からインターナショナルな共産主義者とリベラリストの同盟を目指したはずの人民戦線という契機でもあったことを再確認・再解釈するなら、そこにはグローバル・ポピュラー・カルチャーの可能性もまた、同時に、志向されていた、といえるかもしれない。

一九二〇年代のハリウッド映画においては、アメリカの若いスターたちが健全でナイーヴなキャラクターとして描かれる一方、ヨーロッパ出身の俳優たちは、より「官能的で、退廃的で感情的で罪深い」イメージを国内の観客たちのために提供した、つまり、ハリウッドの映画制作者たちは「ヨーロッパ＝情念」と捉えていた（Sklar 95-99）。これに対して、一九三〇年代のハリウッドにおける「英国」映画においては、アメリカの映画制作者たちは、「英国＝階級」とみなした。そして、カワードのような英国作家たちによる客間喜劇や上流階級の生活を描いたメロドラマに彼らは注目した（Glancy 129）。

そして、ハリウッド「英国」映画のなかでももっとも代表的なのが、実は、カワード原作の『カヴァルケード（大帝国行進曲）』（*Cavalcade*, 1932）だった（Glancy 72）。ボーア戦争やヴィクトリア女王崩御、さらに第一次大戦といった一九世紀末から一九三〇年の大みそかの晩までのさまざまな歴史上の公的な事件をフィーチャーし、また、アッパー・ミドル階級のマリオット家とその使用人という労働者階級からパブの経営者というロウワー・ミドル階級へ上昇したブリッジズ家が、主要登場人物となっている。そして、階級を異にするこの両家の人びとの私的な生活の旅路が、さまざまな愛と戦いの物語として提示される。そして最終的に、チャールズ・B・コクランによるロンドンのドルリー・レーン（シアター・ロイヤル）での上演に基づくこの映画の物語内容は、国旗・国歌とともに示される騎馬行進の象徴が映像化する階級間の差異や対立を超えた一体感によってその結末が閉じられる（武藤・糸多 245-46）。制作に参加したスタッフにも目を向けてみるなら、監督フランク・ロイドはスコットランドのグラスゴー出身、脚色担当のレジナルド・バークレーはロンドン出身の自由党の政治家、主な出演俳優はダイアナ・ウィンヤード、クライヴ・ブルックをはじめとした英国人たちである。だが、米国の才能も活用・登用されており、脚本家ソニア・レヴィンをはじめとして撮影・音楽などにもアメリカ人スタッフが参加している。一九三七年に成立する新たな映画法は、ハリウッド映画産業に対する脅威となるが、その脅威は英国国内に限られたものであったため、ハリウッドの各制作会社は、大西洋をトランスナショナルに往復しながら英国での制作に進出し、英国のトップ・スターや著名な映画制作関係者たちと契約を結ぶことで自らの利益を守るという方策で対応した。それは、グローバルな映画市場における競合相手の縄張りに入り込むことによりその最高の才能を取り込むという、ハリウッドが外国との容赦なき生存競争において用いてきた戦略であった（Glancy 23）。

このようなグローバルな歴史的コンテクストを同じくＭＧＭ制作のただし現代劇の『私生活』という映画テクストに設定してみるなら、ハリウッドのそうした戦略的取り込みを、ある意味で、一九三四年以前にすでにより徹底的なやり方で実践していたとみなすことができる例が、再婚の喜劇とはいえないものの英国版スノビズムと笑劇の要素に味付けされたこのロマンティック・コメディだった、といえるかもしれない[5]。一九三〇年代に文化生産されたハリウッド製「英国」映画において、英国の男性スターはすでにその地位を確立していたが、英国上流階級のイメージを具現した優雅さや気品を備えた演技ができてなおかつ興行成績にも結び付くような純粋な英国人女優は、存在しなかった。その不在を埋めつつ英国人男優の相手役に抜擢されていたのは、米国ＭＧＭのトップ・スターであり有力プロデューサーのサルバーグを夫にもつノーマ・シアラーであった。実際、『私生活』のアマンダを演じたのも、このカナダ国籍の女優だった。この映画の原作を書いたのは、たしかに、英国の劇作家・スター俳優であるカワードだが、プロデューサー、監督、俳優のほとんどがアメリカ人――ただし、ヴィクター役のレジナルド・デニーは唯一英国人――で、英国のキャストや才能に関しては、ほとんど不在の制作となっている。こうした映画テクストの生産過程全体にしるしづけられているのは、一九九〇年代以降の「グローバル・ハリウッド」を先取りするかのような、勃興的なかたちであらわれた文化的労働のグローバルな分業体制にほかならないのかもしれない。そしてまた、『私生活』の原作となった英国作家カワードの演劇テクストと合州国ハリウッド映画『或る夜の出来事』との間の再婚の喜劇をめぐる意味深い構造的差異についても、歴史的には、このような、グローバルなレヴェルにおける、階級再編ならびにそのような再編をもたらした文化的労働の分業体制の編制という観点から、今後さらに解釈を試みる必要があるのかもしれない。

文学や文化とりわけロマンティック・コメディというジャンルをめぐるトランスアトランティックあるいはグローバルな空間と市場をめぐる英米の差異や対立の問題は、しかしながら、ハリウッド映画による完全な取り込みまたは両国の競合・競争における合州国の一方的な勝利のみによって決着をみた、とは必ずしもいえないかもしれない。ひたすら欲望と軽蔑を中心にした軌道を永遠無限に運動・移動し続けることで人間の生の始まりも終わりの存在を否定・消去しているかのような『私生活』の構造とは異なり、『或る夜の出来事』には、再婚の喜劇の実質を構成する自己の欲望や他者の承認、死と再生の変容、そして、最終的には、混乱と離婚の都市から解き放たれた幸福と結婚の空間への到達がみられる、というのがカヴェルの主張であった。だが、この主張や解釈は、ここでもう一度再吟味されなければならない。言い換えれば、英米両国の共存と競合を孕んだ移行の過程、あるいは、英米の矛盾を孕んだ関係性の痕跡は、太平洋の理想の島の表象に探ることができるかもしれない。

『或る夜の出来事』のヒロイン、エリーの自由と幸福を追求する成長の旅は、マイアミから始まりニューヨークを経て、最終的に、ピーターと新床をともにすることになる、ミシガン州のモーテルの空間でめでたく終着点をむかえる。つまり、無限の可能性に開かれた二人の結婚と望ましい社会の形成が約束されるのは、アメリカ中西部の地にほかならない、ということになる。しかし、この旅の終りに至る途中の過程で、最後の晩の前に挿入されたもうひとつ別のモーテルでの夜の寝室の場面ともうひとつ別のユートピア的空間のきわめて夢のようなしかしながらリアルなロケーションが、この映画テクストにおいて、ほんの一瞬ではあるが、表象されていたことを見のがしてはならない。いままでに人を愛したことはないのか、あなたなら少女を素晴らしく幸福にできると思うけど、そんなことを考えたことはないのか、と問うエリーに、そうした現実の可能性を、すなわち、お互いに愛を欲望するのに「ふさわしい娘」・「現実の誰か、生きている誰か」の存在への欲望をかつて抱いたことがある過去を、ピーター自身も認知・承認したうえで、いま一度、エリーとシェアすべく、再＝想像する。それは、以下のような、理想の結婚と幸福を獲得するために「いろいろ計画」したことのある無限の可能性を秘めた空間をめぐるものであった。

かつて太平洋のある島をみたことがある。それ以来忘れることができない。その娘を連れて行きたいのはその島だ。……君のような娘にもわかるだろう、その娘と月と水がまったくひとつになって何か巨大で驚異的な存在の一部となったことを感じるようなそんな夜のことを。こんな場所こそ人生をおくりたいと願う地だ。

ここでピーターが過去には実際に知覚した「太平洋のある島」を、現在つまりいまここでは現実に実在するものとして経験することは、たしかに、できない。だが、その空間の存在可能性は、自由を欲望する人間の思考と想像力が、超越論的に、認識することでそれについての知を獲得することができる。記憶を通じた反復可能性が、素朴な経験論や懐疑主義を乗り越える人間の知と能力を基礎づけていることを、『或る夜の出来事』とそのハリウッド映画という夢のテクノロジーは表象している。ピーターのスピーチに答えるエリーと彼女のピーターへの愛のイメージを、カヴェルは次のように分析してみせる。まず、数度のクローズ・アップによって、映し出されたあと、「ジェリコの壁」を境界侵犯するかにみえた二人の実際の肉体的結合を結局は中断するように、ソフト・フォーカスされたクローズ・アップが、ここでのクライマックスのショットとして続く。この場面で、その反復可能性が認知されるや否やたちまち否認されるのは、カヴェルが主張するように、エリー自身の欲望と彼との愛と幸福な結婚を「渇望＝欲望する少女」とのオーヴァー・ラップや同一化だけではない。ここで否定されているのは、夢のようなスピーチを遂行するピーターの行為が亡霊のようにこの現実世界によび起したどこか太平洋に超越論的に存在する驚異の島のイメージ映像のなかで、彼との結合だけでなく、その無限な自然存在とも一体となること、にほかならない。ここに出来するロケーションは、『テンペスト』においてゴンザーロが思い描く社会の悪や私有財産や階級格差のないユートピアの島と同じような、太平洋の島だ。

ひょっとしたら、太平洋というロケーションは、英米両国のトランスアトランティックな地政学的関係とその競合・矛盾がトランスパシフィックな空間に転位されそこで脱政治化される想像的文化空間として機能していたのかもしれない。これこそ、世界の映画文化のヘゲモニーを握ることになる合州国ハリウッド映画の代表的テクストとカヴェルがみなすロマンティック・コメディ『或る夜の出来事』が、地政学的にも、また、文化的にも、協力・協調関係だけでなく競合・矛盾関係にもあった英国に、少なくとも表面的には、一切言及しない理由ではないか。そしてまた、「ジェリコの壁」が崩れ去ってエリーとピーターが理想の結びつきと社会関係形成が成就する場所が、太平洋のどこかにたしかにあるはずの島ではなく、ミシガンといういかにも「アメリカらしさ」のアイコンといってもいい空間となっているこの再婚の喜劇の構造的形式も、この映画テクストがグローバルな文化空間の表象において、英米両国の対立・矛盾関係を大西洋・太平洋を横断するトランスナショナルな空間移動を文化的に想像して解決を試みたことに、最終的には、起因するのではないか。一九三〇年代のグローバルな地政学における英米関係の矛盾は、文化空間の表象をめぐる太平洋と合州国中西部の構造的差異性にあるのではないか、本論が主張したい主要な論点はこの可能性である。

「長い二〇世紀」のなかの映像文化

カワードと再婚の喜劇としての『或る夜の出来事』との関係は、「長い二〇世紀」のなかの映像文化において解釈されなければならない、最後にこのことを付け加えて本論の議論をしめくくりたい。主として一五世紀のヨーロッパに端を発する近代資本主義世界の歴史的過程を研究したジョヴァンニ・アリギは、マネーとパワーのさまざまな結合形態によって編制される四つの覇権――ジェノヴァ・サイクル、オランダ・サイクル、イギリス・サイクル、アメリカ・サイクル――の螺旋状に拡張・転回する軌跡をたどりながら、英国の覇権と米国の覇権とのさまざまに矛盾を孕んだ共存・移行の契機としての「長い二〇世紀」という概念を提示した。アリギによれば、一九一七年のロシア革命におけるレーニンの民族自決主義＝反帝国主義および所有権・統治権よりも生活権を上位に置く原則は、英国のマネーとパワーに基づくヨーロッパ・システムの否定を意味した。レーニンの世界革命への呼びかけに一四カ条という答えで反応・反撃したウィルソンのプログラムは、世界中の全人民への生活の保障、換言すれば、国民の福祉＝高度大衆消費を主要目標とする点において、英国の有産者国民の富の追求を掲げたリベラリズムならびに国際システムを拡張して取り入れられたナショナリズムの「民主化」を乗り越え取って代わるものであった。こうした英国の覇権を否定するという意味において、ロシア革命の挑戦と同じく、アメリカの覇権は、ナショナリズムの「プロレタリア化」あるいは社会主義を選択的に取り込むことによって、その拡張をさらに進めようとしたものであり、国家主権の概念を完全に否定するフランクリン・ルーズヴェルトの「世界政府主義」のヴィジョンに表現されるようなものだった、少なくともトルーマン・ドクトリンによって現実主義的政治計画に縮減されてソ連封じ込めを目標とする冷戦の世界秩序構築が抬頭するまでは[6]（Arrighi 66-68）。ロマンティック・コメディをめぐる英米の競合・矛盾関係は、アリギが提示した近代資本主義世界が歴史的に展開・転回するこの「長い二〇世紀」の共時的・通時的コンテクストにおいて、いま一度、再確認できるのではないか。

たしかに、「長い二〇世紀」の覇権を握る合州国のマネーとパワーがすべての人民・民衆にグローバルに示す「世界政府主義」やナショナリズムの「プロレタリア化」は、共時的にその文化生産において相関性を探るならば、再婚の喜劇における新たな幸福な結婚に実現された人間関係・社会共同体のヴィジョン、つまり、ジェンダーと階級の格差の解消の試みに、一応のところ、確認することができるかもしれない。と同時に、通時的にハリウッド映画を代表する再婚の構造の系譜を遡行してみるならば、カヴェルがその「起源」として見出したのはシェイクスピアのロマンス劇であった（Cavell 19）。そして、『冬物語』・『テンペスト』は、三〇年戦争あるいはジェノヴァ・サイクルからオランダ・サイクルへの移行のアレゴリーとなっていることも確認できる[7]。若い世代の結婚を媒介にして結び直される親世代の絆と同盟関係または平和のユートピア的イメージは、三〇年戦争にいたる宗教的・政治的対立に対する想像的和解の可能性をなるほど示唆しているのだが、その解決とは、結局のところ、ヨーロッパにおける絶対主義国家の支配者たちとの間にのみ結ばれる関係、少なくとも第一次大戦までのイギリス・サイクルにまで変容・拡張されながらも存続するヨーロッパのウェストファリア体制にすぎず、あらゆる民衆・人びとのグローバルな自由への欲望を約束するものではなかった、ということだ。だが、『或る夜の出来事』の場合も、まったく問題がないわけではない。アンドリュース氏がエリーとピーターそれぞれに相手に対する愛の認知を最終的に確認するだけでなく、最初の夫ウェストリーとの婚姻を解消してやり「ジェリコの壁」を崩す承認を与える場面にあきらかなことはなにか。このハリウッド再婚の喜劇の構造において、娘の結婚という女の交換を媒介にして、再婚の夫となる元新聞記者ピーターすなわち大恐慌時代の階級対立の象徴的なフィギュアとなっている貧しい失業者と富裕な銀行家との間に、和解とホモソーシャルな絆の構築が実現して、結末が閉じられていた。あきらかに、ここには再婚の喜劇の始原の契機である新たな女性主体が、男性主体間を移動する客体に格下げされている可能性が孕まれている。

『或る夜の出来事』というロマンティック・コメディの象徴的・想像的行為が解決したはずの矛盾の痕跡、すなわち、階級格差の解消をめぐる未完のプロジェクトとして解釈されるべきものは、それでは、どこに探ったらよかったのか。ジェンダーと世代をめぐる差異の表象こそ、その場所にほかならないのではないか。単なる家父長制にはおさまりきらない父娘関係の前景化と構造的に連動する特異な要素として、カヴェルは母親の不在を指摘していた（Cavell 83-84）。ヒロイン、エリーの母親が存在しないことは、シェイクスピアのロマンス劇では能産的自然と象徴的に同一視される母親像（その失踪・帰還があらわす循環する自然の創造力）がハッピーエンドをもたらす役割を担っていることと、鋭い対照をなしている――そうした母親像がフェミニズムや女性参政権をアナクロニスティックに表現しているわけではないのはもちろんのことだが。再婚の喜劇のヒロインの母親たちは、一九世紀から二〇世紀初頭にかけて女性参政権など政治的・法的な権利を求めたいわゆる第一波フェミニズムの世代にあたるが――たとえば、エレノア・ルーズヴェルト、フランシズ・パーキンズ、マーガレット・サンガー――、この著名な世代の母たちは、このジャンルの映画の物語においては、「際立ってそして問題含みな形態で、不在である」（Cavell 18）。近代資本主義世界の歴史的過程における矛盾の痕跡としてこの不在の存在が刻印しているのは、再婚の喜劇をめぐり構造的に差異化された『或る夜の出来事』と『私生活』の両方を文化生産した「長い二〇世紀」において、ユートピア的な可能性として存続していたはずの第一波フェミニズムとその娘たちとのソリダリティーの切断であった、と同時に、二一世紀の格差社会のフィギュアとしてのジェンダーと世代の表象を予示するものだったのではないか。別の言い方をすれば、このような解釈をするためにも、いまここで、「長い二〇世紀」のなかのグローバルな映像文化あるいはアメリカ合州国のハリウッド映画が思考され想像されなければならなかったのだ。

註

（1）カヴェルは、また、いわば文明化された社会とは異なる自然状態においてヒロインがニンジンを生で食べる場面にも注目している。富豪の銀行家の令嬢であるエリーが、ここではじめて、自らの欲望を認知することにより、彼女は新たに男性と対等な人間性をもった女性として創造される、と同時に、主人公の男性ピーターと平等の存在としても承認されるのだ、とみなされる（Cavell 93）。ちなみに、『或る夜の出来事』は、エリーとともにニンジンをかじることになるピーターを大恐慌の時代に上司とそりが合わず新聞記者としての雇用を喪失した失業者として設定することで、一九二〇年代の好景気と世界的成長・抬頭をもたらした経済的熱狂が同時にその後の米国社会を解体・破壊する力でもあることを示唆しているようでもあり、最終的にこの映像テクストが表象するのは、男女個人あるいはカップルの飢え・渇望の字義通りならびに比喩的なイメージによって提示される戦間期の米国と資本主義世界における社会的あるいはユートピア的な欲望の問題ということになるかもしれない。

（2）たしかに、米国の映像文化とりわけハリウッド映画のロマンティック・コメディを論じる哲学者カヴェルの仕事は、あるやり方で、二〇世紀後半の現代資本主義世界において勃興したネオリベラリズムを批判的に考察する可能性をわれわれに示唆しているという点でも、歴史的に重要な意義を有しているように思われる。このようなネオリベラリズム批判の可能性という観点から、カヴェルの再婚の喜劇論を取り上げたものとして、すでに田崎の論考があり、本論のこのセクションにおけるカヴェルの議論のまとめと確認も、そこでの紹介を参考にしている。さらにまた、ネオリベラリズムやその能力主義や格差の問題と二一世紀のポスト・フェミニズムへとつながる第二波フェミニズム運動やジェンダーの表象分析との同時代的な共振や重なり合いを慎重に問い直すという観点からも、カヴェルのハリウッド映画解釈を取り上げ、新たにトランスアトランティックあるいはトランスパシフィックに拡大されたグローバルな映像文化というコンテクストにおいて再考する必要もあるだろう

(3) カワードとゲイ・アイデンティティとの関係を論じるいくつかの代表的な解釈に対する批判的検討については、男性同性愛のサブカルチャーにおけるそうした欲望を表象と政治的変化の問題として文化唯物論の立場から論じたシンフィールドを参照のこと。また、シンフィールドの議論を踏まえて、さらにカワードとレズビアニズムの文化との関係について拡張した解釈をしたのがCastleだった。

(4) このようなユートピア的な欲望を認知しているらしいアマンダの理想のパートナーとなることがほのめかされているエリオットが、かつて、世界中を旅行して回ったこと、しかもその訪問地のなかに中国や日本といったアジア・太平洋の空間が含まれていることは、注意しておいてよい(Coward 33)。

(5) 『私生活』の場合は、時代劇映画の場合と違って、ロンドンのウェスト・エンドにあるフェニックス劇場のこけら落としとしてカワードとガートルード・ローレンスの二大スター主演で初演されたあとのニューヨーク、ブロードウェイのタイムズ・スクエア劇場での公演がヒットした。このアメリカ興行の成功をもとに、カワードは、可能性のなかった自らの映画出演の代わりに、『私生活』の映画化の権利を非常に有利な条件で、『ほろ苦さ』とともに、MGMに売ることができた(Hoare 229)。また、フェニックス劇場は、シドニー・バーンスタインが父から相続したミュージック・ホールを映画館に改装し映画産業に進出し、さらに、演劇文化にも手を伸ばそうとウェスト・エンドに創設した最先端の劇場であり、その設計にはウォータールー橋

やバタシー発電所などを手がけたことで有名なジャイルズ・ギルバート・スコットも、一部、かかわっていた。バーンスタインは、さらに、ロンドン・フィルム・ソサエティの創始者のひとりで、ヒッチコックとも交流があり、現ITVグラナダの創始者だった。映画『私生活』に関する基本的な情報については、デイも参照のこと。

(6) 二一世紀のグローバリゼーションやネオリベラリズムに浸透するような、冷戦初期のファミリー・メロドラマ、アトミック・メロドラマを取り上げ、さまざまに横断する文学・映像文化における幸福と「核/家族」を論じているのが宮本である。

(7) アリギの研究の単なる応用というよりはむしろ弁証法的な手続きをふんだ対話において『冬物語』・『テンペスト』というシェイクスピアのロマンス劇を解釈したのが、大谷『マーガレット・オブ・ヨークの「世紀」の結婚』だった。『或る夜の出来事』とほぼ同時代の英国で、カワードの継承者ともいうべきテレンス・ラティガンの演劇テクストが『冬物語』と取り結ぶ一筋縄ではいかない関係性を論じた大谷『秘密のラティガン』も参照のこと。

参考資料

[書籍]

Arrighi, Giovanni. *The Long Twentieth Century: Money, Power, and the Origins of Our Times*. London: Verso, 1994.

Castle, Terry. *Noël Coward and Radclyffe Hall: Kindred Spirits*. New York: Columbia UP, 1996.

Cavell, Stanley. *Pursuits of Happiness: The Hollywood Comedy of Remarriage*. Cambridge, Mass.: Harvard UP, 1981.

Coward, Noël. *Private Lives*. *Noël Coward Plays: Two*. London: Methuen, 1982.

Day, Barry. *Coward on Film: The Cinema of Noël Coward*. Lanham, Maryland: Scarecrow, 2005.

Denning, Michael. *The Cultural Front: The Laboring of American Culture in the Twentieth Century*. London: Verso, 1997.

Glancy, H. Mark. *When Hollywood Loved Britain: The Hollywood "British" Film 1939-45*. Manchester: Manchester UP,

1999.
Hoare, Philip. *Noël Coward: A Biography*. London: Sinclair-Stevenson, 1995.
Sinfield, Alan. "Private Lives/Public Theater: Noël Coward and the Politics of Homosexual Representation." *Representations* 36（1996）: 43-63.
Sklar, Robert. *Movie-Made America: A Cultural History of American Movies*. New York: Random House, 1975.
大谷伴子。『マーガレット・オブ・ヨークの「世紀」の結婚――英国史劇とブルゴーニュ公国』春風社、二〇一四年。
――。『秘密のラティガン――戦後英国演劇のなかのトランス・メディア空間』春風社、二〇一五年。
田崎英明。「『ユー・ガット・メール』、あるいはロマンティック・コメディの臨界」。『現代思想―総特集＝ハリウッド映画』青土社、二〇〇三年、三一一-一一八頁。
宮本陽一郎。「アメリカン・メロドラマ――ドラマトゥルギーとしての冷戦リベラリズム」『言語社会』一橋大学大学院言語社会研究科二〇一四年度紀要９（二〇一五年）、一三〇-四八頁。
武藤浩史・糸多郁子。「英文学の変貌と放送の誕生――階級・メディア・２つの世界大戦」。『愛と戦いのイギリス文化史１９００-１９５０年』、慶應義塾大学出版会、二〇〇七年。

［ＤＶＤ］
Franklin, Sidney. *Private Lives*. Warner Bros. 2009.
キャプラ、フランク。『或る夜の出来事』ソニー・ピクチャーズエンタテインメント、二〇〇六年。

Ⅱ

想像のエスニシティ

——他者への眼差しとその歴史的変遷

『ハッシュパピー～バスタブ島の少女～』——論争が反復した罪

宇津まり子

はじめに

『ハッシュパピー～バスタブ島の少女～』（*Beasts of the Southern Wild*, 2012）で、ベン・ザイトリン監督は壮絶なデビューを飾った。[1]この作品は、二〇一二年サンダンス映画祭で審査員大賞と撮影賞、四カ月後のカンヌ国際映画祭でも、カメラドールを始め四つの賞を勝ち取っている。翌年の第八五回アカデミー賞では、撮影当時六歳だったクゥヴェンジャネ・ウォレスが主演女優賞にノミネートされて話題を呼んだ。アカデミー賞ではいずれも受賞は逃したものの、この他にも作品賞、監督賞、脚色賞の三部門でノミネートされている。インターネットサイトＩＭＤｂによれば、二〇一一年からの三年間でこの作品は一一三の賞にノミネートされ、九五の賞を獲得している（"Beasts"）。新鮮だったのは監督と主演俳優だけではない。原作者で脚本にも携わったルーシー・アリバーも新人で、制作のために九〇名ほどのメンバーで結成された「コート一三」にも映画制作経験者はほとんどいなかった。キャストも、ウォレスを含め、全員が撮影場所の南ルイジアナに暮らす素人だった。アマチュアによる映画がサンダンスやカンヌで脚光を浴びたとなれば、注目を集めることは必至であり、レビューはこの作品の神話性やマジック・リアリズム、幼い主人公ハッシュパピーの強靭な生き様とそれを見事に表現したウォレスの演技に絶賛の声を上げた。しかしその一方で、貧困や人種の表象をめぐり、作品とそれを絶賛する風潮を痛烈に非難する批評家も多く現れ、評価は完全に二分される結果となった。

それぞれの立場をとる評価や解釈を検討することによって見えてくるのは、分断は作品以前に既に出来上がっており、『ハッシュパピー』という媒体がそれを表面化したに過ぎないということである。ルイジアナのバイユーに浮かぶ小さな島に設定され、そこを嵐が襲うという物語は、視聴者のハリケーン・カトリーナの記憶を必然的に喚起し、災害そのものと、その後の復興に対しての評者の認識がそのまま『ハッシュパピー』への評価に反映される。そこに見られるのは、本来ならば人種問題とはなりえないはずの自然災害ですら、アメリカという社会においては人種化され、そしてそこからの復興もまた、同様の人種化を免れえないという事実である。本論においては、カトリーナを支点としてこの作品に向けられた絶賛と酷評を読み解き、その上で人種化という問題に潜む陥穽を明らかにしたい。

物語とその特質

後に紹介するケット・トマスは、この作品を批判する論者達は全く異なる物語を見ているとしか思われないため、まずは自身が捉えた物語を明確にしておきたいと断った上で、論文を物語の要約で始めている（Thomas 2）。この作品をめぐる論争の乖離にはそれほどのものがあるため、本論も彼女の例に倣いたい。

前述のように、作品の舞台はルイジアナのバイユーに浮かぶ小さな架空の島バスタブに設定されており、ここに主人公で六歳の少女ハッシュパピーと父親のウィンクが暮らしている。バスタブの人々は、様々な廃棄物を器用に用いて住まいをこしらえ、戸外には古タイヤや、どこからか外れたトタン板の破片などが無造作に転がっている。犬、猫、鳥、豚などの動物も拘束されることなく、気の赴くままに歩き回ったり、昼寝をしたりしている。食事といえば、羽をむしっただけの丸ごとの鶏肉を父親のウィンクがバーベキューに乗せ、焼きあがればそのまま娘に渡し、テーブルにつくことも食器も使うこともなく、娘は肉汁にまみれながらそれにかぶりつく。しかし、食べ物は水の中にも地上にも豊富にあり、バスタブの人々はそれを取り、分かち合い、楽しむということを知っている。ハッシュパピーが「世界で一番祝日が多い」と誇るバスタブでは、人々はパレードや花火

大会など様々な祭りに興じ、酒と音楽に酔い、大人も子どもも走り回り、はしゃぎ回る。(2)

住人のまとまりが強く、ある種ユートピアのような場所にも見えるが、バスタブは堤防の外に位置しているため、その存続は常に脅かされている。子ども達が通う学校では、「今日明日にでも世界は崩壊し始める。氷冠が溶け、水位が上がり、堤防より南は全て沈む。生き残る術を学びなさい」と教えており、その時がとうとう来てしまう。ハッシュパピーにとっては、自然の猛威によるバスタブの消滅という事件は、嵐の到来と共に判明する父親の病気、死と重なってやって来る。この危機をどう乗り越えるのか、自分を苛む恐怖にどのように立ち向かい、どのように生きて行く道を選ぶのか、それを見つけ出すことが彼女の冒険であり、物語である。

物語の主人公であるハッシュパピーは、語り手の役割も担っており、この事実が作品の特質である空想性を作り出している。六歳という幼い彼女の主観は、ボイスオーバーの語りだけでなく、物語全体にも映像として挿入されており、その一つがオーロックという太古の動物である。幼い子ども達に来る危機の深刻さと恐ろしさを説明するため、先生は太腿に入れたオーロックの刺青を見せながら、「人間がまだ洞窟に住んでいた頃に地球にいた凶暴な動物で、洞窟に住む親達の目の前で赤ん坊を貪り喰った」と説明していた。息をのんでこの授業を聞いていたハッシュパピーには、オーロックは世界の終焉、生命の危機をも含む恐怖の総体としてイメージされることになる。嵐の到来を告げる雷鳴を受け、遥か遠くの氷山が崩落し、氷に閉じ込められていたオーロックは解放される。息を吹き返した彼らは、群れとなって徐々にスピードを上げながらハッシュパピーめがけて猛進して来る姿として像を結び、彼女の物語の要所要所に登場する。オーロック以外にも、母親の姿や声、謎の船に乗せられて訪れる水上のダンスホールなど、ハッシュパピーや他の子ども達にしか見えていないと思われる要素が幾つか存在しており、何を物語上の現実と捉え、何を空想と捉えるのかというレベルにおいてすら、一貫した合意が不可能な世界を作り出している。

復興の分断と神話の希求

二〇〇五年夏、ハリケーン・カトリーナはこの地域を襲い、アメリカ屈指の観光地ニューオリンズで一、八〇〇人以上が死亡、一〇〇万人以上が避難を余儀なくされた。規模の大きさのみならず、市も州も連邦も対応が後手に回り、暴動や略奪が続発したことも大きな注目を集めた。災害とその後の事態は盛んに報じられ、そのニュース映像はアメリカ人の脳裏に強く焼きつけられることになった。

二〇一五年はカトリーナ一〇周年にあたる。オバマ大統領は、住民の大部分がアフリカ系アメリカ人で、甚大な被害を被ったロウワー・ナインス・ワードを訪れ、記念スピーチを行っている。しかし、復興を語る彼の言葉はなんとも歯がゆい——「この町はゆっくりと、紛れもなく、一緒に、前進している町なのだ」(Alpert)。実際の所、ニューオリンズの復興は確実に進んでいる。しかし、ロウワー・ナインス・ワードという地において、それを率直に祝福してはならない理由があることは、『クリスチャン・サイエンス・モニター』の記事からも明らかである。

「カトリーナから一〇年、『ニュー』ニューオリンズ現る」と題したパトリック・ジョンソンによる報告によれば、現在のニューオリンズでは全国平均を六四％上回る比率で新規ビジネスが立ち上げられており、その分野は主にハイテク、衛星通信部門である。また、貧困層の支援に取り組む非営利団体の数も、他の主要都市の二倍の速さで増えているという。洪水から避難した人のうち一〇万人ほどが未だ帰還を果たしていないが、その大半は貧困層の黒人であり、この流出を埋めているのが新規ビジネスに従事する若い白人である。ニューオリンズ全体の人口はカトリーナ前の九〇％まで回復しており、新しく流入した白人がレイク・ポンチャートレイン南側の地域やロウワー・ナインス・ワード付近など、かつての貧困層の居住地に住むようになっている。カトリーナ後の収入は白人では実に三五％の上昇を見せている一方で、黒人の収入に変化は見られない。合わせて不動産ブームが起こっており、土地建物の価格は大きく上昇している。しかし、連邦による被災住宅の買い取り価格はカトリーナ前の相場に呼応しているため、隣で五〇万ドルの家が建てられているという状況でも、元々の住人だったアフリカ系アメリカ人が受け取る補償金は微々たるものである。ジョンソンは貧困層の窮状を伝えつつも明るい未来をここに見ており、それを支える声として、「ラザロの蘇り以来の最大の復活だ」と評するジョージア州立大学の法学教授の言葉、そして「意図した訳ではないが、カトリーナはこの国で最も大掛かりな再開発を可能にした」という巷の声を伝えている（Jonsson）。

カトリーナからの復興過程で出現した、より白く、より清潔で、そしてより豊かな「ニューニューオリンズを歓迎する心性は、災害を過去とし、先へ進むための道標を希求する心性と軌を一にするものだと言えるだろう。『ハッシュパピー』に神話性を見出す動機として働いているのは、正にこのような願いである。デイヴィッド・ロアークは、この映画を「現実と非現実の空想的混合物、創世神話のようだ」と評しているが、ここに列挙された現実、非現実、空想、そして神話という語を多くのレビューが共通して用いている（Roark）。しかし、映画レビューはそもそも作品公開前の宣伝という役割も兼ねており、詳細を分析するようなものではない。初期レビューから少し時間を置くと、ケット・トマスとパトリシア・イェーガーが、作品の詳細に言及しながら神話論を展開しているため、ここでは二人の論を手掛かりとしてこの作品の神話性を読み解いていくことにする。

トマスとイェーガーは共に、カトリーナを環境破壊、異常気象といった問題から捉えている。環境問題は、カトリーナに始まった訳でも終わった訳でもなく、それは過去に止まらず、現在でもあり、未来でもある。そして本当の意味でグローバルな問題であるため、場所すら特定することはできない。ジェフリー・オブライアンは、バスタブで「生き残った人々は私たち自身なのだ。なぜなら、カトリーナや他のハリケーンがメキシコ湾沿岸地域にもたらした被害は、更に過酷な被害の予兆に過ぎないのだから」と述べているが、彼の言葉が示す通り、カトリーナという具体は、環境問題という普遍へと変換されている（O'Brien）。

環境問題を「私たち」という主語で捉えた時、そこに期待されるのはこれまでの「破壊者」としての人間に取って代わる新しい人間の姿であり、神話的解釈はそれを主人公ハッシュパピーに見ている。六歳の彼女は活気に満ち、反骨精神に富み、嵐の後にどれほど追い込まれても、迷うことはあるにせよ、真剣な表情でじっと前を見据えている。語り以外のセリフはあまりなく寡黙な少女だが、その姿とは裏腹に、語り手としての彼女は実に雄弁で、確固とした哲学を持っている。彼女の世界観を最もよく表しているのが、「世界の存続は、全てのものがちょうどよく収まっていることにかかっている。どんなに小さな欠片でも、一つでも欠ければ世界全体が壊れてしまう」という語りである。

このような世界観を持つハッシュパピーは、自分がこの世界で行使しうる力というものも自覚している。嵐の到来を受け、彼女は想像の中の母親に向かって、「ママ、私、何か壊しちゃったみたい」と言う。この直前、彼女は父親と喧嘩をしており、病気で弱っていた父親は、小さな子どもに胸を叩かれて倒れ、気を失ってしまっていた。ハッシュパピーの世界観に合わせて考えるなら、父親は「小さな欠片」であって、それを破壊してしまったのは自分、そして小さな欠片が壊れることで世界が壊れ始めたということになる。嵐は一晩で去るが、バスタブを締め出している堤防が邪魔をして水は引かず、そもそも淡水と鹹水《かんすい》が混じった環境では食料となる生き物は急速に死滅していく。事態の悪化を認識し、ハッシュパピーの先の言葉は「ママ、そこにいる？　私、全部壊しちゃった」と変化する。とはいえ、彼女は決して諦めない――「小さい生き物は、治せるものを治していかなくちゃいけない」と言い、自分が壊した欠片である父を治そうと、学校の先生に作ってもらっていた薬を飲ませようとする。

ミルチャ・エリアーデは『神話と現実』で、「人間のあらゆる儀礼と重要な活動――食事、結婚、勤労、教育、芸術、知識――の模範型を顕示すること」が神話の第一の機能だとしている（エリアーデ14）。ハッシュパピーの言葉は、地球規模の環境破壊と異常気象という大きな現象の中で、自らを行為体として認識していることを表している。その上で「治す」責任をも引き受けて行動する彼女は、二一世紀に暮らす私たちのあるべき姿、すなわち「模範型」であり、この点でトマスとイェーガーは一致している（Thomas 22, Yaeger）。

トマスの論は、エリアーデやジョセフ・キャンベルを引きつつ、古典的神話の形式をこの作品に確認するものだが、環境問題に対峙する現代の人間という意味では、イェーガーの論が興味深い。イェーガーは、ハッシュパピーが死に瀕した父親に食べさせるために大切に持っていた、ワニの唐揚げが入った発泡スチロールに注目する。発泡スチロールへのこだわりは、「幾つかのものをリサイクルして、その他全てのものを垂れ流し、消費する、ダーティー・エコロジー」しか実践し得ていない私達自身の生活のアレゴリーとして読まれている（Yaeger）。石油から作られる発泡スチロールは、人間という種の地球温暖化への関与を象徴するものだが、一八世紀半ばから大量の化石燃料を使い始めた人類は、今や「地質学的行為体、つまり地球の変化の主要な原因そのものになっている」にも関わらず、その自覚を依然持ち得ていない（Yaeger）。ハッシュパピーの強い自責の念と治す意志――「何か壊しちゃったと思う」「全部壊しちゃった」「治せるものを治していかなくちゃ」

――こそが、人間の自責と行動を促す「模範型」だとイェーガーは解釈している。

『エンパイア』のデイモン・ワイズは、この作品は「普通の環境終末論ではなく、アル・ゴアの啓示が落とした影の下で成長する世代をエンパワーする物語」だと評価する（Wise）。環境問題を現実問題として認識はしても、小さな一個人の生活と、それが集積して生まれる人類全体の破壊力を結びつける想像力を現在の私達が持っているとは言い難い。無力感と無関心の間を往還しているというのが恐らく現状である現代人に、「壊す力」と「治す力」の両者を明確に与え、行為体としての自覚を促すなら、それは確実に「エンパワーメント」だと言えるだろう。

ハッシュパピーの故郷への愛着、土地の動物、植物、人々との繋がり、そしてそれを守ろうと必死に奮闘する姿は、カトリーナのような現象をいつか止めてみせるという誓いでもある。それは若い世代から年老いた世代へと送られる言葉であっても、死んだ者への弔いの言葉であっても、大きな慰めになる。こういった側面に反応し、『ガーディアン』のピーター・ブラッドショーは、「これを凌ぐのは九・一一しかないと思われるような、現代アメリカ史上最大の痛みと無念をもたらした出来事への鮮やかに詩的で、おそらくは癒しをもたらすような応答だ」と評し、同様に『アトランティック』のロバート・レヴィンは、「黙示的な悲劇に直面してなお屈しなかった、バイユー地域の人々へのラブレターだ」と評している（Bradshaw, Levin）。

この作品に神話性を見出す批評やレビューから見えてくるのは、新しい人間像創出の誓いであり、そこには、失われた人や物を追悼し、重大な事件を過去のものとして現在から切り離して新しい生に向かいたいという希望がある。この希望こそが、意識されるものではないにしても、カトリーナ以後の復興を歓迎し、復興が向かっている方向性を信頼する動機として働いているのだろう。

神話化への抵抗

神話論は終焉と再生を印づける。しかも、美しく印づけるものであり、それは逆から見れば、過去の帳消しと責任回避に他ならない。カトリーナ当時を振り返れば、特に甚大な被害を受けたのは、オバマ大統領が記念スピーチを行ったロウワー・ナインス・ワードだった。この地域の住人の大部分は黒人で、ブルッキングスの報告によれば、ナギン市長が強制避難命令を出した翌朝には、堤防の決壊によって一・八メートルから二・四メートルの水に浸かっていた（"Hurricane Katrina Timeline"）。深刻な事態にも関わらず、ブッシュ大統領がニューオリンズを訪れ、フレンチ・クオーターで声明を発表したのは、災害発生から実に一七日を経過した九月一五日のことだった。避難者を受け入れていたテキサスのアストロドームを訪問した母親のバーバラ・ブッシュが「アリーナにいる人たちの多くはどのみち下層階級だったのだから、これで十分」と発言し、バトンルージュ選出の共和党下院議員リチャード・ベイカーが「我々はついにニューオリンズのパブリック・ハウジングを一掃した。我々にはできなかったが、神がしてくれた」と発言するなど、貧困層の黒人を露骨に蔑む言動が続いた（"Barbara Bush," Babington）。メディアもロウワー・ナインス・ワードの窮状を積極的に伝えており、黒い肌をしたハッシュパピーは、『アイリッシュ・タイムズ』のドナルド・クラークの指摘する通り、「カトリーナの余波を伝える何百ものニュース・レポートで、こちらをじっと見つめていた顔の一つのバリエーション」として記憶を喚起する（Clarke）。

こうして黒人の親子ウィンクとハッシュパピーを中心に据えた『ハッシュパピー』は、ロウワー・ナインス・ワードの物語となる。バスタブの生活は極貧と形容するに相応しく、その描写には貧困に伴う様々なステレオタイプが用いられている。人々は廃棄物を再利用して暮らしているだけでなく、ガラクタは家の中にもあふれ、衣類やベッドも衛生的とはとても言えない。歓喜の声を上げる人々が酒に酔っているのは祝日だからではなく、飲酒はどの場面でも常に行われていて、酔いつぶれて前後不覚になり、そのまま床で寝入るのも日常茶飯事だ。父親のウィンクも同様で、気分次第で日常的に娘を怒鳴り散らし、叱りつけている。実際、娘が地面に倒れてしまうほどの勢いで頬に平手打ちする場面もある。

虐待的な家族関係だけでなく、ベル・フックスはカメラワークによる性的虐待も指摘している。作品の冒頭、オレンジ色のブリーフに汚れた白のタンクトップ、白のゴム長靴を履いて登場するハッシュパピーは「トランスジェンダー性」を匂わせ、「男の子なのか女の子なのかと見ている者をじらすように」執拗に臀部を追い回すカメラワークは、「明らかに少女の身体をポルノ的に弄んでいる」（hooks）。トランスジェンダー性は、性差の境界線を曖昧化する力を内包するが、この作品ではそのようには使われていない。ウィンクは「泣くな」「力こぶを見せろ」と、ハッシュパピーが弱音を吐いたり、泣いたりすることを禁じ、二人の間の最大のペップ・トークは「誰が男だ?」「私が男だ」という問答である。この作品において女達が意見を言うことは皆無に近い。唯一口を開く学校の先生は、「この辺りの水には塩がたくさん入ってきて、全部死んでしまう。まずは木、そして動物、最後は魚。移住することを考えないといけない」と実に論理的に意見を述べ、事態は間も無くその通りになるのだが、彼女の言葉を聞こうとする者はいない。ハッシュパピーのトランスジェンダー性はつまり、女性ジェンダーの完全な否定と男性ジェンダーの絶対化を行う装置でしかない。

作品中、避難命令が出て、バスタブの人々が一時シェルターに強制的に収容される場面がある。ハッシュパピーは、清潔な施設を「水のない水槽のようだ」と描写し、そこで行われる治療行為を目にして、「動物が病気になると、ここでは壁に繋いでしまう」と語る。ウィンクの治療にも取り掛かるこの場所を、彼女が疑いの目で見ていることは確かであり、バスタブの人々は最終的には実力行使でシェルターを逃げ出す。ベン・ケニッグスバーグは、この映画が公的、私的努力による救済を完全に否定することに言及して、「立ち尽くしていたナインス・ワードの住人は、屋根の上に居続けたいと思っていたというだけでなく、強情を張って避難しなかったのだから、そのような目に遭うのは当然だったと仄めかしているようだ」と指摘し、この作品は政府の災害対策の失態、続発した失言を隠蔽する「共和党のファンタジー」そのものであると批判している(Kenigsberg)。

主人公を黒人に設定していることについて、貧困の人種化とは異なる視座から批判を加える批評家もいる。『ニュー・リパブリック』のトマス・ハケットは、この作品には視聴して喜び、楽しむことから生ずるはずの罪悪感を免責する仕組みが組み込まれていると言う。それは「大きな目、ドン・キングのような衝撃的な髪、愛らしいボイスオーバーの語り、ハッシュパピーというどうにも可愛い名前」であり、ここには『アンクル・トムの小屋』のティプシーの頃から健在であり続ける、黒人の子どもを可愛らしいと思うことで実社会の人種差別に対する良心の呵責を昇華させるピカニニーの伝統があると指摘する（**Hackett**）。

ロウワー・ナインス・ワードの表象として『ハッシュパピー』を見る時、この作品は黒人の貧困層を道徳にもとる低俗な人間として徹底的に他者化するのみならず、彼らは貧しいままで幸福であり、災害時の援助すら求めていないという物語を創出する。カトリーナ時に実際に見られた災害の人種化という問題は自己責任論に置き換えられ、自己責任論の残酷さは、ハッシュパピーの可愛らしさでコーティングされて巧妙に切り捨てられる。こうして罪悪感を一掃したスペースに神話という解釈が産出されていくこと、それに抵抗したのが批判派の論者達だと言えるだろう。

第三項の可能性

この映画をめぐる論争の根底には、現実とフィクションの別に関わらず、人種問題、しかも黒人という人種に限定される人種問題がある。ベル・フックスを始めとする批判派が、神話論に対して怒りを表明するために「人種カード」を切ったのであれば、それは新しい現象ではないだろう。この論争を興味深いものにしているのは、トマスとイェーガーは貧困や人種の表象への批判を見届けた上で、敢えて神話論の優越を主張しているという事実である。二人はかなりの紙幅を割いて批判内容を検討し、その上で、イェーガーの言葉を借りるなら、「雄弁だが的外れだ。『ハッシュパピー』は実生活の断片でもなければ、現実主義者の教義でもない」と切り捨てている（Yaeger）。トマスが自身の人種アイデンティティをどのように説明しているかは分からないが、ハッシュパピーと同じ様に黒い肌をしている彼女が表明している意図が興味深い。

人種差別的イデオロギーは、意味を変革させる機会を奪うことによって、またその規範にそぐわない情報を除去することによって機能している。『ハッシュパピー』を攻撃した批評家たちは、このイデオロギー機能を明らかにすることを目的としている。しかし、それを行う時、彼らもまた同じツールに頼っており、その結果、別の物語を見る可能性を同じ様に消してしまう彼ら自身のイデオロギーモデルを作り出してしまっている……私たちには新しい物語が必要だ。（Thomas 12-13）

トマスの言葉は、近年変化を見せているアメリカの人種観の文脈の中で捉える必要があるだろう。二〇〇三年、人種定義や人種混淆に関する法の歴史を追う『混血のアメリカと法律』が出版されている。このアンソロジーのイントロダクションは、アメリカの人種制度の中心――アメリカ社会の中心と言ってもよいかもしれない――となってきたワンドロップ・ルールを「集団的想像力の作り事」だと明言している（Johnson 4）。ワンドロップの虚構性の指摘に加え、この本に収められたクリスティーン・ヒックマンに至っては、本来的に差別言説であるワンドロップ・ルールが内包する利点にすら言及している。

人種差別、悪意、貪欲、無知から悪魔がこのルールを作り出したのだとしても、良い面もあった――悪魔のルールは、私たちが今日知っているアフリカ系アメリカ人という人種を作り出し、そのメンバーは三つの大陸の様々な人々から派生し、外見も大きく異なっているにも関わらず、悪魔のワンドロップによって、奴隷制度、人種隔離、人種による不公正と闘う一つの人々としてまとめ上げられたのだ。（Hickman 104）

そもそも差別主義の言説が「差別される人々」という輪郭を引くのであれば、それによって産出された人々の抵抗言説は、差別主義の言説を前提としていることになる。トマスが「同じツールに頼っている」と表現したのは、正にこの事実である。

トマスは、アイデンティティ・ポリティクスとしての抵抗言説を用いることに警鐘を鳴らした訳だが、本論が見てきたように、『ハッシュパピー』がカトリーナの記憶と直接に繋がっている以上、神話論もまた人種化という問題から逃れ得るものではない。本論ではルイジアナの歴史を糸口として、この作品をめぐる論争が黒人対白人という二元論に集約されている事実に疑義を呈することを試みたい。人種二元論が、平たく言えば「アフリカ系アメリカ人を増やす」働きをしてきたとすれば、必然的に減らされ、弱体化されてきた人々が存在するはずである。それがネイティブ・アメリカンだと結論するのが、アンドリュー・ジョリベットの『ルイジアナ・クレオールズ』である。

フランスがルイジアナに植民を開始した当時、フランス人女性はほぼおらず、必然的にネイティブ・アメリカンとの混血、そして一七一九年に最初のアフリカ人奴隷が到着してからはアフリカ人との混血が急速に進み、この事態を危惧したフランス当局が、牢獄から女性を集めてニューオリンズへ送ったことは広く知られたエピソードである（Nagel 10）。植民当初から生み出されていった混血人口は、マルーン社会の形成など、抵抗の行動においてインディアンやアフリカ人との協力関係を築いていき、やがてアフリカ、インディアン、ヨーロッパの血を引くフリー・ピープル・オブ・カラーが別個のエスニック・ステイタスを獲得して、ルイジアナに特徴的な三分類の人種制度が成立する（Jolivétte 13, 31）。混血は植民地社会だけでなく、インディアン社会でも起こっており、こちらではレッドボーンズやクリフトン＝チョクトーなど、ブラック・インディアンと呼ばれる人々が形成されていった（Jolivétte 31）。

混血という現象はインディアン、白人、黒人間の出来事だが、人種が白黒二元で法制化され、語られてきた歴史によって、インディアンが抹消されてきたというのがジョリベットの主張である。

混血の人々は、白人あるいはインディアンと明白に認識されるような外見をしていない場合、つまり大抵の場合は黒人とされていく。例えば、一八世紀後半のスペイン統治期にインディアン奴隷は解放されているが、所有者は奴隷の人種区分を「インディアン」から「黒人」に変更することでこれに対応した（Martin 59）。ルイジアナ購入後の一八一〇年には、パーソン・オブ・カラーのアデルという人物が、自分が自由の身分であることを確認するために訴訟を起こしている。このアデル対ボールガール裁判の判決を構成する中で、ルイジアナ最高裁はネイティブ・アメリカンをパーソンズ・オブ・カラーだと明言しており、これが一九世紀を通じて人種区分の規範として働いていくことになる（Jolivétte 17）。

ルイジアナにおいて、インディアンが黒人とは異なる別個の人々として位置づけられるのは一九一五年のことだが、インディアンが黒人化されるという状況に変化はなかった（Jolivétte 32）。ジャック・フォーブスは、一九一〇年の国勢調査では、インディアンと黒人の混血、インディアンと黒人とヨーロッパ系の混血の合わせて約三、〇〇〇人がインディアン・トライブに登録されていた事実に言及し、このような集計の背後では、何十万にも及ぶ混血の人々が、連邦が認識したリザベーションから離れて生活していたために、ニグロあるいはムラートとして数えられていただろうと推測している（Jolivétte 45）。更に一九三〇年、四〇年の国勢調査においては、「インディアンの血が明らかに優勢」でない限り、インディアンと黒人の混血はニグロとしてカウントするという方針が示されていたことをフォーブスは明らかにしている（Jolivétte 45）。同様の偏向は一九八〇年の国勢調査においても健在であり、ブラックとインディアンの両方にチェックを入れた者は黒人としてのみ数えるというインストラクションが存在していた(Jolivétte 45)。

ジョリベットの描き出すルイジアナ史は、人種の現実と制度の間に存在した大きな隔たりに光を当てるだけでなく、人種という概念がいかに恣意的に操作されてきたかを詳らかにしている。混血という現象が示しているように、実際には実に多様かつ複雑である人種というものを、ワンドロップ・ルールに代弁されるアメリカの人種制度は強制的に白黒二元論に押し込め、ネイティブ・アメリカンはその歪みの中で抹消されてきた。このような歴史が、現在という時代にどのような結果を生んでいるのか、次節ではこれを検討する。

『ハッシュパピー』論争とインディアン

ジョリベットの論が『ハッシュパピー』と連結していく端緒となるのが、以下の記述である。

アタカパ＝イシャク……クリフトン＝チョクトー、ユナイテッド・ホーマ・ネイションといったアメリカン・インディアンの共同体と、ザビーン川、レッド川沿いに暮らすレッドボーンズは、ヨーロッパ人口……やアフリカ人口と混血していった共同体の四つの例に過ぎない。(Jolivétte 7)

ここでジョリベットが言及しているユナイテッド・ホーマ・ネイションは、現在のホーマ市の名前の由来となったネイティブ・アメリカンである。二〇〇五年にハリケーン・カトリーナとリタが立て続けにこの地を襲った後、チーフのブレンダ・ダーダー＝ラビショーは『デモクラシー・ナウ！』という報道番組の電話インタビューを受けている。災害時、ホーマ市を含むテレボーン・パリッシュに住むインディアンへの公的支援が皆無に近かった状況を危惧し、彼女はこの地にインディアンが住むことになった歴史を簡潔に説明している。彼らはそもそもバトンルージュ付近に暮らしていたが、そこから南へ移動し、一時ニューオリンズ付近に居住した後、更にバイユーの方に分散しつつ南下し、現在最も多く人口を抱えるのがテレボーン・パリッシュとプラケマイン・パリッシュだという（"Indian Tribes"）。彼女の説明では移住がいつ、どの位の期間をかけて起こったのかは明らかにされていないが、テレボーン・パリッシュ南端付近のイル・デ・ジャン・チャールズに住むビロクシ＝チティマチャのチーフ、アルバート・ナキンは、自分の人々がこの地に住み始めたのは一八三五年か一八四〇年のことだと話しており、南ルイジアナのバイユー地域には合わせて二万人ほどのインディアンが暮らしているという（"Isolated Native"）。

ジョリベットの言うように、クレオール・カラーと呼ばれる人々にインディアンの血が入っているとするなら、彼らはインディアンであることよりも混血であることを優先してアイデンティティを立てる——立てさせられた——ことによって、一つの人々としてのまとまりを維持することができたと言えるだろう。しかし、同時にインディアン社会でも混血は進んでいた訳であり、先に見たように、国が「インディアンの血が明らかに優勢」でない限りインディアンとは見なさないという方針を取ってきたのであれば、混血したインディアンは社会的にはインディアンではなく、僻地にまとまって暮らす雑多な人々ということになるだろう。実際、ホーマ・ネイションを始めとするこの地のインディアンは、連邦には認証されておらず、ダーダー＝ラビショーは「連邦認証のプロセスにもう二一年もかかっているが、連邦からの最終判断と言われるものはまだ受け取っていない」と語っている（"Indian Tribes"）。

ハリケーン・カトリーナと一ヶ月後のリタは、この地域のインディアンがいかに社会から抹消された存在であるかを如実に示すことになった。前者では四、五〇〇〇人、後者では五、〇〇〇〜六、〇〇〇人のインディアンが住む家を失っているにも関わらず、メディアだけでなく主要な支援団体や連邦政府も、彼らの存在を見落としていた（"Indian Tribes"）。イル・デ・ジャン・チャールズのナキンの言葉が全てを物語っている。

FEMA（連邦緊急事態管理庁）は、ホーマより先にコミュニティがあるとは聞いていなかったようで、バイユーの先の方にネイティブ・アメリカンが住んでいるなど知りもしなかった。持っていた地図にはハイウェイが書かれているだけで、私達のコミュニティはそこにはないことになっていた。FEMAは、インディアンがここに住んでいるとは知らなかったと認めた。（"Isolated Native"）

『ハッシュパピー』の監督ベン・ザイトリンは、作品のインスピレーションとなり、撮影場所となったのは、イル・デ・ジャン・チャールズだったとインタビューで明かしている（Brennan）。現実のイル・デ・ジャン・チャールズも、バスタブと同様に堤防の外に位置しているが、その経緯は二〇〇六年六月一九日付の『ニューヨーク・タイムズ』に詳しい。地盤沈下やこの地に集中する石油採掘事業の影響で、毎年三〇平方マイルの南部ルイジアナの湿地がメキシコ湾に消えていき、地元の人々はそれを二〇分ごと、三〇分ごと、あるいは一時間ごとにフットボール場一つ分がなくなると様々に表現しているという（Barry）。「ますます縮小していく島、たった一本の道、小屋としか呼べないようなものも含む慎ましやかな住居、そして二五〇人の住民を守るために、一億ドルを超える予算を取るかどうか」が問われ、答えは否と出た（Barry）。

一九世紀半ばから細々とこの地に暮らしてきた人々は、人種ではなく、むしろ生活や文化の様式の共有によって、まとまりを保ってきたのだと言えるだろう。文化共有の土台が土地にあることは明らかであり、土地の喪失と共に人々が離散することになれば、インディアン・アイデンティティを保ち続けることは非常に困難なものになる。その可能性が明白に目の前にある現在、「この地域の文化、神話、そして環境問題との闘いに喚起された寓話」だとメイキング映像が自己定義することの作品は、何よりもまず、消えゆく人々と文化に対するオマージュであるはずだ。

おわりに

『ハッシュパピー』の物語は確かに、黒い肌をした主人公とその父親を中心に展開する。しかしその背景には、白色、黒色、黄色の様々なグラデーションの人々で構成されるコミュニティが存在し、彼らはバイユーの豊かな水資源で生活をつなぎ、自分たちが暮らしてきた土地に対する強烈な愛着を表現している。先にも触れた場面だが、胸を叩いたら倒れてしまった父のために、ハッシュパピーは先生の所へ薬を取りに行く。しかし薬を持って戻ると、父親はその場から姿を消していた。彼女は鬱蒼と茂った木々を見渡しながら、「パパは木になってしまったのか、虫になってしまったのか、知る術はなかった」と語る。

ハッシュパピーの思考にはアニミズムが刻印されている。この事実に気づきながらも、イェーガーは「ハッシュパピーの神話的思考には、子どもじみたアニミズムが見受けられる」(Yaeger)と切り捨て、背後にインディアンの文化を想定しようとはしない。様々な色合いの人々が、人種という概念すら持たないかのように、衝突することなく暮らすバスタブという設定も、ベル・フックスにとっては「人種の現実の否認」(hooks)に過ぎず、混血性や生活様式による文化共有という現実が顧みられることはない。

『ハッシュパピー』をめぐる論争が詳らかにしているのは、カトリーナやリタに代表される日々の現実を見るにしても、映画というフィクションを見るにしても、私たちの認識の枠組は依然として白黒二元論に基づく人種概念に支配され続けているという事実である。この作品をめぐる論争は、恣意的にインディアンを黒人化してきた国勢調査官と同様、「インディアンの血が明らかに優勢」ではないハッシュパピーを黒人化し、そしてそれによって再びインディアンを消し去るという罪を反復している。

註

（1）作品タイトルは以下、『ハッシュパピー』と省略する。
（2）映画からの引用は字幕を参考にしつつ、現著者が翻訳したものである。

参考資料

［書籍］

Alpert, Bruce. "Transcript of President Obama's Katrina Speech." *NOLA.com/Times-Picayune*. NOLA Media Group, 28 Aug. 2015. Web. 22 Sept. 2015.
Babington, Charles. "Some GOP Legislators Hit Jarring Notes in Addressing Katrina." *Washington Post*. Washington Post, 10 Sept. 2005. Web. 4 Oct. 2015.
"Barbara Bush Calls Evacuees Better Off." *New York Times*. New York Times, 7 Sept. 2005. Web. 4 Oct. 2015.

Barry, Dan. "In Louisiana, a Sinking Island Wars with Water and the Government." *New York Times.* New York Times, 19 Jun. 2006. Web. 3 Jan. 2015.

"Beasts of the Southern Wild (2012) —IMDb." *IMDb.* IMDb, n.d. Web. 31 May 2015.

Bradshaw, Peter. "Beasts of the Southern Wild—Review." *The Guardian.* The Guardian, 18 Oct. 2012. Web. 8 Sept. 2014.

Brennan, Emily. "A Filmmaker's Impressions of the Bayou." *New York Times.* New York Times, 16 Aug. 2012. Web. 25 Aug. 2015.

Clarke, Donald. "Cannes Review of Beasts of the Southern Wild." *Irish Times.* Irish Times, 18 May 2012. Web. 25 Aug. 2015.

Hackett, Thomas. "The Racism of 'Beasts of the Southern Wild.'" *New Republic.* The New Republic, 19 Feb. 2013. Web. 23 May 2015.

Hickman, Christine B. "The Devil and the 'One Drop' Rule." Johnson 104-10.

hooks, bell. "No Love in the Wild." *New Black Man (in Exile).* 6 Sept. 2012. Web. 9 Sept. 2014.

"Hurricane Katrina Timeline." The Brookings Institution, n.d. Web. 25 Aug. 2015.

"Indian Tribes and Hurricane Katrina: Overlooked by the Federal Government, Relief Organizations and the Corporate Media." *Democracy Now!* Democracy Now!, 10 Oct. 2005. Web. 9 Sept. 2015.

"Isolated Native American Communities Struggle in the Aftermath of Hurricanes Katrina and Rita." *Democracy Now!* Democracy Now!, 24 Nov. 2005. Web. 2 Sept. 2015.

Johnson, Kevin R., ed. *Mixed Race America and the Law: A Reader.* New York: New York UP, 2003.

Jolivétte, Andrew J. *Louisiana Creoles: Cultural Recovery and Mixed-Race Native American Identity.* Lanham, MD: Lexington Books, 2007.

Jonsson, Patrik. "Ten Years after Katrina, a 'New' New Orleans Emerges." *The Christian Science Monitor.* The Christian Science Monitor, 25 Aug. 2015. Web. 25 Sept. 2015.

Kenigsberg, Ben. "Beasts of the Southern Wild: A Republican Fantasy?" *Time Out Chicago*. Time Out, 6 Jul. 2012. Web. 24 Aug. 2015.

Levin, Robert. "Sundance's First Breakout Hit Is Part 'Tree of Life,' Part 'Treme.'" *The Atlantic*. The Atlantic, 23 Jan. 2012. Web. 24 Aug. 2015.

Martin, Joan M. "*Plaçage* and the Louisiana *Gens de Couleur Libre:* How Race and Sex Defined the Lifestyles of Free Women of Color." Ed. Sybil Kein. *Creole: The History and Legacy of Louisiana's Free People of Color.* Baton Rouge: Louisiana State UP, 2000. 57-70.

Nagel, James. *Race and Culture in New Orleans Stories: Kate Chopin, Grace King, Alice Dunbar-Nelson, and George Washington Cable*. Tuscaloosa: U of Alabama P, 2013.

O'Brien, Geoffrey. "Floodplain Fantasy." *The New York Review of Books*. The New York Review of Books, 1 Aug. 2012. Web. 23 May 2015.

Roark, David. "Beasts of the Southern Wild." *Christianity Today*. Christianity Today, 29 Jun. 2012. Web. 23 May 2015.

Thomas, Kette. "With an Eye on a Set of New Eyes: Beasts of the Southern Wild." *Journal of Religion and Film* 17.2 (2013): n. pag. Web. 23 May 2015.

Wise, Damon. "Beasts of the Southern Wild." *Empire*. Empire, n. d. Web. 23 May 2015.

Yaeger, Patricia. "*Beasts of the Southern Wild* and Dirty Ecology." *Southern Spaces*. Emory U Libraries, 13 Feb. 2013. Web. 8 Sept. 2014.

エリアーデ、ミルチャ。『神話と現実』。中村恭子訳。せりか書房、一九七三年。

[DVD]

ザイトリン、ベン。『ハッシュパピー～バスタブ島の少女』。東宝株式会社、二〇一三年。

「真実の物語」と「寓話」が映す二一世紀のホロコースト表象

――『ディファイアンス』と『縞模様のパジャマの少年』

伊達雅彦

はじめに

今年（二〇一五年）は、第二次世界大戦終結から七〇年の節目の年である。しかし、「第二次世界大戦終結七〇年」は、その戦争に関わった国々にとって各々意味合いが違う。連合国側にとっては「戦勝七〇年」だが、日本にとって、それは「太平洋戦争終戦（敗戦）七〇年」である。ホロコーストという未曾有の民族大量殺戮に見舞われたユダヤの人々にとっては「アウシュヴィッツ強制収容所解放七〇年」に他ならない。だが、アウシュヴィッツの終焉でこの地上から反ユダヤ主義が一掃されたわけではない。ソ連軍がアウシュヴィッツ収容所を解放した一月二七日を「ホロコースト犠牲者を想起する国際デー」と国連が総会で制定してから、ちょうど一〇年目にあたる今年、パン・ギムン国連事務総長はそのメッセージの中で「反ユダヤ主義者による攻撃で、ユダヤ人がユダヤ人であるというだけの理由で殺される事件も後を絶たない」と報告し、国連の公約である「社会的弱者を保護し、基本的人権を推進し、あらゆる人の自由、尊厳、価値を守るという」使命は「第二次世界大戦とホロコーストの悲劇から生まれた」と語った。

ポーランド南部オシフィエンチムのアウシュヴィッツ強制収容所跡でも解放七〇周年を記念して当日は記念行事が執り行われ、ホロコースト・サバイバーである元収容者約三〇〇人が参加した。しかし、この現地での記念行事が今後も、このような大きな規模で開催されるかどうかについては不安視されている。というのも日本における沖縄戦体験者や広島・長崎の被爆者と同様、ホロコースト・サバイバーの多くは現在八〇歳以上であり、今後も高齢化は続いていく。事実一〇年前の六〇周年式典時の参加者に比べると三〇〇人という数字は五分の一である。このように必然的に参加者は減る一方であり、一〇~二〇年後にはアウシュヴィッツ強制収容所が牙を剥いた真の姿を肉眼で見たサバイバーはこの世界からいなくなる。

振り返れば、解放六〇周年記念の国連総会特別会合では、ユダヤ人虐殺という負の歴史を取り上げ連帯を示そうとしたが、アラブ諸国のイスラエルに対する反発から、何の決議もされず、声明すら採択されなかった。前提を言えば、その特別会合はアメリカの発議で開催された経緯があり、「ユダヤ人国家」イスラエルに対する外交的配慮だった。アメリカを代表して演説したウォルフォウィッツ国防副長官は、当時のブッシュ政権中枢にいたネオコンの一人で、もちろんユダヤ系である。ホロコーストの政治利用という声があったのは言うまでもない。

さらに遡ること一〇年前の解放五〇周年記念の年は、日本でもホロコーストを巡って大問題が起きた。いわゆる「マルコポーロ事件」である。雑誌『マルコポーロ』が「アウシュヴィッツ強制収容所にはガス室はなかった」とするナチスドイツのホロコーストを否定する歴史修正主義的な記事を堂々と掲載したのである。しかもこの記事が載ったのは一九九五年の二月号で、その発売日は一月一七日、アウシュヴィッツ解放五〇周年記念日である一月二七日の直前の号であった。これに対しアメリカのユダヤ系人権団体サイモン・ヴィーゼンタール・センターなどは、強い抗議を行い、結果として『マルコポーロ』は廃刊に追い込まれた。

このようにホロコーストは当時も、その後も、そして今も、世界中をその影響下において様々な問題に波及し暗く長い影を落としている。ナチスドイツが犯したその大罪に時効は永遠に来ないだろう。ホロコーストというテーマは、人類史上に残る大問題であるだけに、誰もがそのテーマに手を伸ばすことができる一方で、その現実が過酷を極めたため実際の扱いは難しいとされる。この問題を論じる時、何度となく引用されてきた「アウシュヴィッツ以後、詩を書くことは野蛮である」というアドルノの言葉を再度持ち出すまでもなく、「ホロコーストを語る」、更に限定的に「アウシュヴィッツ強制収容所を語る」にはどうすればよいのか、という問題は常にそこに在る。「ホロコースト」や「アウシュヴィッツ」を語るには当時そこに身を置き、その現実を自ら目撃した当該ユダヤ人たちだけにしか語る資格がない、という主張はある意味当然と言える。その「地獄」を皮膚感覚で体験してもいない人間が想像力のみを駆使して語ることは到底許されない、とする考え方も間違いではないだろう。

しかし、文学や映画は、そうした「資格問題」の矛先を気にしながらも時代や地域を越えてホロコーストを描く試みを数多く行ってきたし、今日もホロコーストを描く上での障害を必然的に抱えながらも新たな試みを続けている。「ホロコースト産業」という言葉にも表れているようにホロコーストを単なる金儲けの手段としてしか見ていないような作品も確かにあるが、真摯に向き合おうとする作品が存在するのも事実である。過去、ホロコーストを題材にした映画の大半は、ユダヤ人とナチスドイツを「被害者」と「加害者」という視点から描き出して来た。むろん、六〇〇〇万人もの罪なきユダヤ人が虐殺された歴史的事実を前に、ユダヤ人が被害者で、ナチスドイツが加害者である構図は変えようがない。

具体的にホロコースト映画と言えば、すぐにスピルバーグの『シンドラーのリスト』（*Schindler's List*, 1993）やポランスキーの『戦場のピアニスト』（*The Pianist*, 2002）、全編八時間にも及ぶジェラルド・グリーン原作による長編テレビ映画『ホロコースト』（*Holocaust*, 1978）等が想起される。これら正面からホロコーストを扱った従来型のホロコースト映画は、サディスティックなナチスが、無抵抗で哀れなユダヤ人たちを死の淵に追いやる、という枠組みを典型的に持っている。『シンドラーのリスト』に登場するアーモン・ゲートが自室のバルコニーから無差別に、特段の感情も持たずに収容所のユダヤ人をライフルで射殺するシーンなどが代表例だ。こうしたある意味で「王道的な」ホロコースト作品は、ユダヤ系の映画人によって作られていることが多い。言うまでもなくスピルバーグもポランスキーもグリーンもみなユダヤ系である。そもそもハリウッド自体がユダヤ系の人々が創った世界であることは周知の通りで、ホロコーストを見る目には単なる商業主義的な眼差し以上のものが感じられる。

しかし、もちろんこの枠組みから逸脱するホロコースト映画が無いわけではない。例えばメリル・ストリープがアカデミー主演女優賞を獲得した『ソフィーの選択』（*Sophie's Choice*, 1982）は、ホロコースト・サバイバーの主人公ソフィーの物語であるが、設定上、彼女はユダヤ人ではなく、ポーランド人である。そもそもこの作品は監督がユダヤ系のアラン・J・パクラではあったが原作は非ユダヤ系のウィリアム・スタイロンであり、ホロコーストというテーマも正面というよりやや後景に置かれた感じで描かれる。その後、二一世紀に入ると、ホロコースト表象にも様々な変化が見られるようになった。傾向的には被害者であるユダヤ人を直截的に描くことが多かったわけだが、時代を経てホロコーストを見る視座も多様化した。近年、例えば二〇〇八年には、奇しくも従来の「ホロコースト」と「ユダヤ人」を見る視点とは異なる角度からそれらを眼差す映画が公開された。ここでは、『ディファイアンス』（*Defiance*）と『縞模様のパジャマの少年』（*The Boy in the Striped Pyjamas*）という二本の作品を中心にホロコースト表象を考えていきたいと思う。

『ディファイアンス』における「戦うユダヤ人」の表象

一九九五年八月二三日付『ニューヨーク・タイムズ』に、あるユダヤ人の死亡記事が出た。アレクサンダー・ビエルスキ、ブルックリンの自宅で心臓発作により死亡、享年八三歳。一般的に知名度はそれほど高くないであろうその名前に続く説明には、「第二次世界大戦中のベラルーシで、ナチスをゲリラ的に襲撃し、その迫害から何百人というユダヤ人を助けた有名なビエルスキ・パルチザンのリーダー」とあった。少し補足すると、一九四一年、現在のベラルーシの西、ポーランドとの国境付近にあるナリボキ・フォレストという森の中でナチスの迫害から逃れてきたユダヤ人たちが極限の避難生活を送っていた。その烏合の衆的ユダヤ人集団をトゥヴィア、アザエル、そしてズシュことアレクサンダーというユダヤ人三兄弟が纏め上げ、次々に集まってくるユダヤ人に救いの手を差し伸べた(1)。彼らは更なる避難者を順次取り込みながら仲間を増やし、最後には約一二〇〇人もの大集団にして、一大コミュニティを作り上げた。そしてパルチザン活動を続けながら、ついにホロコーストを生き延びたのである。ビエルスキ兄弟がいなければ、この世に存在していなかったであろうユダヤ人は、サバイバー本人やその子供や孫を含めた五世代で約一九〇〇〇人とも言われる。

ビエルスキ兄弟が救った一二〇〇名という数は、偶然にも「シンドラーのリスト」で救われたユダヤ人の数と同じである。しかし、ビエルスキの名前はシンドラーほどに有名とは言えない。それはビエルスキ兄弟がこうした事実を自ら喧伝するようなことはしなかったからである。戦後、彼らに救われたユダヤ人関係者の証言でビエルスキ兄弟の活動が次第に明らかになってきたのだ。そして多くのユダヤ人が、今なおその事実を語り継ごうとしている。彼らにとってビエルスキ兄弟は、オスカー・シンドラーや杉原地畝と同様、「救助者」であり「命の恩人」であり「英雄」に他ならない。

ただし、シンドラーや杉原とは違い、ビエルスキ兄弟は優越的な立場でユダヤ人集団を救ったのではない。同じ時間、同じ空間を同じ立場を生きて、同じ目線で彼らを導いていった。ビエルスキ兄弟には、同胞を助けるための職業的権限や政治的権限は無かった。彼らとて被害者だったのである。それゆえに、生き延びるため時に手段を選ばないこともあったという。彼らはドイツ軍の隊列を待ち伏せして急襲し軍需品を強奪、ドイツ兵を殺害した。また反ユダヤの地元民に対しても、自分たちが森に潜伏している情報をナチスにリークした場合、村ごと焼き討ちにすると恫喝し、潜伏の情報を漏らした者は実際に殺害した。他にもナチスの軍事活動の停滞を狙って鉄道や橋を爆破するなど破壊行為に及ぶこともあった。彼らが単に野蛮な「山賊」と評されるのも無理からぬことではある。

こうした「犯罪的」な行為のため、戦後長い間、彼らを英雄視することに人々は逡巡したのかもしれない。だが、ズシュ・ビエルスキの息子のズヴィ・ビエルスキは『ニューズ・タイム』紙のインタヴューに答えて語る。「私は自分をホロコースト・サバイバーの息子だなんて考えたことはありません。私は自分をヒーローの子供だと考えています」と。そして父親たちが取った戦略で被害を被った人々には対して、自分は謝罪よりも「ユダヤ人は自分たちを守る権利がありました。東欧のその地域では、毎日、五〇〇〇人ものユダヤ人が殺されていたのです」と逆に憤りを顕わにしている。更に「父自身は自分をヒーローとは考えていなかった」という情報も明かし、生前の父にナリボキ・フォレストでのパルチザン活動で何か後悔していることはないかと尋ねた際に、「もっと沢山のユダヤ人を助けたかった」という言葉が出たことを紹介している。

このビエルスキ兄弟を主役に据えた映画が二〇〇八年公開の『ディファイアンス』である。原作はネハマ・テクの同名の小説、監督は、『グローリー』(*Glory*, 1989)や『レジェンド・オブ・フォール』(*Legends of the Fall*, 1994)、『ラストサムライ』(*The Last Samurai*, 2003)で知られるエドワード・ズウィックである。この作品では、前述の通りナリボキ・フォレストにおける彼らユダヤ人たちのレジスタンス活動、すなわちタイトルにもあるようにその「抵抗《ディファイアンス》」を描いている。監督のズウィック自身もユダヤ系で、ズシュを演じたリーヴ・シュレイバーもユダヤ系である。シュレイバーはこの映画出演に先立つ三年前の二〇〇五年に、自ら監督としてホロコーストの記憶を巡る映画『エブリシング・イズ・イルミネイティッド』を撮っている。原作はジョナサン・サフラン・フォアが二〇〇二年に発表した同名の小説だが、フォアもポスト・ホロコースト世代のユダヤ系作家である。

先述の通り、ホロコーストを背景にしたユダヤ人のパブリック・イメージと言えば、非人間的な扱いを受ける被害者であり、不条理な死に追いやられる犠牲者である。ナチスの兵隊に銃を突きつけられ罵声を浴びせられ駆り立てられる「無抵抗のユダヤ人」表象が支配的であると言えよう(2)。だが、この『ディファイアンス』はそうしたユダヤ人の弱者的イメージを半ば解体し「戦うユダヤ人」像を提示する。「半ば」というのは、従来通りの「弱者としてのユダヤ人」表象も同時並行的に維持されているからである。

物語は一九四一年三月から始まる。ナチスのユダヤ人狩りでゲットーを追われ森へ逃亡するユダヤ人は、ドイツ兵のみならずナチスに協力的な反ユダヤ主義の地元警察、ベラルーシ人民族主義者、あるいは近隣に住む地元住民にも警戒しなければならない。いつ彼らの密告や裏切りにあうか分からないからである。しかし、ビエルスキ兄弟に率いられた一団は疲労と恐怖の中、必死に抗戦する。そしてその「戦うユダヤ人」のイメージが単なる幻想や願望ではなく厳然たる事実だったことを映画の冒頭に映し出される「真実の物語(a true story)」の文字が後押しする。この物語が実話を基にしていることは、先のズヴィ・ビエルスキが語った「私はユダヤ人が反撃しなかったなどという神話に終止符を打ちたい」という別の発言とも響き合い、彼の希望を最終的には叶えた形となった。

「英雄」となったビエルスキ兄弟も当初はナチスに両親や妻子を殺され、悲嘆に暮れながら逃げ惑うユダヤ人に過ぎなかった。しかし、長男トゥビアが両親を惨殺した地元の警察署長宅に押し込み、署長とその息子二人を報復的に殺害する。その後、森に潜伏し追いつめられる中、反撃に転じ戦闘行為にも慣れていく。まさに「窮鼠猫を嚙む」的に戦争のプロになっていくのである。特に次男ズシュは精鋭を率いてソ連の対独パルチザンの傘下に入り、その一翼を担うまでになる。つまり、この映画は、ホロコーストの渦中にあったユダヤ人総てが「無抵抗のユダヤ人」ではなかったことを積極的に表面化させようとしているのだ。ホロコーストの嵐が吹き荒れるヨーロッパにも「戦うユダヤ人」がいた。しかも、戦うのはビエルスキ兄弟のような元来、屈強で行動力のある成人男性ばかりではなく、時には腕力の弱い女性や子供も銃を持ち戦う。作品中、彼らに捕まった一人のドイツ兵が森のコミュニティに連行されてくるシーンがある。ドイツ兵は無抵抗なまま必死に命乞いをするが、ナチスに家族や近親者を殺されたユダヤ人たちは、その恨みを晴らすべく、老若男女の別なく一人一人が入れ代わり立ち代わり「正義」を叫んで銃床等で次々に殴打する。そして最後は報復の激情に駆られた人々の怒りは頂点に達し、一斉に殴る蹴るの集団暴力にエスカレートし、ドイツ兵をなぶり殺す。ナチスドイツに対する鬱積した私怨が爆発し一人のドイツ兵に向かうこのシーンは、ドイツ側から見れば凄惨な場面だろう。

ビエルスキ兄弟、特にリーダー格の長男トゥビアは、こうした極限状態にある同胞に対し、時に冷徹なリーダーシップを発揮しなくてはならない。最終的に一二〇〇人に上るこのユダヤ人避難民は、様々な場所から逃げてきた人々が合流した結果なのだが、合流に際し最も問題視されたのが食料の調達である。逃亡と潜伏を繰り返す移動生活では通常でも食料を調達するのは容易ではないが、周囲を敵に囲まれた森の中では、それは困難を極めた。そのため彼らは、特に罪もない地元民から食料を巻き上げるという悪を犯す。映画のその場面、彼らの山賊的な野蛮さをズウィックはそのままに描く。しかし、一方でトゥビアは、同じ家から繰り返し強奪することを禁じ、本当に困窮した家には手を出さないよう指示も出す。だが作物の収穫のない冬季、極寒の森の中で寒さと戦いながら一二〇〇人に十分行き渡る食料を自力で調達するなど不可能に近く、しばしば空腹からユダヤ人同士が醜い争いを始める。ネハマ・テックによれば、彼らはソ連のパルチザンとの協力関係で食料を確保していたようである。ちなみに、当時のソ連のパルチザン運動に加わったユダヤ人の数は全体として二~三万人に及んでいる。

また、食料問題以外にも様々な問題がコミュニティ内に生じる。一二〇〇人の集団と言えばもはやひとつのシュテトル（ユダヤ人村）と言ってよく、そこには当然、個人のエゴが剥き出しになる状況もある。男女関係の問題もそのひとつで、ナチスからの強襲や追跡に備えて常に移動と脱出が前提になっているためコミュニティでは、当然、妊娠禁止などの規則も定められる。(3) その他、コミュニティ全体のあり方についても細部では個々人で意見が違っており、時にトゥビアに逆らい、そのリーダーの地位を脅かす者も出てくる。しかし、彼は規律を乱す者はたとえ同胞であっても躊躇なく射殺し容赦しない。そこにはホロコースト渦中の「弱者としてのユダヤ人」というような支配的言説とは全く逆のユダヤ人像がある。

『ニューヨーク・タイムズ』の映画評は、このビエルスキ兄弟の物語には映画化する価値があったことを認めた上で、『ディファイアンス』は、ユダヤ人の「お涙頂戴的な無力さと非力さ」という従来の歴史的イメージを修正しようとしていると指摘する。この映画評を担当したA・O・スコットもユダヤ系だが、歴史的なステレオタイプとしては、やはり「受動的なユダヤ人」像が優勢であると言う。

映画『ディファイアンス』は、こうして「能動的に戦うユダヤ人」ビエルスキ兄弟の姿に焦点を合わせる。監督のズウィックはビエルスキ兄弟の実話を映画化するにあたり「何も足していないし、何も引いていない」と語っており、清濁併せ持つビエルスキ兄弟を描き切った。確かに、彼らはダーク・ヒーローというほどにダークではないが、クリーンなヒーローでもない。だが、ビエルスキ兄弟はユダヤ人にとってはあくまでも「ヒーロー」だ。映画では地元民との軋轢は必要以上には描かれないが、ナリボキ・フォレストに身を潜めていたユダヤ人たちは、自らが生き延びるためには、地元民に対する反抗《ディファイアンス》としての暴力的な行為や言動も当然の権利と考えていた。一方、地元民は日常的な反ユダヤ主義的感情によって戦前から彼らユダヤ人を敵対視してきた。それ故、地元民にとって、森の中のビエルスキ兄弟たちユダヤ人は、性質の悪い「山賊」に過ぎず許すべからざる存在なのである。この映画が公開された当時、ビエルスキ・パルチザンを英雄視するこの作品に対しポーランド国内からは批判の声が噴出した。

ナチスドイツとユダヤという組み合わせでは「被害者」のポジションになるユダヤ人も、この『ディファイアンス』のユダヤとポーランドという組み合わせになると「被害者」である反面「加害者」でもあることが分かる。それはホロコーストを背景にすれば「被害者」となるユダヤも、パレスチナ人の言う「ナクバ（大災厄）」を背景にすれば「加害者」となることと同じ構図で、「加害者＝被害者」の関係は視点を変えれば常に相対化されるし転覆もされる。自身がホロコースト・サバイバーの娘でありながらも、イスラエル批判を続けるサラ・ロイは『ホロコーストからガザへ』の中で言う。「パレスチナ人に対するイスラエルの占領は、ナチスによるユダヤ人ジェノサイドと道徳的に等価であるわけではありませんし、等価である必要もありません。しかし、ホロコーストと占領が大きく異なっているからといって、そのことが占領の残酷さを軽減させるわけではまったくありません。」ユダヤ人だけが永遠の弱者であり、究極の被害者であるわけではないという「身内」からの自戒を込めた警鐘的メッセージである。

作品で描写されたユダヤ人の強引で暴力的な面だけを意図的に誇張すれば、現代のユダヤ人国家イスラエルに矛盾なく繋がる導線も確かに見えてくる。少なくとも、言説上は「弱者としてのユダヤ人」といえども社会的な条件が揃えば、暴力性を発揮するという指摘も無視できない。『ディファイアンス』は、そうした可能性がホロコースト下で既に現実に展開していたことを明確に伝えている。ホロコーストの惨禍を教訓的背景にして、反ユダヤ主義からユダヤ人を守護する究極の「避難所」としてイスラエルは建国された。だが、その「守る」というイメージは、近年、どちらかと言えば「攻める」という方向に転換されつつある。

例えば、イスラエルの核保有問題である。長年、同国は潜在的核保有国とされていたが、イスラエル当局はこれを否定してきた。しかし、カーター元大統領が「イスラエルは少なくとも一五〇発の核兵器を保有している」と発言したことで、イスラエルはもはや潜在的核保有国ではなくなった。現在「避難所」のイスラエルは歴とした核保有国と見なされているのである。さらに言えば二〇一四年六月イスラエル国会は、ハシド派に与えられていた兵役義務免除の特権制度の廃止を決めた。これにより、二〇一七年からはユダヤ人の中でも超正統派と呼ばれる彼らも段階的に兵役につかなければならなくなる。人口の約一〇パーセント近くいると考えられているハシド派は一九四八年の建国直後から、イェシバ（ユダヤ人学校）でユダヤ教を学ぶ必要から兵役を免除されていた。しかし、その彼らとても今後は戦争に行かなくてはならないのだ。このように『ディファイアンス』は、ユダヤ人のステレオタイプの中に従来ラインナップされていなかった「戦うユダヤ人」という新しいユダヤ人像を提供してくれる作品である。ちなみに『ディファイアンス』が公開された二〇〇八年は、五月に先のカーター発言があった年でもあり、年末にはガザ地区への攻撃が激化した年でもあった。

『縞模様のパジャマの少年』におけるホロコーストへの特殊な視点

『ディファイアンス』が「真実の物語」を土台として成立し、またその真実の重みを動力源に映画としてのダイナミズムを保持していることは前述した。では、二〇〇八年に公開されたもうひとつの映画『縞模様のパジャマの少年』はどうか。この物語の原作は二〇〇六年発表のジョン・ボインによる同名のベストセラー小説で、世界三〇カ国以上で翻訳され、五〇〇万部以上の売り上げを記録している。英国図書館協会主催の児童文学賞であるカーネギー賞の候補作に選出された作品であり、やはり一読して「児童向け」と分かる。簡明で平易な言葉で編み出された作品世界は、それゆえに読者の心に直線的に届く。そしてそのタイトルの傍には「寓話（fable）」と記されている。ボイン自身がこの映画に関するインタヴューで「原作に忠実である」と語っているように、この映画はその寓意性を頑なに守っている。『ディファイアンス』が冒頭に「真実の物語」と提示するのに対し、この映画では「真実の物語」とは正反対の「寓意」が生み出すリアリティの力でホロコーストという悪夢を対照的に再現してみせる。ただし、『縞模様のパジャマの少年』で描かれるユダヤ人は通常の「弱者としてのユダヤ人」であり、そこに映し出されているのは虐げられる姿ばかりだ。では何がこの作品を特異なものにしているのか。それは過去のホロコースト映画にはあまり見られなかった特殊な視点である。(4)

従来、ホロコースト映画ではユダヤ人側に視点を置くことが多かった。その方がユダヤ人の味わった恐怖や絶望を追体験することが出来るからである。しかし、『縞模様のパジャマの少年』は、全く逆の視点を採用する。すなわちホロコーストを「安全地帯」から見る視点である。対象から恐怖も絶望も感じない距離を置いた視点だ。安全地帯とはすなわち殺戮される側ではなく、殺戮する側、すなわちナチスドイツ側である。しかも、この作品の視点は、殺戮に直接携わるナチスの兵士の視点でもなければ、指示を出す将校のそれでもなく、そうしたナチスの将校の子供の視点、というようにさらに一段階、殺戮の現場から離れた傍観者的立場にいる人間の目を使う。その結果、ホロコーストは物語の当初は遠景にある。

先のホロコースト・ナラティヴに関する「資格問題」を解決するひとつの答え（手法）がここにあるとは考えられないだろうか。つまり、過酷なホロコースト体験をしたユダヤ人を想像力だけで再現する作業をやめるのである。ホロコースト・サバイバーでもない人間が、ましてやユダヤ人でもない人間が、その再現作業を行うことが批判の対象になるのであれば、被害者ユダヤ人の再現をやめ、加害者であるナチス時代のドイツ人を再現するという手法である。現にホロコーストの時期、世界中の非ユダヤ人の大半はそれを「見る側」にいた。つまりある意味「ナチス側」にいたのである。

本作品の監督であるマーク・ハーマンと言えば、監督と脚本の両方に携わるタイプの映画人であり、この『縞模様のパジャマの少年』でも脚色を担当している。先述の通り本作は原作を忠実に生かしており、原作者にこれほど激賞される映画化作品も珍しい。ちなみに、原作者のジョン・ボインはダブリンに生まれたアイルランド人でありユダヤ人ではない。

では作品を考察しよう。『縞模様のパジャマの少年』は第二次世界大戦中のベルリンから始まる。主人公はドイツ人少年のブルーノ。彼の父親はナチスの高級将校で、ある日、ブルーノが学校から帰宅すると父親の転勤が決まり、家は引っ越しの準備に追われている。父親はベルリンを離れた「ある場所」に赴任することになり、ブルーノを含めた家族全員も共にその「ある場所」に同行しなければならない。「ある場所」とはユダヤ人の強制収容所であり、ブルーノの父はそこの所長に就任したのである。強制収容所の周りには当然のことながら学校もなく、ブルーノは同年代の子供と遊ぶ機会を失くしてしまう。寂しい日々を過ごす中、ある日、ブルーノは「決して近寄ってはならない」と命じられた強制収容所（ブルーノは強制収容所に対する知識がないため、それを「農場」と認識している）に近づき、有刺鉄線の向こうに自分と同じ八歳の少年がいるのを発見する。そして、その少年は青と白の「縞模様のパジャマ」を身に付けていた。

タイトルにも入っているこの「縞模様のパジャマ」という言葉は、もちろんブルーノが子供であるがゆえの誤認である。縞模様ではあるが、それは「パジャマ」ではなく囚人服だ。「縞模様のパジャマの少年」の名はシュムエル、父親と共にナチスの強制収容所に入れられている。高圧電流が流れる有刺鉄線の内側のユダヤの少年と外側のドイツの少年、物語はこのナチスの高級将校の息子と強制収容所のユダヤ人の子供の有刺鉄線越しの交流を描く。この友情譚の結末を、ガス室に送られるユダヤの少年とそれを見送るドイツの少年の悲しい別れと予測する人もいるかもしれない。原作が先述したように児童文学であることを考えれば、それが妥当な「教育的結末」である。しかし、物語はそのような想定範囲内には収まらない。物語は彼ら二人の少年を引き裂かない。実はブルーノはシュムエルの行方不明になった父（既にガス室で殺害されている）を探す手伝いをしようと、自ら「縞模様のパジャマ」を着て有刺鉄線の内側に入り込む。しかし、「縞模様のパジャマ」のブルーノはもはやドイツ人の少年ではない。彼は「ユダヤ人の少年」としてシュムエルと共にガス室に連行され、そのまま父（ナチス）の手によって殺される。「縞模様のパジャマの少年」はブルーノをも包含していたのだ。この作品が持つ衝撃はここにある。死から最も遠く離れた空間にいたドイツ人の少年が「縞模様のパジャマ」を着て、有刺鉄線をひとつ越えただけで「ユダヤ人の少年」に置換され、あっという間にガス室に送られる。ブルーノと共に「安全地帯」にいた観客の目は彼と共に「安全地帯」からガス室の暗闇に運ばれる。

特殊な視点は下手をすると現実から遊離した視点に堕しかねない。それ故に、この作品は時に荒唐無稽と評される。そしてその指摘はある意味では当たっている。実際、この映画を否定的に評価する声の中心的なものは、この映画の楽天性である。原作なり映画なり、『縞模様のパジャマの少年』に接した読者や観客であれば誰しもナチスドイツによる強制（絶滅）収容所が、そのように「甘い」ものであるはずがないという疑念を抱くはずだ。確かに、子供とは言えシュムエルとブルーノが、有刺鉄線越しにそう易々と何度も会える可能性は現実的には小さい。だが既に指摘したように、この映画の原作が冒頭で「寓話」と宣言していること考慮すれば、この映画が基本的にリアリティを追求した作品ではないと考えた方が妥当である。実際、監督のハーマンも、収容所のフェンス越しに二人の子供が出会うというのは「かなりあり得ない話」とサラ・ミシェル・フェターズとのインタヴューで語っている。つまり、この作品の「寓話」という形式は、ホロコーストという過去の歴史的悲劇をより印象深く、かつ象徴的な形で若い世代に伝えるために採用された形式と考えるべきであろう。そしてまた、この作品の舞台となっている絶滅収容所はアウシュヴィッツではない。具体的な収容所の名前は作品中、一度も語られないのである。[5]つまり、そこは架空の収容所に過ぎない。しかし、それはナチスの強制収容所が「どこにも存在していなかった」という不在性を意味しているのでなく、むしろその逆の「どこにでも存在していた」偏在性を意味しているように見える。ある意味、抽象化されたナチスドイツの強制収容所の共通モデルと言ってよい。

ブルーノの父親であるナチス将校が架空の人物であることもこの設定を下支えしている。実は彼には名前すら与えられていない。映画のクレジットに出てくるブルーノの父親は、単なる「父」としか表示されないのだ。だが、彼はナチスの軍服に身を包み、ナチスの軍服を来た部下を従えて威圧的に存在している。そして、彼のベルリンの家には「総統」が来る。ホロコースト映画には、ナチスの実在の将校が、固有名詞のまま描かれることが多いが、この作品は意図的にナチス将校の固有名詞を避けている。ここに在るのはナチスの軍服によってのみ表象される「ナチス」という悪の総体である。だからこそ縞模様のパジャマを着た少年シュムエルも、「縞模様のパジャマ」によって表象されるユダヤ人の囚人の代表なのである。ブルーノが「縞模様のパジャマ」を身に着けた途端に「ユダヤ人」になってしまうのは衣服という表層だけが、ナチスの収容所における人間の生死を分ける重大な要因になってしまっているからだ。そこにあるのは表層の差異で認識され機械的に選別される非人間的な世界であり、一旦システマチックに稼働し始めた大量殺戮のシステムが、人間の個別性など無関係に殺し続ける怖さだけである。それは当の機械を動かしている人間にすら止められなくなる。息子ブルーノがガス室に運びこまれるのを阻止できないナチス将校の父が悲嘆と絶望の中、絶叫するのはそれを現している。

縞模様の囚人服というアイテムを子供の無邪気な誤認を通して「縞模様のパジャマ」に変換して利用するアイデアが、この映画の土台の一部を支えているが、それと対比的に描かれているのが先述の通りナチスドイツの軍服であろう。アウシュヴィッツ強制収容所が描かれる時、そこに映る「縞模様の囚人服」は通常、ぼろぼろの囚人服であるが、ナチスドイツの軍服は、それとは対照的に「冷徹で非情な制服」であり、一分の隙もない。このナチスの軍服は、ホロコースト映画はもちろん第二次世界大戦を題材や背景にしたハリウッド映画の中では「悪」の象徴そのものと言っても過言ではない。

例えばユダヤ系のバリー・レヴィンソン監督のボルチモア三部作の一つである『リバティ・ハイツ』(*Liberty Heights*, 1999)は、あるユダヤ人家族の物語だが、主人公の高校生ベン・カーツマンはユダヤ人でありながらハロウィンでの仮装パーティの際、ヒトラーの仮装をする。全身をナチスドイツの軍服で包んだその姿は親友や親を驚愕させる。ユダヤ民族にとって最大の仇敵ともいうべきナチスドイツ、その「悪」の軍服をユダヤ人が着ることへの反発と抵抗が看取できるシーンである。それは決してコミカルにはならないし、ユーモアにも回収できない。ベンにとっては単なる悪ふざけなのだが、ユダヤ人社会に照らせば「悪趣味」というだけでは済まないのである。ユダヤ人にとってナチスの軍服はホロコーストを直接的に想起させるため、未だにブラックジョークにもならないのだ。

もうひとつ例を挙げよう。一九九八年公開の『ゴールデンボーイ』（*Apt Pupil*）では、九〇年代のロスに住む高校生トッド・ボウデンが、ある日、授業でホロコーストを学ぶ。興味を抱いた彼は、元ナチスの親衛隊クルト・ドゥサンダーが一介の住人として近所に潜伏していることを発見し、ドゥサンダーの強制収容所時代の過去を詮索する。次第にトッドの「聴取」はエスカレートしていき、ある時、ドゥサンダーにナチスの軍服を着るよう強要する。レプリカとは言え、それは本物に酷似しており、ドゥサンダーは拒絶するものの、トッドの脅迫に屈しそれを身に着ける。するとドゥサンダーはその軍服によって、まるでその精神の内奥から邪悪な過去が引きずり出されるかのように変貌していく。今までただの弱々しい老人にしか見えなかった男が、突如として冷酷な目をした「ナチスの将校」に戻る。軍服を身に纏うことで外見はもちろん人格にも変化が生じる。軍服がドゥサンダーの人間性を変質させているかのようだ。軍服に限らず一般的に制服は人間の内面に一定の影響を及ぼす。外見上の個性を奪うだけではなく内面の個性も浸食する。ナチスの軍服は人類史上、それが最悪の形で機能した制服と言ってよいだろう。

『ゴールデンボーイ』の原作は、スティーヴン・キングの同名の小説で人間の心の闇に棲む悪を描いた作品であり、ナチスの軍服というアイテムと元ナチス親衛隊将校という設定を使って、ホロコーストの悪夢を現代に蘇らせる。監督は『ユージュアル・サスペクツ』（*The Usual Suspects*, 1995）で知られるブライアン・シンガー、彼自身もやはりユダヤ系であり、ホロコーストに対してはユダヤ人の眼差しを持っている。奇しくも『ディファイアンス』と『縞模様のパジャマの少年』が公開された二〇〇八年、彼もまたナチス軍政権内部で繰り広げられるヒトラーの暗殺計画を描く『ワルキューレ』（*Valkyrie*）を撮っており、ここではナチスの軍服を身に着けた人間同士の暗闘を描く。物語は事実に則し暗殺計画は失敗に終わるが、結果的にはナチス将校による反ヒトラー＝反ナチを描いており、ユダヤ人を使わずにホロコーストの罪科を別の角度から浮き彫りにしている。

一方、『縞模様のパジャマの少年』では、冷酷なナチスの軍人などではなく、無邪気な八歳のドイツ人少年の視線を使ってホロコーストを検証しているとも言える。確かに現実的には「あり得ない視点」ではあるが、ホロコーストという想像を絶するあり得ない現実を捉えるには、リアルな視点よりも「あり得ない視点」での方が逆説的に効果を発揮する。『縞模様のパジャマの少年』はこの逆転の発想を「寓話」という形で消化しているのである。物語の最後、ブルーノはシュムエルと自分を隔てていた有刺鉄線直下の地面をシャベルで掘り収容所内に入り込む。ホロコースト映画に登場する収容所の有刺鉄線は、従来、その内側から外側へ出る「脱出の物語」のために設定された構造物である。しかし、この「寓話」は外側から内側に入り込むことを阻むために有刺鉄線がある。まさに寓話という「裏口」を使って収容所内部に侵入したブルーノは、シュムエルが用意した「縞模様のパジャマ」を身に着けユダヤ人の中に紛れ込む。ここから視点は今までのホロコースト映画にあるようにユダヤ人側に移動する。有刺鉄線ひとつ越えただけの世界ではあるが、そこは別世界でありガス室という死の世界へ通じる門が目前にある。

映画『縞模様パジャマの少年』を巡っての評価は、「絵空事」として一笑に付す向きもあるが、概ね好意的な評価がなされている。児童向けの原作が元になっていることに言及しているものは少なく、児童文学という基準でこの映画を判断することが前提として回避されているようだ。「あり得ない視点」は、荒唐無稽なものとして排除されたというよりもホロコーストをまた別角度から改めて確認する有効な視点として擁護されていると言えよう。

おわりに

二一世紀のホロコースト映画は、『ディファイアンス』や『縞模様のパジャマの少年』のように既視感の無い新しい題材や視点を導入することでホロコーストという負の歴史をユダヤ人にのみ限定するのではなく、人類全体の普遍的主題として扱う方向に移行させようとしているかのようだ。アウシュヴィッツ解放七〇年を経た今日まで、ホロコーストをテーマとした映画は、数多く生み出されてきたし、今後も生み出されていくだろう。そして、映画はそのフィクションという特性を生かして現実をより多角的な視点から見る可能性を模索し続けるだろう。「ホロコーストがなぜ起きたのかを考えるのはユダヤ人のためじゃない」とラビであるケベシュ・シュモローは語っている。ホロコーストを「ユダヤ人」というキーワードとのカップリングで使うという固定観念を捨て、単なる民族的問題から人道的問題として普遍化しようとする動きが加速するのが二一世紀かもしれない。

『映画とホロコースト』の著者アーロン・カーナーの指摘を待つまでもなく、『ディファイアンス』は『出エジプト記』を想起させる。監督であるズウィックも、「家もなく、故郷を求めて砂漠や荒野を流浪するユダヤ人の姿は既に旧約聖書に描かれている」とディアスポラの歴史との共通性を語る。そして「私が興味を抱くのは一九四一年のこの物語が現代の難民問題と重なり共感を呼ぶだけでなく、古代にまで通じるということだ」とこの二一世紀における難民問題との同時代性や歴史性へと更なる視線を向ける。ただ一方、同じ映画の世界で民族的な問題を歴史的な視点で捉えてきたアンジェイ・ワイダ等は、そうした自らのスタンスを意識してか、歴史を政治的に利用することの危険性を常々口にしている。ホロコーストを政治的に利用するユダヤ系の動きもあるが、同時にそうした動きに反発するユダヤ系の人々がいることも忘れてはならないだろう。

註

（1）ビエルスキ兄弟は、トゥヴィア、ズシュ（アレクサンダー）、アザエル、アーロンの四人兄弟だが、末弟のアーロンは当時まだ年少のため「ビエルスキ三兄弟」と呼称からは通常除かれる。

（2）「戦うユダヤ人」のイメージが『ディファイアンス』以前に皆無だったわけではない。例えばポランスキーの『戦場のピアニスト』でもユダヤ人の「戦う」意思が示されるシーンは随所にあるし、実際にドイツ軍相手に戦闘行為を行う場面も（付随的にではあるが）ある。まだユダヤ系の文学作品には「戦うユダヤ人」像を示したものが散見される。

（3）ビエルスキ隊のコミュニティの男女間の様子はネハマ・テックによる原作に詳しい。

（4）特殊な視点の例で言えば、クリス・ジェロルモ監督・脚本による短編映画『ウィットネス』（*TheWitness*, 1992）がある。この作品はナチスの強制収容でユダヤ人に隊列を組ませガス室に「死の行進」をさせることを任務とするひとりの兵士を通してホロコーストを描いているが、収容されているユダヤ人少年の目（視線）が焦点化されている。

（5）原作では“Out-With”と表記された部分が“Auschwitz”を暗示していると思われるが、これはブルーノの聞き間違いとして扱われているようである。邦訳において、この部分は「ここ」や「こんなところ」あるいは「シュウヨウジョ」という表記になっている。

参考資料

［書籍］

Boyarin, Jonathan and Daniel Boyarin. *Powers of Diaspora*. Minneapolis: University of Minnesota Press, 2002.

Boyne, John. *The Boy in the Striped Pajamas*. New York: David Fickling Books, 2006. ジョン・ボイン。『縞模様のパジャマの少年』、千葉茂樹訳、岩波書店、二〇一一年。

Duffy, Peter. *The Bielski Brothers*. New York: Harper Collins Publishers, 2004. ピーター・ダフィ。『ビエルスキ・ブラザーズ』、赤根洋子訳、ソニー・マガジンズ、二〇〇五年。

Epstein, Helen. *Children of the Holocaust: Conversations with Sons and Daughters of Survivors*. New York: Penguin, 1988.

Fetters, Sara Michelle. “About a Boy. Mark Herman and John Boyne on Sewing *Striped Pajamas.*” http://www.moviefreak.com/artman/publish/interviews_boystripedpajamas.shtml

Kerner, Aaron. *Film and the Holocaust*. New York: The Continuum International Publishing Group, 2011.

Scott, A.O. "A Society in the Forest, Banding Together to Escape Persecution." *The New York Times*. December 30, 2008.
Shor, Essie and Andrea Zakin. *Essie: The True Story of a Teenage Fighter in the Bielski Partisans*. Bryn Mawr, PA: Mindfulness, 2009.
Tec, Nechama. *Defiance*. New York: Oxford University Press, 2008. ネハマ・テック。『ディファイアンス』、小松伸子訳、ランダムハウス講談社、二〇〇九年。
Thomas Jr., Robert McG. "Alexander Z. Bielski, 83, a Guerrilla Fighter Who Harried Nazis and Saved Jews, Is Dead." *The New York Times*. August 23, 1995.
喜田尚。「ホロコースト七〇年の欧州で」、『朝日新聞デジタル』、二〇一五年二月一四日。
ヴェルテンシュタイン、ヴァンダ編。『アンジェイ・ワイダ自作を語る』、工藤幸雄監訳、平凡社、二〇〇八年。
カラー、ウォルター編。『ホロコースト大事典』、井上茂子他訳、柏書房、二〇〇三年。
フリードランダー、ソール編。『アウシュヴィッツと表象の限界』、上村忠男・小沢弘明・岩崎稔訳、未来社、一九九四年。
ロイ、サラ。『ホロコーストからガザへ』、岡真理・小田切拓・早尾貴紀編訳、青土社、二〇〇九年。

［DVD・VHS］

シンガー、ブライアン。『ゴールデンボーイ』パイオニアLDC、一九九九年。

ハーマン、マーク。『縞模様のパジャマの少年』ワーナー・ホーム・ビデオ、二〇一二年。

スピルバーグ、スティーヴン。『シンドラーのリスト』ジェネオン・ユニバーサル、二〇一二年。

ポランスキー、ロマン。『戦場のピアニスト』アミューズソフトエンタテイメント、二〇〇三年。

パクラ、アラン・J。『ソフィーの選択』ジェネオン・ユニバーサル、二〇一三年。

ズウィック、エドワード。『ディファイアンス』ポニーキャニオン、二〇〇九年。

チョムスキー・マーヴィン・J。『ホロコースト—戦争と家族』ポニーキャニオン、二〇一〇年。

レヴィンソン、バリー。『リバティ・ハイツ』（VHS）。ワーナー・ホーム・ビデオ、一九九九年。

「国境の南」の物語――「境界線」の映画的表象をめぐって

中尾信一

二〇一三年に合衆国で放映された犯罪ものテレビドラマシリーズの『ザ・ブリッジ―国境に潜む闇―』（*The Bridge*, 2013）は、次のような場面から始まる。ある夜、合衆国とメキシコの国境線をまたぐ橋が、突然の停電によって暗闇に包まれる。照明が回復した時、橋の中央にある国境線上に何者かによって死体が放置されていた。上半身は合衆国側に、下半身はメキシコ側に横たえられていたその女性の遺体は、ちょうど国境線のところで半分に切断されていたことがわかる。さらに検死の結果、上半身と下半身は別々の女性のものであることが判明する。上半身はアメリカ人判事のもので、彼女はメキシコからの移民規制を強化するような保守的な判決を出していた。下半身は行方不明になっていたメキシコ人売春婦だった。その後、同一人物によると思われる連続殺人事件が続き、事件は合衆国側とメキシコ側の警察の合同捜査になる。担当するアメリカ人女性刑事とメキシコ人男性刑事は、性格も捜査の手法も全く対照的だが、お互いの違いを乗り越えて犯人逮捕に向けて尽力する……。

このドラマには、スウェーデンとデンマークの合作による『The Bridge／ブリッジ』（*The Bridge*, 2011）というオリジナル版がある。国境線上にある橋の上で発見された上半身と下半身が切断された女性の遺体、二つの国の対照的な男女の刑事が合同で捜査にあたる、という設定はオリジナル版にも存在しており、合衆国製作のリメイク版はそれを踏襲している。一方で、スウェーデン・デンマーク間の海上にまたがる橋から、合衆国とメキシコの国境を横断する道路へと設定を変更するにあたり、リメイク版の視聴者にとってより身近に感じられるいわゆる「社会問題」が導入されている。たとえば、メキシコから合衆国への移民の問題、拉致や人身売買がからむ買売春、麻薬密輸とそれを取り仕切る犯罪組織の存在、一般の人々の正義を求める善意とそれと対照される警察の汚職、移民規制を強化する立場とより寛容な立場をとろうとするイデオロギー上の差異、富めるアメリカと貧しきメキシコの経済格差、等々。

こうした「リアルな社会問題」をフィクションにおける劇的効果を高めるために物語内部に取り込むという手法は、その歴史においてハリウッド映画が得意としてきたものだ。人種問題・女性差別・同性愛嫌悪・障害者・都市における貧困・麻薬・暴力・犯罪などのテーマや題材は、映画のプロットのためのいわば重要な「資源」として活用されてきたのだ。そのことは、同じ合衆国製作のテレビドラマにもあてはまり、特に九〇年代以降のものに顕著である。たとえば、シカゴを舞台にした『ＥＲ』では、救急医療の現場をリアルに描きながら、貧困・人種・セクシュアリティをめぐる問題が取り上げられる。連続殺人犯による事件を捜査するＦＢＩの「行動分析課」の活躍を描く『クリミナル・マインド』でよく取り上げられる題材は、児童虐待である。さらに、「負け犬」高校生たちが歌によって自分のアイデンティティを見出す『グリー』では、同性愛といじめの問題が取り上げられている。あの『ＣＳＩ』シリーズの元祖であるラスベガス・バージョンでは、シェールガス採掘をめぐる環境汚染の問題を扱ったエピソードもある。断っておかなければならないのは、具体例として示したこれらのドラマは、ことさら「社会問題」を深刻に取り上げてそれを告発するというようなタイプのものではないということだ。医療もの、犯罪捜査もの、青春ドラマと、様々なジャンルにわたってはいるが、基本的にはこれらはいわゆるエンターテインメントとして消費できる範疇にあるものとして製作されている。そうしたテレビドラマですら、物語の重要な要素として「社会問題」を取り上げることが常套化しているというのが現状なのである。

『ザ・ブリッジ』もこうした最近の合衆国テレビドラマの傾向に沿っていると、ひとまずは言うことができる。リメイク版という形を取りながら、そのなかにオリジナル版とは異なる合衆国特有の「社会問題」を忍び込ませ、物語を活性化させるというわけである。しかし、このドラマを「社会問題」を告発する硬派なテレビ番組だと思い込まされてきた視聴者は、シーズン１の終盤でその期待を裏切られることになる。当初この連続殺人犯の犯罪の動機は、合衆国とメキシコとの間に横たわる矛盾・格差・不平等・差別に基づくものであると推測するように仕向けられていた。つまり、視聴者はこの連続殺人が義憤に駆られての犯罪であると思い込んでいたはずである。しかし最終的に明らかになるのは、この犯罪が差別に憤ったメキシコ人によるものではなく、そもそも犯罪を捜査する側にいたアメリカ人によるものだということである。なおかつ、そのアメリカ人は、この連続殺人を捜査している男女二人の刑事のうちのメキシコ人男性の方の知り合いだということが判明する。さらに重要なのは、犯人の動機が「メキシコ人に正義を」という類いのものなどではなく、そのメキシコ人刑事が犯人の妻と浮気をしていたことと、さらにそのことが直接の原因ではないものの、その妻が交通事故で死亡してしまったことに対する個人的な恨みを晴らすというものだったのである。つまり、社会的正義に駆られた犯罪のように見せかけられていたものは、実は全く個人的な動機に基づくものだったのである。

ある犯罪の根底にある原因が、あたかも合衆国とメキシコとの間にある「社会問題」であるかのように示しながら、実際は妻を寝取った男に対する復讐という「個人的問題」でしかなかったということ。物語の中で描かれる「社会問題」とは「見せかけ」にすぎず、その内実はそうした「社会問題」からは遠く離れたところにある「私怨」であったということ。それまでメキシコと合衆国との間の「社会問題」をテーマとしたドラマであると思わされてきた視聴者は、ここで見事にその期待を裏切られることになる。

ただしである。こうした視聴者の期待に対する裏切り、つまりそれ自体物語を推進させるための常套句でもある意外性ですら、いわば「疑似餌」であり、それ自体もまた見せかけとしての働きを持つと言えるのではないか。なぜなら、視聴者に対する裏切りの前提となる見せかけのレベルにおいて、メキシコと合衆国の間に横たわる「社会問題」は、たとえそれが物語が伝えようとした真のテーマではなかったとしても、既に描かれてしまっているのであり、そうした見せかけは犯罪の真の動機が明らかになった後でも決して消えることはないからである。つまり、「社会問題」の暴露もしくはその告発と思えたものが、合衆国のテレビドラマの近年の流行に追随しただけであり、物語において重要となる犯罪の真の動機を隠すための単なる見せかけにすぎないとしても、そうした「社会問題」が存在するという現実は、物語の内部と外部をつうじて澱のように沈殿し続けているのである。

そのことが明らかに思えるのは、次のような事実からである。『ブリッジ』シーズン1の終盤のエピソードにおいて、連続殺人犯の真の動機が明らかになり、続いて当の怨恨の対象であったメキシコ人刑事に対する復讐が果たされる。それは刑事本人を殺害するといった直接的なものではなく、その息子の殺害という手段によってである。つまり、間接的ではあれメキシコ人刑事が原因で起こったと考えられている交通事故によって妻を失った際に犯人自身が感じた喪失感を、メキシコ人刑事にも追体験させるという手の込んだ復讐である。その結果として犯人は逮捕される。

ここまでで全エピソード十三話中十一話である。残りの二話分を使って語られるのは、息子を失って悲嘆にくれるメキシコ人刑事の姿と同時に、シーズン全体をとおしてストーリーの本筋からは離れてはいるものの断片的には触れられていたメキシコで行方不明になった少女のその後である。

彼女はメキシコの人身売買まがいの組織にとらわれていたところをあるアメリカ人男性によって救出され、テキサスにある農場にかくまわれていた。しかしその農場を逃げ出してしまい、再び組織の手に落ちてしまう。そこで明らかになるのは、その組織による拉致にはメキシコ側の警察が関与している、すなわち、警察が犯罪組織そのものと癒着しているということである。十一話で終了してもおかしくなかったにもかかわらず、余分なものがつけたされたような印象を与えるこのようなエピソード展開は、一見奇妙でいびつなものに思える。シーズンの当初で起こった殺人事件が一応の解決を見たにもかかわらず、話はその後もしばらく続き、再びメキシコの「社会問題」が取り上げられるのである。

整理してみよう。『ブリッジ』シーズン1においては、合衆国とメキシコとの「国境線」を舞台にしながら、両国の間に横たわる「社会問題」がその主要なテーマとしてこれ見よがしに取り上げられていた。しかし当初その「社会問題」を告発し、社会的正義を果たすことであるかのように思われていた連続殺人犯の真の動機は、自分の妻と不倫をした相手に対する復讐であるとわかる。それまでの物語展開の予想がくつがえされて結末にたどり着くように思えたとき、再び「社会問題」が浮上してくる。このようなシーズン全体の進展は、放送回数を満たすためのいわばご都合主義的な事情であるといえなくもないのだが、逆にこれが「社会問題」を表象する際に必然的に用いられてしまうある種のレトリックであるとは考えられないであろうか。つまり、「社会的な主題」という問題系を物語化する際に、それを「個人的な問題」にすり替えて表象するのは、ドラマや映画に限らず、物語というジャンル全体に通用する常套的手段であるが、そうしたレトリックは問題解決の手法であるというよりも問題そのものにすぎない。映画的表象において、「社会的な問題」は解消されたと思われた瞬間に、いわば「抑圧されたものの回帰」として再び浮上してくる。この命題を検証するために、もう一つ別のメキシコと合衆国の国境線をめぐる物語、すなわち「国境の南の物語」を取り上げてみよう。

ここでもうひとつ取り上げたいのは、オーソン・ウェルズ監督の『黒い罠』(*Touch of Evil*, 1958)である。この映画もまた「国境線」をめぐる物語として始まる。あの有名なロング・テイクによる冒頭のシーンは、これまでに様々な形で分析が行なわれてきた。それらはおおむね、オーソン・ウェルズの卓越した演出や、それを支える撮影技法の分析に焦点を合わせてきたと言えるだろう(Health, 加藤)。その一方で、この冒頭のシーンが、「国境線」あるいは「境界線」という主題をめぐって、作品全体を統括するような役割を果たしていることはあまり強調されていなかったのではないだろうか。

あらためてその冒頭のシーンを詳述してみよう。合衆国との国境に接したメキシコの街で、ある男が夜の闇に紛れて、乗用車のトランクに時限爆弾をしかける。その車の所有者とおぼしき男と連れの女が、それを知らずに車に乗り込む。国境の検問所に向かう車の移動をカメラはクレーン撮影によって追いかけながら、人でにぎわうその街の様子を映し出す。走る車の動きを強引に遮るようにその前を男女が横切る。男はメキシコ政府の高官マイク（ミゲル）・ヴァルガス、女は彼の妻でアメリカ人のスーザンである。結婚したばかりの仲睦まじい二人は、歩いて税関を通り抜け、合衆国側へ買い物に行く途中だ。先ほどの男女が乗った車が歩いているヴァルガスとスーザンに追いつき、四人はほぼ同時に国境を越える。車に乗った女性は車から何か変な音（時限爆弾のチクタクという音）が聞こえると訴えている。税関を通り抜けたヴァルガスとスーザンは、メキシコ側でそうしてはいけないと誰かに命じられたわけでもないのに、わざわざ合衆国側にたどり着くまで我慢していたとでもいうかのように、情熱的なキスを交わす。その瞬間に車は大爆発を起こす。

このロング・テイクによる冒頭のシーンによって、物語の主要人物が紹介されるとともに、事件の発端が導入される。そこではもちろん、オーソン・ウェルズの演出とラッセル・メティのカメラワークが、伝えられるべき物語内容から大きく横滑りし、それ自体に観客の意識が向けられるように意図されており、私たちをある種のショック状態におちいらせてしまうことは間違いない。しかしそのことと同程度に、このシーンは「境界線」をめぐるこの物語全体の主題を集約的に表現してもいるのである。すなわち「国境線」を越えるという行為は、それ自体でスキャンダラスな何かであり、事件を勃発させ、物語を駆動させ、登場人物たちを否応ない行動へと追いやっていく。あたかもそれは、「国境線」というそれ自体は不可視のものを通り抜けるとき、通常ではありえないような摩擦抵抗を引き起こしてしまうとでもいうかのようである。この映画において、なぜ「国境線」はかくも特別な力を持ちうるのか。それは、「国境線」に関する映画独自の表象というものがあるからなのか。仮にそういうものが存在するとすれば、それは映画の中の政治とどのような関係を持ちうるのか。あるいは、映画を政治化するためにどのような役割を果たすのだろうか。

話を『黒い罠』の冒頭部分に戻そう。「国境線」を二組の男女が通過するとき、あたかもその行為自体が何らかの秩序への侵犯であり、それに対する処罰を物語自体が要求しているかのように、自動車爆破事件が起こる。それによって一組の男女は死亡し、もう一組は否応なしに事件に巻き込まれることになる。ここで後者のヴァルガスとスーザンの新婚夫妻は、比喩的な意味でも「国境線＝境界線」を越えていることに注目しておこう。すなわち、メキシコ人男性とアメリカ人女性の国際結婚は、それ自体国境をまたぐものであり、二人の物理的な意味での「国境越え」(＝合衆国側への移動）は、こうした象徴的な意味での「国境侵犯」を視覚的に表現したものだと言える。「境界線」を二重の意味で越えようとした二人が、事件に関わり、物語を動かしていくというわけである。

こうした「境界侵犯」は、それ自体への反作用を引き起こし、登場人物を苦境へと追い込むことになるのだが、ここではその侵犯行為そのものが、そこに「境界線」が存在していることをわれわれに意識させてしまうものであるということに注目しておこう。普段は不可視であるはずの「境界線」がそこに存在していたことに気づかされてしまうということ。いわば、見えていなかったものが見えてしまうこと。ここで私たちは、「境界線」の起源とその根拠をめぐる思考へと誘われていくことになる。

その誘惑に従って、この映画のなかで様々なヴァリエーションで変奏されていく他の「境界線」

を取り上げてみよう。自動車爆破事件の後、合衆国側での捜査権を公式には持たないヴァルガスは、アメリカ側主導で行なわれるその事件の捜査に「協力」する。その捜査を取り仕切るのが、オーソン・ウェルズが演じるハンク・クインラン刑事である。卓越した捜査能力を持っていると評価されているこの刑事は、しかしながらメキシコとメキシコ人に対する強烈な偏見を抱いている人物として描かれている。相手を威圧するような彼の巨大な体軀によって視覚的に示されている傲慢さと不遜が、メキシコ人であるヴァルガスに向けられるとき、それは人種差別的といってもいいほどの侮蔑的な態度に見えてしまう。彼にとってのメキシコとは、犯罪という厄介事を自分たちにもたらす邪悪な存在であり排除すべきものとして認識されているのだ。つまり、メキシコとは文字通り「国境線」という「境界線」の向こう側へと押しとどめておくべきものであり、その「境界線」はクインランにとって揺るぐことのない不変なものとして存在している。言い換えれば、彼の犯罪捜査行為は、こうした「境界線」を自明かつ普遍的なものとして維持し続けることにあると言えるだろう。この「境界線」を普遍化しようとする行為の別名は「秩序維持」である。犯罪を捜査し、その犯人を逮捕することは、しばしば乱調をきたすこともある「秩序」を元の形に修復するということでもあるが、クインラン刑事にとって、そのことは何よりも「境界線」を維持すること、そこから向こうへ渡ることも、向こうからこちら側へ越えてくることも阻止することに集約的に表現されるといってよいだろう。したがって、メキシコ側からやってきた車が合衆国側で爆発することで事件が発生することにも、メキシコ側からやってきた政府高官のヴァルガスが捜査に口を出すことにも、我慢ならない。「国境線」など存在しないかのようにメキシコと合衆国の間を自由に行き来し、人種や民族の壁など存在しないかのようにアメリカ人女性を妻としているヴァルガス。それとは際立った対照性を示しているクインランの「境界線」に対する偏執ぶり。この両者は、協力して行わなければならない犯罪捜査においても、その手法についても、さらには、人種や民族に関するイデオロギーにおいても、ことごとく対立しいがみ合う関係にあるのである。

「境界線」をかたくなに維持しようとするクインランと「境界線」の両側にあるものの間の差異を無意味化してしまうヴァルガス。とりあえずそれぞれを「差異の普遍化」と「差異の差異化」と呼んでおこう。この両者の対立は、事件の捜査をつうじて持続しているものであり、物語全編に通底する構造であると言える。そうした基本的な対立軸を前提としながら、他方では「境界線」の主題が、文字通りの国境線から人種・民族の間で際立たせられる「差異」へと、様々に変奏されていく。そのもう一つのヴァージョンを見てみよう。

ここで重要な役割を果たすのが、ヴァルガスの妻のスーザンである。アメリカ人である彼女は、既に夫ヴァルガスとの国籍・民族おける差異という点から、「境界線」の存在を、否定的な意味において、すなわち無意味化する方向において、意識させる立場に立っていた。さらに彼女は、ジェンダーの観点からもさらなる「境界線」の主題を物語に招き寄せる存在にもなっている。詳しく見てみよう。

夫ヴァルガスが自動車爆破事件の捜査に協力する間、スーザンは一度越えたはずの「国境」を逆戻りし、もう一度メキシコ側に戻る。そこで彼女は、夫がその捜査と起訴に関わっていたメキシコ人の犯罪者集団（グランディ一味）によって、脅迫といやがらせを受ける。既に身内が逮捕され、その裁判を間近に控えているギャングたちが、直接ヴァルガスにではなく、その妻のスーザンに脅威を与えることで、間接的に妨害行為を行なうというのがその動機である。たとえば、強制的には見えないような巧妙なやり口で、スーザンがグランディ一味のボスに面会させられたり、スーザンが滞在しているホテルで彼女が着替えようとしているところを、外から照明を当てられて、のぞかれてしまう、といったことなどである。身の危険を感じたスーザンは、再びアメリカ側に渡り、町はずれの小さなモーテルに一時的に避難する。しかし、そこにもグランディの手下たちが忍び込み、結果的に拉致されてしまう。

ここで見られるのは、「メキシコ人男性たち」の脅威にさらされる「アメリカ人女性」という図式である。「メキシコ」との対比において、「合衆国」は相対的に優位な立場にあるだろうというステレオタイプな想定は、ここでは逆転してしまっているように見える。そうした反転を正当化するために導入されているのが、「人種・民族」とは別の「ジェンダー」をめぐるもう一つのステレオタイプなのである。すなわち、「メキシコ」と「合衆国」に関わる「境界線」の上に、「男性」の脅威にさらされる「女性」という図式を重ね合わせることで、前者の力関係に変調を生じさせようとしている。この変調によって、「メキシコ」と「合衆国」との対比は、力を持った「加害者」と脆弱な「被害者」という図式へとずらされていくように見える。しかし、この物語がメキシコ人であるヴァルガスを善人として設定しているにもかかわらず、全体としては「合衆国」側の視点から語られていることに注目すると、その被害者性からイメージされる脆弱さそのものに、逆にある種の力を帯びさせようとしていることに気づくだろう。つまり、「合衆国」を「被害者＝犠牲者」に仕立て上げることで、「合衆国」をそうした立場に追い立てる原因となっている「メキシコ＝加害者」の行為に対する断罪を正当化しうるような力が生じているのである。

いずれにしてもここで重要なのは、「人種・民族」の差異の上に「ジェンダー」の差異が重ね合わされているという点である。それぞれのカテゴリーにおいて、「メキシコ」と「合衆国」、「男性性」と「女性性」の間に、ある意味では恣意的に「境界線」が引かれている。そうした「境界線」は一見妥当性を持ち、自明かつ自然なものに見えるかもしれない。しかしそれを根拠づけるものがきわめて脆弱であることは、この物語そのものによって既に明示されている。それが、ヴァルガスが体現する「境界線」の無意味化または恣意性である。ヴァルガスの存在自体が、「境界線」自体を自由に飛び越え、そんなものなど決して目には見えはしないことを強調しようとしている。しかし、単独では脆弱なものでしかない「境界線」は、それが二重化することによって、つまり、二つの対立が自然な形で重なり合うように見えることで、その「境界線」自体が固定化され、普遍化されていく。

クインランとヴァルガスとの対立は、「差異の普遍化」と「差異の差異化」であると述べておいた。それは「境界線」が根拠づけられていく過程とそれが無意味化していく過程とのせめぎ合いとして表象される。それによって私たちは、実体としての「境界線」というよりも、「境界線」が物語においてあるいは映画的表象において果たしている重要な機能に、それがどのようなものであれ間違いなくそこで稼働しているはずの機能に、注目せざるを得なくなる。とすれば問われなければならないのは、表象の焦点になるのが、なぜ「境界線」でなければならないのか、という点になるはずである。最後にその点を、さらなる「境界線」のヴァリエーションを取り上げることで考えてみよう。

「境界線」を明確にすることで法と秩序を維持しようとする刑事のクインラン。具体的にそれは、合衆国とメキシコとの「境界線」を横断＝侵犯すべからざるものとして普遍化＝自然化するという姿勢に見られることを確認しておいた。彼のメキシコ（人）に対する妄執的ともいえる偏見や差別も、そうした「境界線」に対する意識から生まれていると言ってもいいだろう。また、法と秩序を維持するという立場に立つ彼からすれば、そうした「境界線」は同様に、正義と悪との間にも明確な形で引かれなければならないはずである。彼の捜査能力と犯罪検挙率の高さは、そうした線引きに基づいて、彼が正義の側に立つ人物であることを証明しているように思える。ところが、自動車爆破事件の捜査の過程でも明らかになるように、彼の捜査手法は、決して正義という大義名分からは正当化できない種類のものであることが明らかになる。

具体的にはこういうことだ。クインランが有力な容疑者であるとにらんでいたのは、爆破で死亡した男の娘の恋人（メキシコ人）だった。彼がその娘との交際を父親に反対されていたということ、また父親の財産をねらっていたというのがその動機である。そしてクインランは、そのような推測を正当化するために、過去にも行なってきたように、そのメキシコ人の男を犯人に仕立て上げるための偽の証拠をでっちあげる。

この場面もまた、冒頭のシーンと同様に五分以上にも及ぶロング・テイクによって描かれている。クインランはヴァルガスとともに、容疑者の男が住む場所を訪れ、家宅捜索を行なう。クインランはバスルームに姿を消し、再び部屋に戻ってくる。その後同僚の刑事がバスルームを調べると、爆破に使われたものの残りとおぼしきダイナマイトが見つかる。男は逮捕され、連行される。ヴァルガスは、すぐにそれが証拠のでっち上げだと気づく。この場面においてクインランは、いわば正義と悪との「境界線」を何の苦もなく越えているわけだが、映像はそうした「境界線」など初めから存在していなかったとでも言うかのように、カット割りのないロング・テイクで、つまりショットとショットの間の「境界線」ともいうべきつなぎ目がない形で、その場面を描いている。

「メキシコ」と「合衆国」との「境界線」同様、正義と悪との「境界線」に固執していたはずのクインランは、それを自ら侵犯してしまう。それが単なる偶発的な出来事ではないことは、おそらく過去の事件においても同様に証拠のでっち上げを行なっていたとほのめかされることからも明らかだ。さらに、自動車爆破事件の真犯人が、証拠のねつ造にもかかわらず、最初にクインランがにらんでいたとおり、実際にあのメキシコ人であったというアイロニーは、「境界線」をめぐるクインランの両義的で決定不能な態度にふさわしい物語の結末であると言えるだろう。

クインランの行動においては、この「境界線」への固執とその無意味化が、一見何の矛盾もなく起きてしまっている。クインランの行為は、「境界線」の死守、その両側にあるものの差異を絶対化し、普遍化するために捧げられているといっても言いだろう。しかし、そうした「境界線」に固執する態度は、それ自体で「境界線」の存在自体の恣意性を、その根拠のなさを、その歴史性を、露呈してしまうことになるのである。

ここまで、『黒い罠』において「境界線」という主題が様々に変奏されていく様子を見てきた。それらは、メキシコと合衆国との「国境線」の問題から始まり、人種と民族性にまつわるステレオタイプ、ジェンダーをめぐる力関係、そして正義と悪の両義性に至るまで、両国間の様々な軋轢、すなわち物語の重要な資源としての「社会問題」に関わるものだった。「境界線」という映画的表象は、その異なる「社会問題」同士を、軽快にかつ飄々として、つなぎ合わせる役割を担っているように思える。あたかもそうした「社会問題」間には「境界」など存在しないかのように。つまり、「境界線」は、「社会問題」をこれ見よがしに表象すると同時に、その一方で「境界線」自体の存在を誇示している。しかしそうした誇示は、「境界線」の根拠の正当性に基づくものではない。これまで見てきたように、物語あるいは映画的表象における「境界線」の存在は、それが引かれた途端にその根拠を失ってしまう。そしてその根拠の喪失と同時に、それまで「境界線」の力があってこそその姿が明らかにされていた従属的な表象の対象でしかなかった「社会問題」は、ここで再び私たちの視界に浮上し重要性を帯び始める。すなわち、「境界線」によって発見されていたと同時に、その「境界線」を主題化するための媒介物だった「社会問題」は、「境界線」という映画的表象の無意識として存在していたことになる。にもかかわらず、真の「問題」は、その「社会問題」という題材というよりも、その「境界線」そのものだと言わざるをえない。その正当性と根拠が常に問われ続けていくのが、この「境界線」だからである。したがって、物語の、そして映画的表象の様々な契機において、「境界線」が引かれ、その存在が問題となり、可視化と不可視化の間を揺らぎ続けるということは、避けることができない事態であると言えるだろう。つまり、物語が物語として成立するための条件として、常に「境界線」は必要とされている。にもかかわらず「境界線」を引くことは、それがその行為に定められた運命であるかのように、永遠に失敗をし続ける。

参考資料

［書籍］

Comito, Terry. "*Touch of Evil*." in Ronald Gottesman, ed., *Touch of Evil*. Englewood Cliffs, New Jersey: Prentice-Hall, 1976. 157-163.

Heath, Stephen. "Film and System: Terms of Analysis" in Terry Comito, ed., *Touch of Evil*. New Brunswick, New Jersey: Rutgers University Press, 1984. 259-274.

Naremore, James. *The Magic World of Orson Welles*, new and revised edition. Dallas: Southern Methodist University Press,

1989.
加藤幹郎。『鏡の迷路—映画分類学序説』みすず書房、一九九三年。
山本純一。『メキシコから世界が見える』集英社新書、二〇〇四年。

【DVD・VHS】

ウェルズ、オーソン。『黒い罠』（VHS）。CIC・ビクター・ビデオ、一九九五年。
スティーム、メレディス、エルウッド・リード（企画・製作）。『ザ・ブリッジ—国境に潜む闇—』シーズン1（日本版）。エスピーオー、二〇一四年。
ローゼンフェルト、ハンス（企画・脚本）。『The Bridge／ブリッジ』シーズン1（日本版）。アルバトロス、二〇一四年。

色を纏ったミュージカル『ウエスト・サイド物語』

松崎　博

『ウエスト・サイド物語』をめぐる誤解

ハリウッドが制作してきた多くのミュージカル映画のなかで、アカデミー賞一〇部門受賞作『ウエスト・サイド物語』（*West Side Story*, 1961）は、間違いなく、もっとも成功を収めた作品の一つである。このミュージカルを多角的に検討し、エリザベス・A・ウェルズが上梓した研究書がある。そのなかには「日本のウエスト・サイド」と名付けられた本作関連の項目が含まれている。日本におけるこのミュージカル映画の受容が他国にもまして際立っていた証である。

映画『ウエスト・サイド物語』は、アメリカから遅れること約二か月、一九六一年一二月二三日に日本で初公開された。封切館の丸の内ピカデリーでは、それ以降、一九六三年の五月半ばまで、空前のロングラン興行が続けられたのである。映画版のこのような目覚ましい成功を受け、一九六四年一一月九日から年末にかけて東京の日生劇場を会場に、オリジナルの舞台版『ウエスト・サイド物語』が上演された。アメリカのカンパニーによる、ブロードウェイ・ミュージカルの日本初の公演である。この公演には映画版のキャストが数名参加し、『ウエスト・サイド物語』の原案者であり、本作の振り付けを担当したジェローム・ロビンズもリハーサル監修のために来日している。

重要な役どころであるアニタを映画版で演じたリタ・モレノは、日生劇場での公演メンバーには含まれていないが、映画のプロモーションのため、一九六二年一〇月に日本を訪れている。そして、アメリカに帰国後、ロサンゼルスの新聞に、日本の観客は作品の背景や人種の差異が理解できず、『ウエスト・サイド物語』を「若い二人の願望にもとづく旋律に溢れたミュージカル」と見なしていると語った（Acevedo-Muñoz 137-38）。彼女の来日から半世紀以上の時が流れ、この作品の上演・上映が幾度となく繰り返されてきたが、本作の背景などについて、日本の観客の理解がどれくらい進んだのかは疑問が残る。

『ウエスト・サイド物語』は、シェイクスピアの『ロミオとジュリエット』を下敷きとし、イタリアのヴェローナの二つの旧家の反目が、ニューヨークの若者のギャング団の縄張り争いへと設定の変更がなされている。日本における本作の背景についての理解が進んでいないことを示す一例が、二つのギャング団の紹介のされ方に見て取れる。ギャングの一つは「シャーク団」と呼ばれるプエルトリコ系のグループである。こちらの紹介には差異がない。一方、もう一つの「ジェット団」の紹介にはばらつきがあり、認識上の誤解もある。たとえば少し古いものだが、二〇〇二年に出版されたミュージカルのある手引書では、「イタリア系の不良グループ」という紹介がなされている。現在でも、しばしば目にする誤りである。映画の劇場用パンフレットなどが、同様の紹介をしてきたこともあり、そのように思いこんでいる人々が少なくない。後述するように、これら二つのギャング団の設定が作品の内容と密接に関係していることを考えるなら、このような誤認は作品を鑑賞する上で好ましいとは言えない。

ダイナミックなダンスと美しく多彩な音楽が、『ウエスト・サイド物語』のすべてではない。この作品には、読解に値する「物語」もある。日生劇場での公演のプログラムに、『ウエスト・サイド物語』の舞台版台本を担当したアーサー・ロレンツは、「舞台はその時代を反映するべきもので、ミュージカル・プレイが、その軽薄な例外となるべきではない」という言葉を寄せている。彼のこのような言葉を実証するように、『ウエスト・サイド物語』には舞台版、そして、それをもとにした映画版の作られた時代が色濃く刻印されている。この小論では、二つの『ウエスト・サイド物語』が制作された一九五〇年代半ばから六〇年代初めのアメリカ社会の動きを念頭に、高名なダンスや音楽に比して看過されがちな、このミュージカルの「物語」の背景を再検討してみたい。

ユダヤ人からチカノ、そしてプエルトリコ人へ

原案者のロビンズによれば、『ロミオとジュリエット』のロミオの演じ方について、一人の友人から相談を受けたことが『ウエスト・サイド物語』のすべての始まりであった（Guernsey 40）。一九四九年のことである。ロビンズは自問し、あるアイディアがひらめく。それは舞台を現代に置き換えることで、ロミオ役が活きるというものだ。そして、現代版『ロミオとジュリエット』の着想を得た彼は、同年代のロレンツやレナード・バーンスタインに声をかけ、『ウエスト・サイド物語』の制作が始まったとされる。また、ロビンズに相談をもちかけたのは、セオドア・ドライサーの『アメリカの悲劇』（*An American Tragedy*）を原作とする映画『陽の当たる場所』（*A Place in the Sun,* 1951）に、エリザベス・テイラーと共に出演していたモンゴメリー・クリフトのようだ（Wells 29）。彼は一時期、ロビンズと極めて親密な関係にあった。

現代版『ロミオとジュリエット』という着想から始まった『ウエスト・サイド物語』の初期の設定は、後の完成版とは大きく異なっていた。それは、復活祭と過ぎ越しの祭の頃、すなわち早春のマンハッタンの移民街を舞台に、カトリックとユダヤ教徒の対立を描くものであった。アイディアは得たものの、ロビンズ、ロレンツそしてバーンスタインは各自の仕事に忙殺され、新しいミュージカルの制作は遅々として進まなかった。それが大きく前進したのは一九五五年の夏である。初め

の計画では、バーンスタインが作曲に加え、歌詞も担当することになっていた。しかし、彼に課せられた負担の大きさを考慮し、三人よりも一回り若いスティーヴン・ソンドハイムが作詞者として制作メンバーに加わった。同年一〇月のことである。

『ウエスト・サイド物語』日誌からの抜粋」（"Excerpts from a *West Side Story* Log"）と称する、このミュージカルの制作過程の紹介において、しばしば言及されるバーンスタインが書いた文章がある。この「日誌」は、一九五七年九月二六日のブロードウェイ初演の際、劇場で観客に手渡される『プレイビル』（*Playbill*）に掲載され、その後、『ファインディングス』（*Findings*）と題されたバーンスタインの文章を集めた書籍などに再録された。「日誌」とはいうものの、この文章が実際に書かれたのは、ブロードウェイ初演の開幕を控えた一九五七年九月一八日であることが現在では判明している（Simeone［2009］17）。

この「日誌」によれば、一九五五年八月二五日、それぞれの映画と演奏会の仕事で、ロサンゼルスに滞在中だったロレンツとバーンスタインが、ビヴァリー・ヒルズのとあるホテルのプールサイドで長時間話し合いをもった。そして、同趣の先行作品の存在もあり、新鮮味が失せたカトリック対ユダヤという設定を捨て、新たに「好戦的なプエルトリコ人」と「自称アメリカ人」、この二つの一〇代のギャング集団を扱う案を彼らは思いついたという（Bernstein［1982］144-47）。ロサンゼルスでのバーンスタインとロレンツの話し合いについては、後者が自身の回想録のなかで、もう少し詳しくその内容を語っている（Laurents［2000］338）。

彼らはいきなり、「プエルトリコ人」と「自称アメリカ人」の二つのグループの対立を思いついたわけではない。二人はチカノと称されるメキシコ系アメリカ人の少年ギャングたちの暴動事件を伝える地元の新聞記事を目にして、ラテン系の少年ギャングを扱うことをまず思いついたらしい。しかし、台本担当のロレンツは、チカノについてはまったく不案内であった。そこで、メキシコ系アメリカ人の代わりとなったのが、同じラテン系のプエルトリコ人だったのである。

第二次世界大戦後、豊かさを求めてプエルトリコからアメリカ本土への移住者が急増し、ロレンツの暮らすニューヨークで非常に目につく存在となっていた。終戦からの一〇年間、毎年およそ五万のプエルトリコ人がアメリカ本土に流入し、その多くがニューヨークに定住した。一九五〇年には、プエルトリコからの移住者の実に八五パーセント、『ウエスト・サイド物語』が初演された一九五七年には、その割合は低下してはいるものの、それでも、六五パーセントがニューヨークに住みついた（Wakefield 26）。

日生劇場の『ウエスト・サイド物語』の公演プログラムに掲載されている作品紹介には、「このミュージカルはプエルトリコの若者のグループ『シャーク団』とアメリカ人のグループ『ジェット団』が縄張り争いでいがみ合っているところから始まる」との記述がある。このような文章を目にすれば、『ウエスト・サイド物語』がアメリカ人と外国人の若者グループの対立を扱ったミュージカルであると思い込んでしまうだろう。しかし、プエルトリコはアメリカの自治領であり、一九一七年から、その市民権を与えられているプエルトリコ出身者も、れっきとしたアメリカ人なのである。

「漂白」されたジェット団

『ウエスト・サイド物語』は、多様な「アメリカ人」たちが織りなす音楽劇である。ロレンツは『ウエスト・サイド物語』の舞台版の台本冒頭で、ジェット団の設定を示しているが、彼のこだわりを感じさせる表現がなされている。それは、「いわゆるアメリカ人の寄せ集め（an anthology of what is called "American"）」というものだ（Laurents［1958］3）。ジェット団は「イタリア系」の不良少年たちのグループではないのである。

ジェット団は、どのような「アメリカ人の寄せ集め」なのか。出自がはっきりしているのはトニーだけである。シャーク団のメンバーが彼を"Polack"と呼ぶことから、ポーランド系であることがわかる。そして、このジェット団にはポーランド系のトニーの他に、イタリア系とアイルランド系のメンバーも含まれていることが台本から推測できる。二つのグループが決闘についての取り決めをする場面で、シャーク団のメンバーがジェット団に対して、"Wop"（イタリア人）や"Micks"（アイルランド人）などの言葉を投げつけるからである（Laurents［1958］66）。台本には、ジェット団の構成員の民族的背景を特定する記述が見られない。それゆえ、これらが具体的に誰に向けられた言葉なのかは不明である。また、このグループにポーランド系、イタリア系、そしてアイルランド系以外のメンバーが含まれているかどうかもわからない。

制作の初期段階では、トニーはトニオと呼ばれ、イタリア系の設定であったことが草稿からわかっている。シャーク団のベルナルドが、トニオを"Wop"と呼ぶ場面もあったそうだ（Hoffman 98）。では、イタリア系からポーランド系への変更を促したものは何か。それは「色」であった。この変更についての手がかりを与えてくれるのは、未刊行のロビンズ宛のロレンツの書簡である。そのなかで、ロレンツは親しくしていたバレエ・ダンサーのノラ・ケイから、プエルトリコ人との色彩の対比を考慮して、トニオはイタリア系ではなく、アイルランド系かアングロサクソンにするべきだと言われたと述べている。そして、ケイからこのような助言を受けたロレンツは、トニオの設定をブロンドのポーランド系に変更し、合わせて名前も変えることをロビンズに提案した（Hoffman 97）。

ソンドハイムも、プエルトリコ人との違いを、はっきりとつけるために、トニーをブロンドのポーランド系のカトリックにする計画があったと述べている（Sondheim 37）。ここでのポイントは、やはりブロンドということだろう。実際、ブロードウェイ初演のトニー役を務めたラリー・カートによると、バーンスタインはオーディションにおいて、「六フィートでブロンドのポーランド系テノール」を探していたらしい。しかし、結局、役を射止めたカートは、これらの条件のいずれにも該当しない「身長五フィート一一インチで黒髪、ユダヤ系のバリトン」であったのだが（Garebian 108）。

舞台版『ウエスト・サイド物語』は、ジェット団とシャーク団の色彩の対比に注意を払い制作された。有名な体育館でのダンスの場面にロレンツが付した「二つのギャングの境界線は、彼らが纏っている色によって明確に示される」というト書きからも、それは明らかである（Laurents［1958］28）。本作の研究書などに掲載されているモノクロの舞台写真からは、ト書きに指示された両者の対比を窺い知ることは難しい。しかし、ロレンツのト書きをアーネスト・レーマンによる映画用台本がそのまま引き継ぎ、映画版『ウエスト・サイド物語』は、この二つのグループの色彩的な違いを舞台版以上に鮮明にし、映像という形でそのイメージを固定化することになった[1]（Lehman 27）。

役者たちが「纏っている色」は、衣装だけの問題ではなかった。映画版ではジェット団に属する役者は髪染めを使い、シャーク団のメンバーは過剰なまでに顔を黒く塗った。映像の解像度が改善されたブルーレイ・ディスクで見ると、映画版の登場人物の色彩面でのわざとらしさが以前にもまして目につく。この映画には、シャーク団の周りに侍る端役のフランシスカに日系の女性がキャスティングされている。ジョアンヌ・ミヤという名前でクレジットされているノブコ・ミヤモトである。彼女によると、顔にメイクをほどこすことはできても、当時はまだカラー・コンタクトレンズが出回る前で、瞳の色は変更不可能であったために、それを基準にブラウンはシャーク団、ブルーはジェット団というように、ギャングの構成員の振り分けがなされたそうだ。そして、ブラウンの瞳の日系のミヤモトは、アフリカ系のレナ・ホーンを手本にした黒塗りメイクを施してプエルトリコ人のグループの一員となった（Miyamoto 226）。

映画版『ウエスト・サイド物語』では、舞台版以上に「アメリカ人」と白色との結びつきに対する執着が見られる。ロレンツのジェット団の設定は「いわゆるアメリカ人の寄せ集め」であったが、レーマンによる映画版の台本では「ジェット団と呼ばれる白人の一〇代のギャング（a white teen-age gang called the Jets）」とそれが書き改められ、「白い」グループとしてのジェット団の性格が明確にされている（Lehman 2）。舞台版の製作者たちは、舞台裏でトニーをイタリア系からポーランド系に変更することで、ジェット団の設立者を、いわば「漂白」する操作を行った。一方、映画の製作者たちはジェット団を「白人」のグループと明確に規定し、「アメリカ人」と白色との結びつきを視覚、そして台詞の面で強化しようとする。そのような企てが、「アメリカ」（"America"）という本作の人気ナンバーにおいて顕在化している。

「アメリカ」は、『ウエスト・サイド物語』が映画化される際に設定が変更され、舞台版の歌詞を担当したソンドハイム自身によって、歌詞も全面的に書き換えられた。舞台版のこの楽曲は、シャーク団の女性たちだけで歌われる。この版では、ホームシック気味のロザリアが故郷を懐かしみ、アニタを中心とする他の女性たちは、プエルトリコの後進性を皮肉り、アメリカを賛美する。一方、映画版ではアニタたち女性グループと、ベルナルドを中心とする男性たちの掛け合いで曲が進む。歌詞に関しては、こちらもアニタら女性たちが、アメリカを賛美するというパターンは変わらないが、そのような、いわばアメリカかぶれの彼女たちに対して、男性陣が後発の移住者であるプエルトリコ人たちが直面しているアメリカ社会の厳しい現実をつきつけるという構成になっている。

映画版の「アメリカ」において、特に注目すべき点は、女性たちが「アメリカの生活はなんでも素晴らしい！」と歌うと、男性たちが「もしお前たちが白人ならば！」と返す部分であろう（Lehman 42）。舞台版とは違い、移民たちが求めるアメリカの自由や豊かさを享受するための必要条件、すなわち肌の白さが、ここではっきりと示されるのである。この二つの「アメリカ」のヴァージョンの間には、パフォーマンスの形態や歌詞だけではなく、その直前に置かれた台詞にも相違がある。そして、映画版は舞台版にはない、肌の色とアメリカ社会との関連を考える上で見逃すことができない言い回しを含んでいる。

舞台版では「トニーの母親はポーランド人、父親はいまだ夜学通い。トニーはアメリカ生まれ、だからあいつはアメリカ人」と、アニタとベルナルドがわざとらしいプエルトリコなまりの英語で声を合わせ、その後アニタが「でも私たちは？　よそ者さ！」と締め括る。そして、この彼女の発言に対して、シャーク団の二人が「シラミ！」と応じ、そこに再びアニタも加わり、「ゴキブリ！」とアメリカ社会における自らの周縁的な位置を自虐的に述べるという流れになっている（Laurents［1958］48）。トニーもアニタたちプエルトリコ人も、生まれながらにアメリカの市民権を持ちながら、前者は「アメリカ人」として扱われ、後者は「よそ者」としか扱われない。舞台版の台詞は、このようなアメリカにおける移民の扱いの格差の原因を、出生地の違いに帰す。一方、映画版は舞台版の台詞に変更を加えて、「アメリカ人」になることを望む者が、その社会に受け入れられるためには、出生地の問題以前にクリアしなければならない条件があることを示唆する。

映画版では、アニタとベルナルドが共に「あんたの母親がポーランド人、あんたの父親がスウェーデン人」と声を合わせた後、アニタが「でも、あんたはここで生まれた。必要なのはそれだけ。あんたはアメリカ人てわけさ。でも私たちは？　よそ者さ！」と続け、「シラミ！」「ゴキブリ！」という声が周囲からあがる。(2) 舞台版と映画版の台詞の違いは二点、話題を一般化するためになされた主語の固有名詞から代名詞への変更と、父親の出自の追加である。ここで注目すべきは後者だ。この情報の追加は、舞台版で強調されている出生地の重要性に加えて、移民の出自とアメリカ社会との関係にも我々の目を向けさせる働きをする。しかし、なぜここでスウェーデン人が持ち出されているのか。おそらくそこに、肌の色の問題が関わっている。というのは、ポーランド人とスウェーデン人という北欧系を結びつけることで、その「白さ」が一層強調されるからである。

『ウエスト・サイド物語』が初演された一九五七年出版の『アメリカ生活における人種と国民性』(*Race and Nationality in American Life*)のなかで、移民研究で高名なオスカー・ハンドリンは、アメリカ政府がその作成に関わった『人種・民族辞典』(*Dictionary of Races or Peoples*)から、原文の一節に彼自身の補足を加えた「ポーランド人は、ロシア人よりも色白で、ヨーロッパの北方の人種に近い」という引用をしている(Handlin 85)。ハンドリンが書き足したのは「ロシア人よりも色白で」という部分である。この補足は、ポーランド人と北欧系の近接性において、彼が強調したかったのが、両者に共通する肌の白さであることを示している。

映画版でアニタらが自嘲気味に口にする、ポーランドとスウェーデンという出自の組み合わせ。それは、「よそ者」である移民が、「アメリカ人」として社会に受け入れられるためには、出生地だけではなく、その前提として白い肌が重要な意味をもつことを、男たちに言明される前に、アニタが認識していることを示す。そして、白い肌をもたぬアニタは、楽曲「アメリカ」のなかで、このようなアメリカにおける肌の色をめぐる現実を振り払うかのように、矢継ぎ早にこの国を賛美する言葉を繰り出し、激しく踊る。しかし、シャーク団の男たちが、自らの頭のなかにあっても、アニタが決して口にしないこと、すなわち、アメリカにおける白い肌のもつ絶対性を、「黒い」彼女の眼前にダメ押しの如く突き付ける。このような「アメリカ」をめぐる一連の展開は、作劇上の巧みさの点で、映画版が舞台版に勝る。

「黒い」アメリカ人と『ウエスト・サイド物語』

映画版の『ウエスト・サイド物語』に登場するプエルトリコ系の人々の肌の色は、一様に煤けたように黒い。これは、プエルトリコ人、すなわち肌の黒い人たちという当時の多くの人々の思い込みを反映したものだろう。そして、この映画自体がそのような図式を多くの人々の頭に刷り込んできた経緯もある。しかし、これは彼らの現実の姿とは異なる。

この映画が公開された翌年（一九六二）、ニューヨーク市の青少年局のソーシャルワーカーだったヴィンセント・リッチオが、自ら関わったストリート・ギャングについての見聞記を発表している。そのなかには、プエルトリコ系の人々の肌が、色白から石炭のような黒色まで幅があるという記述が見られる。リッチオによれば、プエルトリコ系の人々は、「白」という言葉に敏感で、色白の人々が彼らのなかに存在するにも関わらず、プエルトリコ人イコール色黒というイメージにひどく憤慨していたという。そして、プエルトリコ系のギャングたちは、イタリア系、アイルランド系、ポーランド系などギャング団を「白人」と一まとめに呼び、黒人のギャング団と区別していたそうだ（Riccio 30）。レーマンは「いわゆるアメリカ人の寄せ集め」であるジェット団を、「白人」と一括りにしたが、この設定は映画版の制作当時のニューヨークのギャングの世界を忠実に反映したものだったのである。

ギャングの世界の、このような白と黒の二分法は、彼らの狭い世界の話だけではなく、当時のアメリカ社会における人種区分の再編の動きとも密接な関係があるようだ。というのは、イタリア系、アイルランド系そしてユダヤ系など、かつては、多様な背景を有する異なる人種に分類されていたヨーロッパ系の移民たちを、彼らとは明らかに肌の色が異なる黒人と区別して、一まとめに「白人」へと統合する動向があったからである（Jacobson 110-11, Schneider 9）。『ウエスト・サイド物語』の制作過程で、カトリック対ユダヤという当初の設定が新鮮味を失い、白い「いわゆるアメリカ人の寄せ集め」対黒いプエルトリコ人へと変更されたことは、先行作品の問題に加え、そのような社会の動きとも不可分の関係にあるはずだ。

自らにとって不利な肌の色をめぐるアメリカ社会の現実をつきつけられても、「黒い」アニタはアメリカに憧れを持ち続ける。マリアとアニタが初めて舞台あるいはスクリーンに登場する作品の序盤で、マリアから「ベルナルドを見つめたときに何が起きるの」と聞かれたアニタは、「何かが起きるのは、見ていない時」と答える（Laurents［1958］24）。このやりとりは、眼前の現実に目をつぶり、何かが起きることを希求するアニタの姿勢を表明しているともとれる。しかし、物語の大詰めで「白い」ジェット団は、このような眼前の厳しい現実に目をつぶり、アメリカ社会の一員たらんと切望する「黒い」アニタの思いを、凌辱未遂という形で蹂躙する。

二つのグループの抗争で発作的にベルナルドを刺殺してしまい、ドクのドラッグストアに身を隠しているトニーのもとへ、アニタがマリアに託されたメッセージを届けに来る。店のドアを開けると、そこにはジェット団のメンバーがたむろしていた。アニタはトニーの居場所を聞くため、ドクに会いに行こうとするが、ジェット団は難癖をつけて彼女の行く手を阻む。「通して（Will you let me pass?）」と懇願するアニタに、スノーボーイ（Snowboy）という、「白い」アメリカ人を想起させる名をもつメンバーが、「黒すぎる女は通れない（She's too dark to pass）」と冷笑的に応じる。そして、ジェット団の言葉による嘲笑は身体的な乱暴へとエスカレートしてゆく。間一髪のところでドクが登場、アニタは最悪の事態を逃れるのである。そして、怒りの収まらないアニタは「ベルナルドは正しかった。もしあんたたちのだれかが、血を流して通りに転がっていたら、そばまで行って唾を吐いてやる」と言い放ち、咄嗟に「マリアは殺された」と口走る。この虚言がトニーの死という悲劇の決定的な引き金となる。ドクの口から、このアニタの言葉を聞かされて自暴自棄となったトニーは、無防備のまま街の通りへと出てゆく。そして、ベルナルドの死に対する報復のために、彼を探していたシャーク団のメンバーが放った銃弾に倒れるのである（Laurents［1958］130-36）。『ウエスト・サイド物語』のなかで、短いながらも、もっとも劇的なこのジェット団によるアニタ凌辱未遂の場面の間、ドクの店にはジュークボックスから音楽が流れているという設定になっている。劇中の先行場面で使われた音楽をもとにしたBGMである。それは舞台上で進行している物語の内容と極めて密接な関係にあり、劇的効果を高める働きをしている。ブロードウェイでの初演直後に録音されたオリジナルキャスト盤には収録されていないが、バーンスタインが舞台用に作曲したものである。

この音楽は、体育館でのダンスの場面で使われていたマンボに、パーカッションを際立たせ、不協和音を多用して形を変えられた「アメリカ」の旋律が接続されたものだ。つまり、アニタ自身がアメリカ賛美を繰り広げた楽曲をグロテスクに変形して使うことで、舞台上のシャーク団だけではなく、ジュークボックス／オーケストラピットから流れてくる音楽からもアニタは嘲られていることになる。そして、この音楽の終了とともに、アメリカを熱心に賛美し、その一員になることを切望しても、黒い肌のゴキブリ並みの「よそ者」にすぎない自分をアメリカ社会は拒絶するという苦い現実を、アニタは受け入れざるを得なくなるのである。

アメリカに憧れをもつアニタのジレンマ、それは彼女が「黒すぎる」ことである。先に引用したスノーボーイの「黒すぎる女は通れない」という台詞を、映像ソフトの字幕では「お前はダメだ」とだけ訳している。文字数の制約などがあるにしても、それでは、この台詞を書いたロレンツ（彼の台詞をレーマンの映画版も、そのまま踏襲）の意図が伝わらないだろう。“pass”という言葉の選択からも窺うことができるように、ロレンツは肌の色の薄い黒人が白人に成りすます、いわゆる「パッシング（passing）」の問題を明らかに念頭に置いている。プエルトリコ系の人々の肌の色が、多様であることは既に述べた。とするならば、プエルトリコ人であっても、色白であれば、「白人」としてアメリカ社会に紛れ込むのが可能ということだろう。

ジェット団のメンバーに背景については、トニー以外には情報がない。そのトニーでさえも、舞台版は夜学に通っている父親の出自について、また映画版においては、両親の双方の出自について沈黙している。それゆえ、ポーランド系とはいうものの、彼がどのような背景をもつポーランド系アメリカ人なのか判然としないのである。そしてまた、トニー以外の個々の登場人物の背景に関する明確な情報の欠落ゆえに、一つの疑念が生まれる。それは、ジェット団のすべてのメンバーを我々は、何の根拠もなく当たり前のように「白人」であるかのように思い込んでいるが、彼らのなかには、白人のように見える「黒い」メンバーが紛れ込んでいる可能性があるのではないかというものだ。とくに、「白人」というはっきりとした規定がなされていない舞台版では、その可能性が一層高まる。(3) このようなパッシングの問題が発生する背景には、アメリカにおける黒い肌をもつ人々に対する深刻な差別があることは言うまでもない。

映画版『ウエスト・サイド物語』の冒頭、舞台版にはない序曲が終わり、空撮でニューヨークの有名な建造物、国連本部やヤンキースタジアムそしてコロンビア大学などが次々とスクリーンに映し出されてゆく。そして、物語の舞台となるウエスト・サイドにカメラが転じる直前に、ガイドブックに載っている観光名所ではないために、日本人に馴染みがあるとは言い難い幾何学的な形状をした住宅群のシーンとなる。マンハッタンのイーストリヴァー沿いの一四丁目から二〇丁目にかけて広がるスタイヴサント・タウンである。(4)ニューヨークの再開発の住宅プロジェクトの一環で建設されたもので、一九四七年八月に入居が始まったのだが、開発を請け負った生命保険会社が白人限定という条件をつけたために物議をかもすことになった場所でもある。

『ウエスト・サイド物語』と黒人差別の問題については、歴史上の様々な符合がある。このミュージカルの制作が本格始動した一九五五年の暮れ以降、アラバマ州のモンゴメリーで、バスの乗車に関する人種差別に抗議してキング牧師を中心とするバスのボイコット運動が展開された。そして、いわゆるブラウン判決で示された公立学校での人種隔離の禁止をアーカンソー州知事が頑なに認めないため、アイゼンハワー大統領が陸軍第一〇一空挺師団の兵士を派遣し、彼らに守られて九人の黒人学生がリトルロック・セントラル高校に登校した。『ウエスト・サイド物語』のブロードウェイ初演のまさに前日、一九五七年九月二五日のことである。

『ウエスト・サイド物語』には、「どこかに」(“Somewhere”)という歌が含まれている。「私たちの場所がどこかにある。平和と静けさと伸びやかな空気が私たちをどこかで待っている」と歌い出す心にしみる佳曲である。映画版ではマリアとトニーの二重唱になっているが、舞台版ではまったく設定が異なる。こちらでは、マリアの兄ベルナルドを心ならずも殺してしまったトニーを、愛ゆえに彼女が受け入れ、自分たちの住む憎しみと暴力に満ちた世界から逃れることを決心した二人が「どこかに自由な土地があるにちがいない。どこかにふたりのための土地がきっとある」と歌い出す。すると、彼らの心象風景を表現したバレエの場面（映画版では全面的にカット）が始まり、舞台裏から女性の歌声が聞こえてくるのである（Laurents［1958］106-8）。このいわゆる「ドリーム・バレエ」のなかで、二つの対立するギャング団に扮したダンサーたちは、互いに手を取り合い、トニーとマリアの切なる願望を表現する。

ロレンツの台本には、プエルトリコ系のコンスエロを演じる役者が、「どこかに」を舞台裏で歌うことが示されている。ブロードウェイの初演でこの歌を担当したのは、後年、オペラの世界で名を成すアフリカ系アメリカ人のソプラノ、レリ・グリストである。そして、ブロードウェイの初日の観客たちは『プレイビル』の出演者の記載によって、舞台裏から聞こえてくる声の主も知らされていた。当日の観客はまた、テレビなどで大々的に報道が行われたこともあり、アーカンソーの高校での人種統合をめぐる事件を知っていたにちがいない。それゆえ、姿は見えずとも、黒い肌を持つアメリカ人が歌う、異なる背景を有する人々が争いもなく、平穏に共存することを願う「どこかに」の歌詞を耳にして、劇場内の人々が南部の州で前日に起きた白と黒の人種をめぐる大きな出来事を想起した可能性は少なくない(5)。

アーサーとトムのラヴェンダー色の『ウエスト・サイド物語』

二〇一二年七月、渋谷の再開発によって新設された東急シアターオーブのこけら落としの演目は『ウエスト・サイド物語』であった。二〇〇九年にブロードウェイで行われた再演の際に披露されたアーサー・ロレンツ自身の演出をもとにした、アメリカのツアーカンパニーによる公演である。日生劇場での公演以来、四八年ぶりのブロードウェイからの招聘と謳われたこのプロダクションで、「どこかに」を歌ったのはエニィボディズであった。彼女は初演の際のコンスエロ役とは違い、舞台裏ではなく、表舞台でこの歌を歌った。

『ウエスト・サイド物語』が下敷きにした『ロミオとジュリエット』のなかには、エニィボディズに相当する登場人物はいない。彼女はこのミュージカル独自のキャラクターである。ロレンツの台本の彼女の設定は、「哀れなまでに、ジェット団を模倣しようとした衣服に身を包んだ痩せっぽちの一〇代の少女」、レーマンの台本では、「ギャングの正規のメンバーではないが、メンバーになりたいと思っている、エニィボディズと呼ばれる痩せっぽちの一〇代の男子のような少女」となっている（Laurents［1958］9, Lehman 2）。

「どこかに」をエニィボディズに歌わせるのは、実はロレンツのオリジナルの演出ではない。ブロードウェイではこの歌をボーイソプラノが担当したのだが、保護者や家庭教師の同伴などの問題があり、少年を国内外のツアーに帯同することが困難であった。そこで、これらの公演を担当した演出家デイヴィッド・セイントが、ボーイソプラノではなく、エニィボディズにこの曲を歌わせたのである。このように、コンスエロからエニィボディズへと「どこかに」の歌唱者を変更することによって、『ウエスト・サイド物語』が、白と黒という、この作品の制作当時のアメリカの深刻な人種問題にまつわる色だけではなく、セクシュアリティに関わる、もう一つの色を纏っていることが浮かびあがってくる。

現行の舞台版そして映画版双方の『ウエスト・サイド物語』には含まれていないが、ワシントンでの試演期間中に作られた「他のみんなと同じように」("Like Everybody Else") という歌がある。歌詞担当のソンドハイムが「ジェット団の場違いな三人」と呼ぶ、エニィボディズ、A-ラブそしてベィビー・ジョンのために書かれたものである (Sondheim 42-3)。この歌のなかで、自分と他の少女たちとの違いを認識しているエニィボディズは、自らの出生を「不慮の出来事」と評し、「なぜ、他のみんなと同じように、男になれないのか!」と歌う。

彼女は、このような歌詞からもわかるように、現在であればトランスジェンダーと呼ばれる少女なのであろう。リハーサルの評判は上々であったものの、この歌があると『ウエスト・サイド物語』がミュージカル・コメディの性格を強め、作品の統一を崩すとロレンツが強く抗議した結果、カットされたようだ (Sondheim 43)。この曲は『ロスト・イン・ボストン』(*Lost in Boston*) と題された、完成版のミュージカルからカットされた楽曲を集めたCDで聴くことができる。ソンドハイムが用意した歌詞からは、ロレンツの懸念が理解できなくもないが、バーンスタインの書いた音楽はコメディよりも、ある種のやるせなさを感じさせるものとなっている。

「はい、はいクラプキー巡査」（"Gee, Officer Krupke"）というジェット団のメンバーが自分たちのような不良を生み出した社会の病理を皮肉る風刺を利かせたコミカルな歌が作中にある。当初の計画ではエニィボディズもそこに参加することになっていた。しかし、最終的に彼女のパートは削除され、現行のジェット団の男性メンバーだけが歌う楽曲になった（Wells 168）。この曲の歌詞も「アメリカ」と同じように、映画化の際に、全面的ではないにせよ、手が加えられている。舞台版で使用されていた卑俗な言葉に問題があったからである。一例をあげると、「親父はろくでなし／お袋は淫売／爺さんは飲んだくれ」という歌詞が、「父ちゃんは母ちゃんを殴り／母ちゃんは俺を引っ叩く／爺さんはアカ」に書き換えられている。

歌詞の変更の例として、この部分を取りあげたのは、エニィボディズのキャラクターとの関係で興味深い歌詞が、その後に続くからである。「姉貴は口ひげを生やし／兄貴はドレスを着ている」というかなり異色の文言があるのだ（Laurents［1958］116, Lehman 57）。この部分は舞台版と映画版で相違がない。つまり、ソンドハイムが、映画版の制作に際して、オリジナルの歌詞に意図的に手を入れなかったと推測されるのである。このような異性装を思わせる歌詞や、世間一般のジェンダー観から外れたエニィボディズのような登場人物が、『ウエスト・サイド物語』の台本に書き込まれていることを我々は見逃すべきではない。

エニィボディズのモデルは、この役が台本の草稿に初めて登場するタイミングから、『ウエスト・サイド物語』のプロデューサーを務めることになっていたシェリル・クロフォードではないかという説がある。彼女は有名なアクターズ・スタジオの創立に関わるなど、ブロードウェイの演劇界で実力者として地歩を築いていた人物である。しかし『ウエスト・サイド物語』に関しては、その悲劇的な内容やスターの不在などの諸々の理由から資金調達がままならず、リハーサルの開始を目前にして、このプロジェクトから手を引いた。その彼女の降板から、一週間も経っていない一九五七年四月一五日の日付をもつ台本草稿に初めてエニィボディズが登場するのである（Wells 164-65）。クロフォードについて、ロレンツは「典型的な男役のレズビアンの外見や態度」を見せていたと回想している。男性たちが支配していた当時の演劇界にあって、彼女は異彩を放つ存在であったらしい（Laurents [2000] 325）。

ジェット団の取り巻き女性の一人が、エニィボディズを「アメリカの悲劇」と呼んでからかう場面がある（Laurents [1958] 60）。これは、既に言及したように『ウエスト・サイド物語』誕生のきっかけを作ったとされるモンゴメリー・クリフトの出演映画の原作名である。それゆえ、このドライサーの小説のタイトルへの言及は、彼女のキャラクター設定とクリフトの性的指向の関連を示唆しているのかもしれない。エニィボディズはジェット団の正規のメンバーや、その取り巻きの女性たちからも受け入れられない存在である。しかし、二団体の抗争後のトニー救出の役割を彼女だけに委ねるなど、ロレンツの台本は彼女を単なる嘲笑の対象とはしていない。

エニィボディズのような自らの居場所がないキャラクターが作られた背景には、直接のモデルとおぼしきレズビアンだったクロフォードの存在だけではなく、『ウエスト・サイド物語』の四人の制作者たち、すなわちロビンズ、バーンスタイン、ソンドハイムそしてロレンツの出自や性的指向が関わっている可能性が高い。彼らはすべてユダヤ系の同性愛者であり、アメリカ社会の周縁的な存在であった。ウェルズは「どこかに」を作品の中心的な歌と位置づけ、その歌詞は「エニィボディズが完璧に体現していると思われる、正常者として受け入れられることへの希求」を扱っているのかもしれないと述べている（Wells 165）。『ウエスト・サイド物語』の内容には、製作者たちの出自にもまして、彼らの性的少数者としての立場が影響を与えていることが明らかにされつつある。チャールズ・カイザーによれば、一九五〇年代に子供時代を過ごした同性愛者の多くが『ウエスト・サイド物語』に恋をし、とりわけ「どこかに」の歌詞は、同性愛者解放運動以前の彼らの心情に訴えかけるものがあったという（Kaiser 93）。作品発表当時の同性愛者たちの心を捉えた『ウエスト・サイド物語』。しかし、作品の製作者たちは、このミュージカルと同性愛との関連を認めようとしなかった。彼らのそのような否認は、『ウエスト・サイド物語』の制作年代と無関係ではないだろう。

映画版「はい、はいクラプキー巡査」の歌詞で使用された、共産主義者を意味する「アカ」という言葉からも窺い知ることができるように、『ウエスト・サイド物語』が作られたのは東西の冷戦期であった。ブロードウェイ初演の翌朝、『ヘラルド・トリビューン』紙に掲載されたウォルター・カーの有名な批評の冒頭に、「『ウエスト・サイド物語』の放った放射能の灰が、今朝もまだブロードウェイに降り続けているにちがいない」という評言が使われているのは、一九五七年九月一九日にネヴァダ州で行われた世界初の地下核実験を受けてのものであろう。また、同年一〇月四日にはソ連が世界初の人工衛星スプートニクの打ち上げに成功している。『ウエスト・サイド物語』は、東西冷戦を背景にした、核兵器と宇宙開発の熾烈な競争が行われていた只中で、産声をあげたミュージカルなのである。[6]

この冷戦期は、アメリカにおいて「赤の脅威」と並んで、歴史家のディヴィッド・K・ジョンソンが「ラヴェンダー色の脅威」と称するものに対する懸念が高まった時代でもあった。ラヴェンダー色とは同性愛者のことなのだが、冷戦期には、共産主義者からの強迫によって、政府機関に勤務する同性愛者が機密情報を漏らし、国家の安全が脅かされるのではないかと疑われたのである。アイゼンハワー大統領が、安全保障のリスクの観点から同性愛者の連邦政府職員への就業を禁止する根拠となった大統領令一〇四五〇号を発したのは、一九五三年四月二七日のことである。

冷戦期の同性愛者たちは、彼らを白眼視する世間からの大きな圧力を感じながら生きることを強いられた。この抑圧的な環境のなかで、自身の性的指向を扱いあぐね、同性愛者でありながら、それを嫌悪するという屈折した態度を露骨に見せたのがロビンズである。ブロードウェイ初演時のトニー役ラリー・カートは、自らの同性愛を隠さなかったのだが、ロビンズはリハーサルの際に、「男らしく動けないのか、オカマ野郎」などと、彼を幾度も叱責したようだ（Laurents［2000］358）。

アメリカ社会の同性愛嫌悪は、このミュージカルに関わった他の役者の人生にも影を落とす。映画版の「クール」（"Cool"）の場面で、その中心となるジェット団のアイス役を印象深く演じ、日生劇場の公演ではリフ役を担当したタッカー・スミスも同性愛者であった[7]。ディヴィッド・エーレンスタインによれば、自らの性的指向を隠さなかったために、スミスはハリウッドでのキャリアを築くことができなかったという。

冷戦の終結は、アメリカにおける同性愛者の抑圧・嫌悪の終わりではなかった。それゆえ『ウエスト・サイド物語』の四人の製作者たちは、この作品と彼らの性的指向との関連を否定し、口を閉ざし続けた。ソンドハイムは「どこかに」がゲイソングのように扱われることに不快感を示し、一九九五年の夏、ロレンツはチャールズ・カイザーへの書簡に、『ウエスト・サイド物語』は制作者たちの政治的、社会学的な思想と密接な関係があり、彼らの性的指向ではなくユダヤ性こそが、偏見に反対する彼らの強い思いの源泉であると記した（Kaiser 93）。しかし、その後、ロレンツの態度に変化が見られるようになる。

この書簡が書かれた五年後に出版された回想録の中で、彼は自らの性的指向について包み隠さずに語り、「私には偏狭と思われるものが我慢ならない。ほとんどのアメリカ人は、同性愛者、黒人、ユダヤ人、この順番に偏見を抱いていると思う」と述べるに至る（Laurents［2000］8）。そして、最晩年の二〇〇九年に出版された二冊目の回想録では、ジェット団を離れたトニーに、もう一度戻ってきてくれるようにリフが懇願する場面（舞台版第一幕第二場）は、「偏狭と暴力に満ちた世界で、愛を扱った芝居のなかの最初のラヴシーンである。……それは、芝居の時代とテーマの設定を明らかにするラヴシーンなのだ」という、かつてのロレンツの言動からは考えられない言及さえも見られるようになる（Laurents［2009］169）。

「俺は自分のことのようにトニーを知っている」と力説するリフのトニーへの思いには、友情以上のものがある（Laurents［1958］13）。それゆえ、この台詞の直前に置かれた、「ジェット団に入ったら、一生ジェット、最初のタバコから、くたばる最後の日まで」とリフが歌い出す「ジェット団の歌」（"Jet Song"）は、「お前（you）」が主語に使用されていることもあり、自分の元を去っていったトニーへの断ち切ることが出来ない彼の一途な思いを歌った一種のラヴソングのように響く。映画版のこの歌では、あまり知られていない吹き替えが行われている。タッカー・スミスがリフのパートを歌っているのである。先に言及した彼の性的指向を知っている者は、オリジナルキャスト盤以上に心なしか熱っぽさを感じる映画のサウンドトラック盤の歌に、単なる吹き替え以上の意味を読み込む誘惑にかられることだろう。

ロレンツの二冊目の回想録は、五二年間連れ添った同性のパートナー、トム・ハッチャーを病で失った深い喪失感のなかで書かれた。ロレンツがハッチャーと出会ったのは、前者がバーンスタインとロサンゼルスで、『ウエスト・サイド物語』の制作について話し合いをもつ前日の一九五五年八月二四日。そして、その数日後にアーサーとトムは恋に落ちた（Laurents［2012］54）。つまり、このミュージカルの本格的な制作開始と同時に、彼らの半世紀以上に及ぶ親密な関係も始まっていたのである。マイケル・S・シェリーも指摘しているように、『ウエスト・サイド物語』と二人の男性の愛の物語は密接な関係にあると言えるだろう（Sherry 95）。

ＮＨＫでも放送された人気テレビドラマ『グリー』（*Glee*）の第三シーズンのエピソード5は、オハイオ州の架空の高校における『ウエスト・サイド物語』の公演準備を中心に物語が展開する。このエピソードで注目すべきは、その公演準備の物語に、トニーとマリアを演じる二人の高校生のそれぞれの恋愛が織り込まれ、トニー役を自らの同性愛をオープンにしている男子学生が演じるという設定になっていることだ。ブロードウェイの初演でトニーを務めたカートへのオマージュのような設定である。(8)

この『グリー』のエピソードは、公演の成功の夜、異性のカップルだけではなく、同性のカップルも心身ともに結ばれることを暗示して終わる。同性愛嫌悪がなくなったわけではない。しかし、欧米諸国における同性婚承認の動きなどにみられるように、同性愛者をめぐる環境は確実に変わりつつある。レズビアンの娘とゲイの父親を主人公とする『ファン・ホーム』（*Fun Home*）が、二〇一五年のトニー賞ミュージカル部門の作品賞に選出されたのは、そのような社会の動きを反映してのことだろう。ＬＧＢＴの人々への関心の高まりとも相まって、『ウエスト・サイド物語』が白と黒だけではなく、ラヴェンダーというもう一つの色を纏っていることが、今後さらに鮮明になってゆくにちがいない。(9)

註

（1）『ウエスト・サイド物語』の四人の原作者のなかで、台本担当のロレンツだけが映画版の制作に関わることがなかった。しかし、レーマンによる映画版台本は、ロレンツの書いたオリジナルの舞台版の台本の文言を、そのまま踏襲しているところが全体的に多い。にもかかわらず、映画の最後におかれたクレジットのロレンツの扱いはレーマンに比べ、不当と思われるほどに小さいと言わざるをえない。

（2）レーマンのタイプ原稿では、父親はポーランド人、母親がスウェーデン人となっており、完成された映画版の台詞とは異なっている（Lehman 38）。

（3）「ジェット（jet）」という語には「漆黒」という意味もある。また、ジョーン・パイザーによれば、ロレンツは当初、ギャング団の設定の候補として、黒人とプエルトリコ人のグループの組み合わせも考えていたようだ。（Peyser 235）

（4）映画版のプロローグで、ジェット団とシャーク団がコンクリートの瓦礫の上で繰り広げる小競り合いの場面は、リンカーンセンターの建設のために、その予定地にあった集合住宅の取り壊し現場で撮影された。このアメリカを代表する文化の殿堂の建設によって、多くの「いわゆるアメリカ人の寄せ集め」やプエルトリコ系の移住者たちが生活の場を奪われ、『ウエスト・サイド物語』に描かれた彼らのアメリカにおける周縁性が、この撮影によって、改めて露呈するという皮肉な結果も生じた。このセンターの計画に対して、建設予定地の住民による反対運動が展開されたのだが、建設の最終認可直前の公聴会が市役所で行われたのは、本作のブロードウェイ初演の約二週間前の一九五七年九月一一日である。

　映画版の冒頭に登場する国連本部、スタイヴサント・タウン、そしてリンカーンセンターのすべての建設に関わったのが、冷戦期に自由主義陣営の盟主の顔にふさわしくニューヨークを再開発すべく邁進した、「マスター・ビルダー」と称されたロバート・モーゼスであり、映画の製作者たちはそれを念頭に置いたのかもしれない。（Zipp 157-249）

（5）「どこかに」は、舞台版では第二幕第一場の終わりに置かれているが、この場面はコンスエロの「ブロンドの私は、今夜でおしまい」という台詞で始まる。そして、彼女はさらに「占い師がペペに、黒髪の女性（dark lady）が彼の人生に現れると告げたからよ」と付け加える（Laurents［1958］97）。ペペに対して好意を抱いているコンスエロが、この占い師の予言を現実のものとすべく、ブロンドに脱色していた髪を黒く染めることを表明する台詞である。ここで使用された「ダークレイディ」という言葉は、第一場の終わりに舞台裏で「どこかに」を歌うことになる、コンスエロ役の髪の色だけではなく、彼女の肌の黒さにも、観客たちの注意を向けさせる働きがあるように思われる。

ブロードウェイの公演に引き続いて行われたロンドン公演の後に出版された本作のヴォーカルスコアには、「どこかに」がコンスエロ役ではなく、「一人の少女」によって歌われるとだけ指示してある。

（6）映画版の公開と同時期に出版された『ライフ』一九六一年一〇月二〇日号には、本作のスティール写真が多数掲載され、共産主義特集も組まれている。

（7）舞台版と映画版では楽曲の順番に変更がある。前者で物語の前半に置かれていた「クール」は、後者では後半で歌われる。前者では、リフがこの曲の中心であったが、物語中盤の二つのギャング団の抗争で、リフは落命してしまうため、映画版では舞台版にはないアイス役が作られ、この曲の新たなリードヴォーカルとなった。

（8）このエピソードのなかで、「アメリカ」が演じられる場面があるが、男女の掛け合いで進行する映画のヴァージョンが採用されている。

このエピソードがアメリカで放映されたのは二〇一一年一一月である。それゆえ、同性愛者であることを公にしている『グリー』制作の中心スタッフ、ライアン・マーフィーなどが、同年の五月五日に亡くなったロレンツの性的指向を、番組制作・放映にあたって意識した可能性もあるだろう。

（9）二〇一四年に、ＬＧＢＴを扱った演劇に詳しいジョン・Ｍ・クラムによるロレンツの作品のみを扱った初めての研究書が公刊された。ロレンツの作品をＬＧＢＴ関連の社会の動きや歴史のなかに位置づけようとする試みが始まったことが窺われる。

参考資料

[書籍・プログラム・パンフレットなど]

Acevedo-Muñoz, Ernesto R., *West Side Story as Cinema: The Making and Impact of an American Masterpiece*, Lawrence, UP of Kansas, 2013.

Bernstein, Leonard, *Findings*, New York, Simon and Schuster, 1982.

Bernstein, Leonard et al., *West Side Story*, London, Chappell & Co. Ltd., 1959. Vocal Score.

Berson, Misha, *Something's Coming, Something Good: West Side Story and the American Imagination*, Montclair, Applause, 2011.

Burton, Humphrey, *Leonard Bernstein*, London, Faber and Faber, 1994.

Clum, John M., *The Works of Arthur Laurents: Politics, Love, and Betrayal*, Amhest, Cambria P, 2014.

Ehrenstein, David, "Still Pretty and Witty and Gay: a New Double-Disc DVD Release of *West Side Story* Recalls the Four Gay Geniuses Who Made It Happen," *The Advocate*, April 29, 2003.

"Explosion on the West Side: Broadway Show Becomes the Most Adventurous Movie Musical ever Made," *Life*, October 20, 1961.

Flint, Anthony, *Wrestling with Moses: How Jane Jacobs Took on New York's Master Builder and Transformed American City*, 2009, New York, Random House, 2011.

Garebian, Keith, *The Making of West Side Story*, Oakville, Mosaic P, 1995.

Guernsey Jr., Otis L. ed., *Broadway Songs & Story: Playwrights/Lyricists/Composers/ Discuss their Hits*, New York, The Dramatists Guild, Inc., 1985.

Handlin, Oscar, *Race and Nationality in American Life*, Garden City, Doubleday & Company, Inc., 1957.

Hoffman, Warren, *The Great White Way: Race and the Broadway Musical*, New Brunswick, Rutgers UP, 2014.

Jacobson, Matthew Frye, *Whiteness of a Different Color: European Immigrants and the Alchemy of Race*, Cambridge, Harvard UP, 1998.

Johnson, David K., *The Lavender Scare: The Cold War Persecution of Gays and Lesbians in the Federal Government*, Chicago, U of Chicago P. 2004.

Kaiser, Charles, *The Gay Metropolis 1940-1996*, Boston, Houghton-Mifflin, 1997.

Laurents, Arthur, *West Side Story*, New York, Random House, 1958.

——. *Original Story: A Memoir of Broadway and Hollywood*, New York, Applause, 2000.

——. *Mainly on Directing: Gypsy, West Side Story, and Other Musicals*, New York, Alfred A. Knopf, 2009.

——. *The Rest of the Story: A Life Completed*, Milwaukee, Applause, 2012.

Lawrence, Greg, *Dance with Demons: The Life of Jerome Robbins*, 2001, New York, Berkley Books, 2002.

Lehman, Ernest, *West Side Story: A Screen Play*『ウエスト・サイド物語—コレクターズ・エディション』２０世紀フォックス ホーム エンターテイメント ジャパン、二〇〇三年。

Miyamoto, Nobuko et al., *Our Story Jets & Sharks Then and Now: As Told by Cast Members from the Movie*, Denver, Outskirts P, Inc., 2011.

Negrón-Muntaner, Frances, *Boricua Pop: Puerto Ricans and the Latinization of American Culture*, New York, New York UP, 2004.

Oja, Carol J., "*West Side Story* and *The Music Man*: Whiteness, Immigration, and Race in the US during the Late 1950," *Musical Theatre*, vol.3 no.1, 2009.

——. *Bernstein Meets Broadway: Collaborative Art in a Time of War*, New York, Oxford UP, 2014.

Peyser, Joan, *Bernstein: A Biography*, 1987, New York, Ballatine Books, 1988.

Play Bill, *West Side Story*, *Play Bill: A Weekly Magazine for Theatergoers*. May 1958.

Riccio, Vincent, *All the Way Down: The Violent Underworld of Street Gangs – Primary Source Edition*, New York, Simon

and Schuster, 1962.
Sandoval-Sánchez, *José, Can You See?: Latinos On and Off Broadway*, Madison, The U of Wisconsin P, 1999.
Schneider, Eric C., *Vampires Dragons and Egyptian Kings: Youth Gangs in Post-War New York,* Princeton, Princeton UP, 1999.
Seldes, Barry, *Leonard Bernstein: The Political Life of an American Musician, Berkeley*, U of California P, 2009.
Sherry, Michael S., *Gay Artists in Modern American Culture: An Imagined Conspiracy*, Chapel Hill, The U of North Carolina P, 2007.
Simeone, *Nigel, Leonard Bernstein: West Side Story*, Burlington, Ashgate, 2009.
——（ed.）, *The Leonard Bernstein Letters*, New Haven, Yale UP, 2013.
Sondheim, Stephen, *Finishing the Hat: Collected Lyrics*（*1954-1981*）*with Attendant Comments, Principles, Heresies, Grudges, Whines and Anecdotes*, New York, Alfred A. Knopf, 2010.
Szumski, Bonnie ed., *Readings on West Side Story*, San Diego, Greenhaven P, Inc., 2001.
Wakefield, Dan, *Island in the City: Puerto Ricans in New York*, New York, A Corinth Book, 1959.
Wells, Elizabeth A., *West Side Story: Cultural Perspectives on an American Musical*, Lanham, The Scarecrow P., Inc., 2011.
Zadan, Craig, *Sondheim & Company, 2nd ed., Updated*, 1989, New York, Da Capo P, Inc., 1994.
Zipp, Samuel, *Manhattan Projects: The Rise and Fall of Urban Renewal in Cold War New York*, New York, Oxford UP, 2010.
浅利慶太。『時の光の中で―劇団四季主宰者の戦後史』文芸春秋、二〇〇四年。
松竹株式会社（編）。『ウエスト・サイド物語』出版年不明。映画パンフレット。
瀬川昌久（監修）。『ミュージカル　作品ガイド１００選』成美堂、二〇〇二年。
ＴＢＳ（編）。『Broadway Musical West Side Story 2012』二〇一二年。公演プログラム。
中島薫（監修）。『魅惑のミュージカル鑑賞入門』世界文化社、二〇一三年。
日生劇場宣伝課（編）。『West Side Story』一九六四年。公演プログラム。

［ＤＶＤ、Ｂｌｕ-ｒａｙ］
Glee: The Complete Third Season, Twentieth Century Film Corporation, 2012.
ワイズ、ロバート。『ウエスト・サイド物語―コレクターズ・エディション』（ＤＶＤ）２０世紀フォックス ホーム エンターテイメント ジャパン、二〇〇三年。
――。『ウエスト・サイド物語』（Ｂｌｕ-ｒａｙ）２０世紀 フォックス ホーム エンターテイメント ジャパン、二〇一二年。※ＤＶＤ版とＢｌｕ-ｒａｙ版では、特典映像の内容が異なる。

［ＣＤ］
Lost in Boston, Varèse Sarabande, 1994.
West Side Story: Original Broadway Cast Recording, Sony Music Entertainment, Inc., 1998.
West Side Story: The New Broadway Cast Recording, Sony Music Entertainment, Inc., 2009.
『ウエスト・サイド物語―オリジナル・サウンドトラック』ソニー・ミュージックエンターテインメント、二〇〇四年。
『バーンスタイン―ウエスト・サイド・ストーリー』一九八五年、ポリグラム。

Ⅲ

セクシュアルな弁証法

——ジェンダーをめぐる解放と回収の政治学

クローゼットの弁証法――ハリウッド映画における「同性愛」の表象

細谷　等

ハリウッドというクローゼット

ゲイ・アクティビストで映画批評家のヴィト・ルッソが『セルロイド・クローゼット』で詳らかにしているように、ハリウッド映画の歴史は同性愛を抑圧しつつも、それに深く依存してきた自家撞着の歴史であった。映像における同性愛についてのその先駆的な研究において、ルッソは同性愛がアメリカ的な「男らしさ」の神話を補完し、さらには異性愛の「自然さ」を強化する装置として機能してきたことを指摘する（Russo 6）。ハリウッド映画において、同性愛は排除の対象でありながらも、異性愛という「規範」を分節化させるための不可欠な触媒、まさしく「危険な補遺」であった[1]。

ハリウッド映画において同性愛が解禁されたのは、一九六〇年前後にヘイズ・コードの効力が有名無実と化してからのことである。一九三〇年に発布されたこのハリウッド版映倫によって、同性愛は「性的倒錯を暗示する一切のもの」という名目で婚外交渉や異人種間結婚とともにタブーに指定されてきた（**Mann 94, Black 42**）。とはいえ、『マルタの鷹』（***The Maltese Falcon*, 1941**）のピーター・ローレ演じる殺し屋の香水匂う名刺と杖をいじくる手つき、あるいはジョージ・ガーシュウィンの伝記映画『アメリカ交響楽』（***Rhapsody in Blue*, 1945**）における不自然なまでに発展しないロマンスなど、クィアな読みを誘わずにはおかない記号がスクリーン上にはちりばめられていた。しかし、同性愛者に与えられた役割は「正常」に対する「逸脱」、つまり「規範」を定義する「尺度」のそれでしかなかった（**Russo 80**）。ボギーの「男らしさ」を際立たせる対比の仕事が済めば、ローレの「女々しさ」はハードボイルドな鉄拳によってお払い箱にされるだけであった。

一九六一年、アメリカ映画協会は公式にヘイズ・コードの規制緩和を表明する。その背景には、四八年に最高裁がメジャー五社の垂直統合に違憲判決を下し、五〇年代にスタジオ・システムが完全に解体、また同時期のテレビの普及によって観客動員数が激減するなどの諸要因があった（**Jowett 345, 347-348**）。要するに、かつて日活が生き残りのためにロマンポルノに路線変更したように、ハリウッドは品行方正なお話を生産する夢工場の看板を下ろして、暴力、セックス、ドラッグをテーマとするキワモノに手を出さざるを得なくなったのだ（**Sklar 294**）。

このような経緯のなかで、同性愛も「注意、分別、そして抑制をもって」という条件で題材として取り上げることを認可される（Russo 121-2, Hart［2013］41, Jowett 419）。しかし、それはバッシングのための解禁、異性愛という「規範」を強化するための装置として転用された。その先駆けとなった作品が、ジョーゼフ・マンキウィッツの『去年の夏、突然に』（*Suddenly, Last Summer*, 1959）である。

いまだコードの規制下にあったこの過渡期の「ゲイ映画」において、同性愛者セバスチャンは検閲の対象となり、その顔が映されることは一度もない。それでも、彼の屋敷で栽培される食虫植物は避暑地の若者を性的に搾取する捕食者の隠喩となり、同性愛者は徹頭徹尾「危険な他者」として表象される。海水浴場で若い男性をおびき寄せる餌として、エリザベス・テイラーがその豊満な肉体を彼らの視線に晒すとき、それは同時に（男性）観客の視線にも晒され、自らの異性愛を確認するための視覚的な儀式となる。視る主体と視られる客体というローラ・マルヴィの視線のポリティックスが、男性／女性だけでなく異性愛／同性愛という別の対立軸でも展開されるのだ（Mulvey 203）。そして、お約束の結末。セバスチャンは男色の犠牲者たちから報復され、食虫植物の最後に相応しくカニバリズムの生贄にされる。

一九六九年六月二八日、ニューヨーク市グリニッジ・ヴィレッジにあるゲイ・バー、ストーンウォール・インが市警の手入れを受けたとき、その場にいた同性愛者たちが思いもよらぬ反撃に転じて、暴動にまで発展する。ゲイ解放運動の発端となるストーンウォール事件である（Carter 137-58,

Kuhn 64-79）。この象徴的な事件が引き金となって、ゲイを中心とした同性愛者たちはこぞってクローゼットからストリートへと文字通りカミングアウトし、「ゲイ解放戦線」や「ゲイ解放運動同盟」のような戦闘的な組織が設立される（Kuhn 81-93, Benshoff & Griffin 154）。

同性愛史におけるこの激動期に呼応するかのように、ハリウッドは同性愛を正面から取り上げた映画を製作する。ウィリアム・フリードキンの『真夜中のパーティー』（*The Boys in the Band*, 1970）である。原作はマート・クロウリーのオフ・ブロードウェイ劇、実際にそのほとんどが同性愛者である舞台役者たちをキャストに流用、ハリウッド初のゲイ役者によるゲイ映画となった。しかし、前出のルッソが「フリーク・ショウ」と評したように、その内容は旧来のステレオタイプをなぞるだけのものにすぎなかった（Russo 178）。

映画の舞台はマンハッタンのアパート、同性愛者たちによる友人の誕生祝いを兼ねたパーティーを中心に物語は展開する。その同性愛者たちだが、キャンプなカウボーイ・スタイルの男娼は言うに及ばず、グラビア・カメラマンや室内装飾デザイナーといった容易にそれと連想されるベタな職業が目立つ。パーティーの主催者マイケルもラベンダー色のセーターをこれ見よがしに着こなし、そのゲイ・カラーで決めた姿にアパートを訪れた配達人はドン引きしてしまう。映画の後半部は、アルコール中毒、薬物中毒、性的放縦さ、そして「逸脱者」としての自己嫌悪というネガティブなイメージで塗り込まれ、突然の豪雨で外部から遮断されたアパートの空間は、いやがうえにもその閉塞感を強めていく。つまり、ヒッチコックの『ロープ』（*Rope*, 1948）と同様に、密室劇という映画の形式自体がそのまま同性愛者を囲い込むクローゼットと化していくのだ。ストリートからクローゼットへ。このように、ハリウッドはストーンウォールとは逆向きのベクトルで動いていくことになる。

『真夜中のパーティー』のようなごく少数の例外を除いて、七〇年代のハリウッドはゲイ解放の流れを完全に無視したと言われるが、それはいささか単純化しすぎであろう（Benshoff & Griffin 154）。むしろ、極めて反動的な形でそれに鋭く反応した、と言うほうが正確に思われる。『ミスター・グッドバーを探して』（*Looking for Mr. Goodbar*, 1977）のダイアン・キートンを惨殺する隠れゲイ、『バニシング・ポイント』（*Vanishing Point*, 1971）の車外に放り出される二人組のゲイ強盗、『ジャスティス』（*And Justice for All*, 1979）の自殺に追いやられる黒人の女装ゲイ、および刑務所でレイプの通過儀礼を受けた直後にあっけなく射殺される弁護依頼人、『狼たちの午後』（*Dog Day Afternoon*, 1975）の精神病院で治療中の性同一性障害者とプラカードを掲げなくともそれとわかるゲイ解放団体。と、あたかもサブリミナル効果を狙うかのように、作品の本筋とは関係ない部分に同性愛者の負のイメージが挿入される（ちなみに性同一性障害と同性愛は異なる形態のセクシュアリティであるが、一般観客にその区別など期待できないであろう。『羊たちの沈黙』（*The Silence of the Lambs*, 1991）の皮剝ぎビルは性同一性障害のシリアル・キラーだが、映画館では「オカマを殺せ！」と野次が飛ばされたという）（Benshoff & Griffin 250）。

ニューシネマからホラー映画に至るまで、ハリウッドにとって七〇年代は「支配的イデオロギーが解体寸前までいった」ラディカルな時期とされる（Wood 69）。しかし、こと同性愛となると話は別であった。そして、この反動期を総括するかのような作品が七九年に製作される（公開は八〇年）。その映画は『クルージング』（*Cruising*, 1980）、監督はまたもやフリードキンであった。

「この映画は同性愛の世界を糾弾するものとして意図されてはいない。」まず映画は、この但し書からはじまる（ＶＨＳ版の日本語字幕では、「同性愛」ではなく「ホモ」と翻訳）。こうした弁明はかえって不信感を煽ってしまうものだが、その予感はまもなく的中する。毒々しいステレオタイプに彩られた同性愛者の世界、その地獄巡りをすることになるのだ。ボンデージ・ルックのハードゲイたちが下半身丸出しで踊り狂うゲイ・バー、場末のホテルやコインシアターなどの荒れ果てた「ハッテン場」、そしてゲイのシリアル・キラー。総てが異性愛者の「日常世界」から隔絶された（あるいは隔絶すべき）異質なものとして提示され、視る主体＝異性愛的主体と視られる客体＝同性愛的客体の区分を改めて鮮烈に意識化させる。

たしかに映画史的に見れば、『クルージング』は同性愛の世界を実録した初のメジャー系映画である。とはいえ、所詮それはゲイ版『世界残酷物語』（*Mondo Cane*, 1962）、モンド映画の域を出ない猟奇趣味の見世物にすぎなかった。しかし、より広範な歴史的文脈に置いてみたとき、この作品がゲイ解放運動における重要な転機を意図せずして予見していることに気づく。

ゲイ連続殺人事件を追って潜入捜査をする警官のスティーヴ（アル・パチーノ）は、当初は「男にアレをしゃぶられたことはあるか」という上司の質問に失笑するしかない異性愛者として登場する。しかし、「オレに何か起こりつつある」という自身の言葉どおり、潜入捜査を進めていくにつれて彼は同性愛の世界へとはまっていき、恋人とのセックスも自らの異性愛を確認するための儀式となっていく。そして、事件解決直後に新たな殺人事件が発生し、その犠牲者はスティーヴが捜査上で知り合った同性愛者であった。映画はスティーヴの虚ろな目をした表情のクローズアップ、そして最初の遺体発見現場であったハドソン湾へとディゾルブして終わる。

このように、『クルージング』はオープンエンディングの体裁を取りながらも、スティーヴがゲイ化していくと同時に殺人者になっていく過程を強く暗示させる。この意味するところは明瞭である。同性愛者はゲットーというクローゼットに隔離された視られる客体ではなく、視る主体すなわち異性愛者の日常を気づかないうちに侵略していく『ＳＦボディ・スナッチャー／恐怖の街』(*Invasion of the Body Snatchers*, 1956) のエイリアンのように表象されるのだ。さらにそれは、「伝染する病」としての同性愛のイメージでもあり、映画公開の翌年から発生するエイズ・パニック、およびそれに伴う同性愛差別の強烈な巻き返しの予兆となっていることに注意すべきである。その意味で、この映画はゲイ解放の歴史におけるまさしく転換点に位置しているのである。

それでも、『クルージング』にはフリードキン自身が気づかなかったと思われる革新性がある。この作品では、異性愛者が同性愛者として演技し、反復していくことでそのアイデンティティを獲得していく軌跡が鮮やかに辿られていく。これは九〇年代のジュディス・バトラーによるパフォーマンス理論、そしてそれと連動するかのように制作されたニュー・クィア・シネマと呼ばれる前衛的・政治的な一群の映画を先取りしていないであろうか。紙幅の関係で詳細は別のところで論じるつもりだが、期せずしてパフォーマンスの観点からセクシュアリティを捉えることで、この映画は同性愛の歴史におけるまた別の転換点にもなっていると言えよう。

八〇年代に入ると、ゲイ解放運動はエイズ危機を契機に新たな局面を迎える。そのとき、ハリウッドはそれに対してどのように反応したのであろうか。大体予想はつくが、それでも見ていこう。

エイズ時代のハリウッド

一九八一年七月、『ニューヨーク・タイムズ』紙に、ニューヨーク、ロサンゼルスなどの大都市に住む複数の同性愛者が「特殊ながん」に罹って死亡するという記事が掲載される。その後、同性愛者を中心として症例数は急増、エイズ・パニックが発生する。「ゲイ関連免疫不全(GRID)」という当初この奇病につけられた名称が示すように、それには「同性愛者の病」というイメージが定着し、ストーンウォール以降のゲイ解放運動に大きな打撃を与えることになる(Treichler 53, Hart [2000] 4)。

この深刻な社会問題に直面しながら、ハリウッドは腫物にでも触るかのようにそれを正面から扱うことを忌避、メディアとしての社会的責任を完全に放棄する(Russo 256)。しかし、ヘイズ・コードの時代に逆戻りしたかのような消極的な姿勢を取りつつも、それはこの病に対していびつな反応をした。ベンショフとグリフィンが指摘するように、スプラッターやホラーという形式で、エイズ危機を時代の不安として表現したのである（Benshoff & Griffin 205-6）。マッカーシズムの五〇年代、『遊星よりの物体X』（*The Thing from Another World*, 1951）や『放射能X』（*Them!*, 1953）、『SFボディ・スナッチャー／恐怖の街』といったB級SF映画が量産され、共産主義の恐怖がモンスターや侵略者として加工・表象されていった。同じように八〇年代にも、『死霊のえじき』（*Day of the Dead*, 1985）、『ザ・フライ』（*The Fly*, 1986）、そして『遊星からの物体X』（*The Thing*, 1982）などのスプラッター、ホラー、SFX映画が量産されて、そこにウイルスという他者の侵略に対する恐怖が投影される。つまり、ゾンビ菌、物質転送機に紛れ込んだハエ、謎のエイリアンといった異質な何かが肉体に侵入、細胞を浸食してそれを遺伝子レベルで変形させていくというプロセスに、エイズの恐怖が表象されているのだ。

夢工場ハリウッドのこうした抑圧的な夢加工に対して、同性愛とエイズの問題を現実的に取り上げたのはインディペンデント系の映画であった。『ロングタイム・コンパニオン』（*Longtime Companion*, 1989）は、一九八一年七月の『ニューヨーク・タイムズ』紙の記事から物語を説き起こし、自由と権利を謳歌していたポスト・ストーンウォール世代のゲイ・コミュニティが、エイズによって解体していくプロセスを時系列にしたがって追っていく。『パーティング・グランス』（*Parting Glances*, 1984）は、八〇年代のゲイ・ヤッピーたちの生活を淡々と綴る作品である。『ロングタイム・コンパニオン』とは異なり、ここでのエイズ患者の同性愛者は業病を背負った哀れな犠牲者としては表象されず、その姿はさりげなく等身大に描かれる。『ロングタイム・コンパニオン』と『パーティング・グランス』には、メジャー系映画でお馴染みのどぎついオネエ系やサイコパスとしてゲイは登場しない。このようなステレオタイプを極力避けることで、両作品とも同性愛者を「普通の人間」として描き、エイズを特殊な世界ではなく日常生活で起っている「私たちの問題」として提起する啓蒙映画となっている（Benshoff & Griffin 210）。

しかし、「ノーマル」であることを強調するあまり、意図した効果とは別のものがそこには生じているように思われる。実際、両者とも異性愛者のオーディエンスが安心して観ることができる映画である。だがそれは、「規範」が脅かされないことから来る安心とは言えないであろうか。要するに、同性愛を「普遍化」する行為には、つねにそれを異性愛社会へと同化させてしまう危険が伴うのである。

それでも、これらインディペンデント系映画の果たした役割は大きい。八七年に結成されたエイズ解放同盟ＡＣＴ ＵＰが「沈黙＝死（SILENCE=DEATH）」のスローガンを掲げて政府の無為無策を批判していったように、それらはハリウッドの同じく無為無策を批判し、その沈黙を破ったのである（Crimp 7）。そして、この声が呼び水となって、九〇年代に入るとニュー・クィア・シネマ（以下、ＮＱＣ）と呼ばれる前衛的かつ政治的な一連の映画が登場する。詳細はこのジャンルの名付け親であるＢ・ルビー・リッチの『ニュー・クィア・シネマ』を参照してもらうとして、ＮＱＣには研ぎ澄まされた映像的感性が九〇年代特有のポストモダン的な手法で表現され、形式・内容ともにクオリティの高いものが多い（Rich 16-32, Pearl 23）。そのなかで、グレッグ・アラキの『リヴィング・エンド』（*The Living End*, 1992）とジョン・グレイソンの『ゼロ・ペイシェンス』（*Zero Patience*,1993）はエイズをテーマとした作品であるが、それ以前のエイズ映画とは異なり、そこには異性愛者オーディエンスを啓蒙する意図など微塵もない。

『リヴィング・エンド』はＨＩＶ陽性の同性愛者を扱いながら、スタイリッシュなＭＴＶのようにそのノリは軽い。実際、これ見よがしに貼られたゴダールの『メイド・イン・ＵＳＡ』（*Made in U.S.A.*, 1966）のポスターに呼応するかのようなジャンプカットの多用、レズビアン・カップルの強盗がゲイに車を奪われる『バニシング・ポイント』のパロディなど、ヌーベルヴァーグとニューシネマの記憶がクィアに捻られる。しかし、たんなる引用、パスティーシュではない。ポストモダン的な意匠を透して、そこには硬質な政治意識が見え隠れする。

ゲイ・バッシャーや警官を殺害し、逃避行する二人組のゲイ。彼らの行くところ切れ目なく続く荒れ果てたロスの風景は、閉塞した異性愛社会の直喩となっている。それゆえ、二人の逃走は、いつの間にか犯罪からというよりも社会からの逃走というニュアンスを帯びてくる。このように、『リヴィング・エンド』は旧来の反体制的な映画にオマージュを捧げつつも、それらが問わなかった（というより、むしろ加担していた）より大きな不可視の権力、異性愛という社会的権力を撃つのである。

『ゼロ・ペイシェンス』はさらに軽いノリで、エイズ問題を捌いていく。ハリウッド黄金期のミユージカルを踏襲しながら、その伝統的な形式をクィアに換骨奪胎していく手際には、パスティーシュというよりもキッチュという形容がしっくりとくる。エイズ患者やＡＣＴ ＵＰのメンバーはもとより、感染源とされたアフリカミドリザル、ＨＩＶウイルス、そして肛門までもがエイズをめぐるナンバーを謳い上げるとき、テーマの深刻さゆえにかえって不謹慎な爆笑が誘発される。

しかし、ジョン・ウォーターズや三池崇を彷彿とさせる悪趣味は、すぐれて政治的な異化作用を発揮する。エイズ問題を節操なくデフォルメすることによって、科学・医学の客観性の名のもとに、エイズ0号患者《ペイシェント・ゼロ》のみならず、病そのものがイデオロギー的に捏造されていくプロセスが前景化される。その捻ったタイトルに示されるように、そこでは社会的弱者に対して「寛容度ゼロ《ゼロ・ペイシェンス》」の体制が鋭く告発されるのだ。

ＮＱＣのインパクトによって、ハリウッドはようやく重い腰を上げ、エイズ問題を扱うことになる。理由は美学的な影響からでも倫理的な使命感からでもなく、マーケットとして成立すると判断したからと見て間違いない。その初のメジャー系エイズ映画が、ジョナサン・デミの『フィラデルフィア』（*Philadelphia*,1993）であった。

フィラデルフィアの法律事務所に勤める同性愛者の弁護士ベケット（トム・ハンクス）は、エイズ発症と同時に事務所を解雇されてしまう。彼はこれをエイズ差別に基づく不当解雇として訴訟、差別と偏見に苦しみながらも黒人弁護士ミラー（ディンゼル・ワシントン）の助けを借りて最終的には勝訴する。独立宣言の地を舞台にした法と正義の追求というプロットからもわかるように、この作品は「アメリカの良心」を描く古典的ハリウッド映画に範をとっている。要するに、ゲイ版『スミス都へ行く』(*Mr. Smith Goes to Washington*, 1939)なのだ。しかし、ここで称賛される「アメリカの良心」とは、異性愛社会のそれにほかならない。同性愛とエイズは、そのヘテロな良心を慰撫するための小道具にすぎないのである。

まずこの映画でもっとも不可解なのは、ベケットが自分で弁護をしないことである。エイズ発症後、なぜかこの雄弁な辣腕弁護士は発話能力がフォレスト・ガンプ以下になってしまう。そこでミラーが彼を代弁して、弁護だかバッシングだかわからないレトリックを駆使して饒舌をふるうことになる。この説話上の不合理を説明する方法は、ひとつしかないであろう。同性愛者のエイズ患者は語る主体とはなりえず、つねに語られる客体でなければならないという論理だ。それゆえ、エイズ患者は職を失うと同時に、声も失うことになる。しかし、代わりに雄弁になるものがある。身体である。

ラリー・クレイマーの「メイクアップが演技している」という指摘どおり、とにかくこの映画は他者の徴付けに余念がない(Kramer, *LAT*)。物語の冒頭、法律事務所の上司がベケットの額のアザを目ざとく見つける。病院の待合室では首のアザが注視され、図書館ではやつれた姿が不安と好奇の目に晒される。やがて観客はこうした劇中の眼差しと一体化するように誘われ、エイズ患者は監視の対象、視られる客体へと化していく。そして極めつけは、法廷でスティグマが開陳される場面である。紫斑に覆われたエイズ患者の身体に注がれる眼差しは、『ザ・フライ』のおぞましい姿に変身したハエ男に注がれるそれと同一のものだ。この時点で、この映画は古き良きヒューマンドラマであることを放棄して、キワモノのＳＦＸ映画になっていく。

このエイズ患者の表象には、八三年にイギリスのタブロイド紙『サンデー・ピープル』に掲載された衝撃的な写真の記憶が重なる。そこには、カポジ肉腫に侵され変形した同性愛者の顔が写し出されていた。その写真に典型を見るように、エイズは同性愛者を可視化するという神話がメディアを介して流通するようになる（Gever 115）。『フィラデルフィア』と同年に公開された『ゼロ・ペイシェンス』において、グレイソンは瘢痕を合成した捏造写真を使ってエイズ患者を可視化していく手口を描くことで、その神話の解体を試みた。それとは逆にジョナサン・デミは、『羊たちの沈黙』に続いてこの映画でも、無批判に他者の身体を徴付けて可視化することで、その神話を実践・強化していったのだ。

このように、いくら同情をもって扱われようとも（憐憫の対象とした時点で、すでに上から目線であるが）、このメジャー系映画において同性愛者は一方的に語られ定義され監視される客体でしかない。その効果はと言えば、一般観客（つまり、ほぼ異性愛者）に「私たち」の社会の正義と寛容さがいまだ健全であることを確認させると同時に、エイズを「彼ら（つまり、同性愛者）」の病としてクローゼットのなかへ隔離することで、「私たち」の不安を払拭させるのである。

ヘイズ・コードが有効であった頃はもちろん、その撤廃以降も、ハリウッドは同性愛を搾取しながらクローゼットに囲い込むことをやめなかった。映画を凋落させたテレビがインターネットの普及で斜陽化している現在、映画は二〇世紀の遺物になりつつある。旧作や外国映画のリメイクに終始している現状からもわかるように、コンテンツの枯渇したハリウッドにはとりわけその傾向が著しい（テレビ局とタイアップばかりの邦画は、もっと悲惨だが）。それゆえ、二一世紀に入っても、同性愛はテコ入れのカンフル剤として引き続き搾取されていくことになる。

『ブロークバック・マウンテン』というクローゼット

ポストNQCの時代、ハリウッドは『ボーイズ・ドント・クライ』（*Boys Don't Cry*, 1999）や『RENT』（*Rent*, 2005）といったLGBTをテーマにした映画を定期的に生産していくが、そのなかで特筆すべき話題を呼んだのが二〇〇五年の『ブロークバック・マウンテン』（*Brokeback Mountain*, 2005）である。

実際、この映画は公開当初から、ゲイ版『ロミオとジュリエット』とか『風と共に去りぬ』といった喩えが示すように、ゲイ、ヘテロを問わずに幅広いオーディエンスの間で評価が高かった（Rich 191, Vargas WP）。この高評価に後押しされるように、同性愛映画としては信じがたい記録的な興業成績を上げ、アカデミー賞をはじめ数々の受賞をすることになる。

また一般観客だけでなく批評家筋にも受けがよく、「クィア・シネマの勝利」、「酷いステレオタイプの打破」などの賛辞が寄せられ、ルビー・リッチでさえも「新時代を告げる質量ともに深い変化」を示した作品と手放しの賞賛をしている（Hart［2013］137, Blake *America*, Rich 185）。クローゼットに押し込められていた同性愛が堂々とスクリーンにカミングアウト、万人受けする一般映画として承認された画期的な出来事であった。

たしかにこの映画は、ある意味で衝撃的であった。イニス（ヒース・レジャー）とジャック（ジェイク・ジレンホール）の二人のカウボーイが、何の前触れもなく突然アナルセックスをはじめるとき、おそらくほとんどの観客は度肝を抜かれたに違いない。しかも、大衆的な想像力において「男らしさ」の神話の担い手であったカウボーイが同性愛者、という偶像破壊的な設定にさらにその衝撃度は増したと思われる（Handley 4）。

しかし、そうした興味本位の側面だけでは、『ブロークバック・マウンテン』がこれほどまでの評価を受けた理由を説明できない。もしそれだけであれば、ハードコア・ポルノ『ディープ・スロート』（*Deep Throat*, 1972）のように、解禁第一号の記念碑的な作品として記されるに留まったであろう。また、『真夜中のパーティー』や『真夜中のカウボーイ』（*Midnight Cowboy*, 1969）、もしくは『ロンサム・カウボーイ』（*Lonesome Cowboys*, 1968）にその典型を見るように、カウボーイは定番のゲイ・アイコンである（Rich 187-8, Osterweil 39, Halberstam 190-1）。したがって、衝撃を受けたのはほとんどの観客、つまりそのような世界とは無縁な異性愛者の観客だけであったと思われる。

それでは、NQCの社会的な認知、「クィア・シネマの勝利」がその成功の背景にあったのであろうか。実際、リッチは監督アン・リーのクィア的な変換の手法を高く評価している。彼女によれば、『ブロークバック・マウンテン』でリーは、西部劇という伝統的ジャンルを「クィアのレンズを通して」読み換え、「テクストとサブテクストを反転」させている（Rich 187）。要するに、西部劇における男と男の結びつきを字義的に再解釈し、ホモソーシャルな欲望をホモセクシュアルなそれとして顕在化させた、ということである。補足すれば、複数の批評家が指摘しているように、メロドラマというこれまた伝統的な形式を反転させ、異性愛を「普遍化」してきた装置をパロディカルに再利用していると捉えることもできるかもしれない（Hart［2013］133, Mccabe 309-20, Mennel 102-3）。

しかし、本当にそうであろうか。たしかに、NQCの真骨頂は、異性愛中心主義と深く共犯関係にある伝統的な物語形式をパスティーシュし、換骨奪胎することにあった。だが、ハリウッド映画を観に行く平均的な観客が、そうした形式的な技巧をどのていど理解できるであろうか。

アン・リー自身の見解はどうかと言えば、自作を「普遍的な物語」と位置づけている（Mendelsohn 32）。この作者の意図を素直に受け入れれば、映画の当たった理由が自ずとわかってくるのではないだろうか。つまり、それは伝統的な形式をクィアに換骨奪胎したからではなく、クィアなテーマを「普遍的な物語」へと巧みに昇華させたからこそ万人受けしたのである。NQCとはまったく逆のベクトル、クィアを伝統的な形式に差し戻して脱クィア化することにこそ、その成功の秘訣があったのだ。

普遍化によるこの脱クィア化の手続きについて、D・A・ミラーは視点の相対化という観点から論じている。ミラーによれば、『ブロークバック・マウンテン』には観客が視点を同一化できる登場人物がいない。車のバックミラー越しにイニスを見るジャックのゲイの視線、二人を秘かに監視する違法放牧業者のホモフォビックな視線、さらにはイニスの妻ら異性愛者の同性愛者に対する不寛容な視線、観る者はそのどれにも視点を重ね合わせることはできない（Miller 58）。いわば、マルヴィの理論が成立しない映画なのだ。

しかし、ミラーが分析するように、この同一化の欠如にこそ視線のポリティックスは存在する。登場人物の視点が明らかに偏っていて、特定の社会的・心理的・物語的な枠組みに捉われているがゆえに、それとは対照的な形で私たち観客の視線は「普遍的」と定義されることになる（Miller 58）。

では、総てを偏向したものとして相対化する、このポストモダン的な眼差しの効果とは何であろうか。それは「普遍化」の名のもとに、自らの立ち位置を隠蔽・忘却する効果にほかならない。

実際、注意すべきは、異性愛者の視線も偏向したものとして相対化されている点である。このことは、しばしば指摘されるこの映画の非歴史性とも関連している。物語の時代設定は一九六三年から八五年となっているが、その間に起こった同性愛をめぐる歴史的な出来事はひとつもなかったかのごとくスルーされる。ストーンウォールともゲイ解放運動ともエイズ危機とも無縁な物語が、ワイオミングの美しい風景を書き割りとして繰り広げられていくばかりなのだ（Freeman 104,

Sonstegard 187）。

こうした歴史性と政治性の忌避は、二重の意味で抑圧的となる。まず解放の歴史の記憶が消去されることで、同性愛者は抵抗する主体ではなく、初期のエイズ映画のように「哀れな犠牲者」として人畜無害に客体化される。そして、こちらの方が重要であるが、解放の歴史を稼働させた主要因、異性愛中心社会の抑圧と暴力の記憶も併せて消去されてしまう。たしかに、惨殺したゲイの死体を息子に見せるイニスの父親や、ジャックを殺したとされるゲイ・バッシャーは登場する。しかし、歴史的な文脈の欠如によって（そのため、断片的なフラッシュバックで処理されている）、その暴力は個別の局地的な出来事としてしか印象を残さない。

　こうして異性愛者の観客は、自らを客体化して眼差しの対象とすることで罪悪感を喚起させられることもなく、その責任を免除される。過去に偏狭な田舎でこんなひどい同性愛差別がありました、と（黙認も含めて）自らが加担しているはずの行為を「客観視」できる免罪符を与えられるのだ。そして、言うまでもなく、このようなマジョリティー向けの居心地の良さがなければ、この映画の大ヒットはなかったのである。

　冒頭で述べたように、同性愛をめぐるハリウッドの歴史は抑圧と搾取のそれであった。それに対する回答を、『ブロークバック・マウンテン』に見つけ出すことはできない。それどころか、異性愛者を「私たち」から「彼（女）ら」にすり替えてしまう視覚の詐術によって、メディア、オーディエンス、そしてその背後にある社会が実践してきた差別の連座、共犯性は不問にされるのである。

物語の最後、イニスはジャックの形見の重ね掛けされたシャツに頬ずりし、それを衣装棚に仕舞い込む。ブロークバックの思い出は、字義通りクローゼットに仕舞い込まれなければならない。同じように、歴史的、社会的、そして映画的な抑圧の記憶も、クローゼットに仕舞い込まれなければならないのだ。カミングアウトした先には、忘却という新たなクローゼットが扉を開けて待っていたのである。

備考欄

この種の分野を多少とも齧ったことのある人なら誰でもおわかりのように、本論は掛け値なしの拙論、論じ尽くされた感のある作品ばかりを取り上げたベタでスカスカなゲイ映画論である。また先回りして言えば、『ミルク』（*Milk*, 2008）について何も触れていないのは、すでに穴だらけの仕事にさらに大穴を開ける怠慢以外の何物でもないことも承知している。『ミルク』はＮＱＣ系のガス・ヴァン・サントがメジャーで撮ったゲイ映画、しかもゲイ解放運動の象徴的人物ハーヴェイ・ミルクの伝記映画である。当然、外すわけにはいかない。しかし、『ブロークバック・マウンテン』と同じく一筋縄ではいかないテクストなので、これまで含めると枚数制限を超えてしまう。いずれ別稿で論じてみたいと思う。

ちょうどこの雑文を書いているとき、ストーンウォール事件が映画化されたことを知った。題名はストレートに『ストーンウォール』（*Stonewall*, 2015）。未見の映画にあれこれ言うのは控えたいが、しかし監督がローランド・エメリッヒと聞いた時点で、やはりハリウッドだな、という思いを禁じ得なかった。いくら本人がゲイとはいえ、『インディペンデンス・デイ』（*Independence Day*, 1996）や『２０１２』（*2012*, 2009）などのパニック系ブロックバスターを得意とする監督に、この事件を扱わせるのは無理があったように思う（予想通り、ブログの評価も酷いし）。しかし、機会があれば、この映画についても、『アフター・ストーンウォール』（*After Stonewall*, 1999）などの資料と突き合わせて何か書いてみたいと思う。

註

（１）ハリウッド映画における「同性愛」の表象については、ルッソの本とともに、それを翻案した映画版『セルロイド・クローゼット』（*The Celluloid Closet*, 1995）が必見の基本文献。

参考資料

［書籍］

Adam, Sonstegard. “Adapting Annie Proulx's Story to the Mainstream Multiplex” in William R. Handley, ed., *The Brokeback*

Book: From Story to Cultural Phenomenon. Lincoln: University of Nebraska Press, 2011. 179-189.

Benshoff, Harry M. & Sean Griffin. *Queer Images : A History of Gay and Lesbian Film in America*. Lanham: Rowman & Littlefield Publishers, 2005.

Black, Gregory D. *Hollywood Censored: Morality Codes, Catholics, and the Movies*. Cambridge: Cambridge University Press, 1994.

Blake, Richard A. "Star-Crossed Lovers." *America: The National Catholic Review*, February 20, 2006.

Carter, David. *Stonewall: The Riots That Sparked the Gay Revolution*. New York: St. Martin's Griffin. 2004.

Crimp, Douglas. "AIDS: Cultural Analysis / Cultural Activism" in Douglas Crimp, ed., *AIDS: Cultural Analysis / Cultural Activism*. Cambridge, Massachusetts: The MIT Press, 1988. 3-16.

Freeman, Chris. ""Jack, I Swear": Some Promises to Gay Culture from Mainstream Hollywood" in Handley, ed., *The Brokeback Book*. 103-117.

Gever, Martha. "Pictures of Sickness: Stuart Marshall's *Bright Eyes*" in Crimp, ed., *AIDS*. 109-126.

Halberstam, Judith. "Not So Lonesome Cowboys: The Queer Western" in Handley, ed., *The Brokeback Book*. 190-201.

Handley, William R. "Introduction: The Pasts and Futures of a Story and a Film" in Handley, ed., *The Brokeback Book*. 1-23.

Hart, Kylo-Patrick R. *The AIDS Movie: Representing a Pandemic in Film and Television*. Routledge, 2000.

——. *Queer Males in Contemporary Cinema: Becoming Visible*. Lanham: The Scarecrow Press, 2013.

Jowett, Garth. *Film–The Democratic Art: Social History of American Film*. Boston: Focal Press, 1976.

Kramer, Larry. "Why I Hated 'Philadelphia'." *Los Angeles Times*, January 9, 1994.

Kuhn, Betsy. *Gay Power!: The Stonewall Riots and the Gay Rights Movement, 1969*. Minneapolis: Twenty-First Century Books, 2011.

Mann, William J. *Behind the Screen: How Gays and Lesbians Shaped Hollywood*. Penguin, 2001.

Mccabe, Susan. "Mother Twist: *Brokeback Mountain* and Melodrama" in Handley, ed., *The Brokeback Book*. 309-320.

Mendelsohn, Daniel. “An Affair to Remember” in Handley, ed., *The Brokeback Book*. 31-38.
Mennel, Barbara. *Queer Cinema: Schoolgirls, Vampires, and Gay Cowboys*. Wallflower Press, 2012.
Miller, D. A. “On the Universality of Brokeback Mountain,” *Film Quarterly*, vol. 60, no. 3（Spring 2007）. 50-60.
Mulvey, Laura. “Visual Pleasure and Narrative Cinema” in Philip Rosen, ed., *Narrative, Apparatus, Ideology: A Film Theory Reader*. New York: Columbia University Press, 1986. 198-209.
Osterweil, Ara. “Ang Lee's Lonesome Cowboys.” *Film Quarterly*, vol. 60, no. 3（Spring 2007）. 38-42.
Pearl, Monica B. “AIDS and New Queer Cinema” in Michele Aaron, ed., *New Queer Cinema: A Critical Reader.* George Square, Edinburgh: Edinburgh University Press, 2004. 23-35
Rich, B. Ruby. *New Queer Cinema: The Director's Cut*. Durham: Duke University Press, 2013.
Russo, Vito. *The Celluloid Closet: Homosexuality in the Movies*, Revised Edition. New York: Harper & Row, 1985.
Sklar, Robert. *Movie-Made America: A Cultural History of American Movies*. New York: Vintage, 1975.
Treichler, Paula A. “AIDS, Homophobia, and Biomedical Discourse: An Epidemic of Signification” in Crimp, ed., *AIDS*. 31-70.
Vargas, Jose Antonio. “Gay Moviegoers Tip Their Hats to a Love Story.” *The Washington Post*, December 14, 2005.
Wood, Robin. *Hollywood from Vietnam to Reagan*. New York: Columbia University Press, 1986.

[DVD・VHS]

Araki, Gregg. *The Living End*. Strand Releasing, 2008.
Friedkin, William. *The Boys in the Band*. Paramount, 2008.
Friedman, Jeffrey & Rob Epstein. *The Celluloid Closet*. Sony Pictures, 2001.
Greyson, John. *Zero Patience*. Strand Releasing, 2005.
Sherwood, Bill. *Parting Glances*. First Run Features, 2000.

デミ、ジョナサン。『フィラデルフィア』ソニー・ピクチャーズ・エンタテインメント、二〇〇三年。

フリードキン、ウィリアム。『クルージング』（VHS）ワーナー・ホーム・ビデオ、一九九〇年。

マンキウィッツ、ジョーゼフ。『去年の夏、突然に』ソニー・ピクチャーズ・エンタテインメント、二〇一〇年。

リー、アン。『ブロークバック・マウンテン』ジェネオン・エンタテインメント、二〇〇六年。

ルネ、ノーマン。『ロングタイム・コンパニオン』20世紀フォックス・ホーム・エンターテイメント・ジャパン、二〇〇八年。

※映画に関しては、言及ていどに留めている作品は記載していない。

映画が描く恋愛と結婚
――ノーラ・エフロン、フェミニズム、ポストフェミニズム

照沼かほる

はじめに

アメリカで監督・脚本家として活躍したノーラ・エフロン（1941-2012）は、脚本家である両親のもとに生まれた時から、映画界に関わる人生を送った。最初の職業にはあえてジャーナリストを選んだが、エッセイ集『クレイジー・サラダ』（*Crazy Salad*, 1972）と『スクリブル、スクリブル』（*Scribble Scribble*, 1975）、そして自伝的小説『心みだれて』（*Heartburn*, 1983）の著者として脚光を浴び、『シルクウッド』（*Silkwood*, 1983）の脚本で映画に携わるようになる。一九八六年の『心みだれて』の映画化で脚本を担当した後も着々とキャリアを積み、脚本を手掛けた『恋人たちの予感』

(*When Harry Met Sally*, 1989)、脚本および監督も務めた『めぐり逢えたら』(*Sleepless in Seattle*, 1993)と『ユー・ガット・メール』(*You've Got Mail*, 1998)のメグ・ライアン主演の三作品がヒットしたことから、「ロマンティック・コメディの女王」と称されることもある(Dance 8)。

彼女の両親は、作品制作過程に家族との生活体験を積極的に取り入れたが、その仕事ぶりを見ていた彼女もそれに倣い、そこから『心みだれて』、『恋人たちの予感』、『ディス・イズ・マイ・ライフ』(*This is My Life*, 1992)、『電話で抱きしめて』(*Hanging Up*, 2000)が生まれた。また、『シルクウッド』、『ラッキー・ナンバー』(*Lucky Numbers*, 2000)、『ジュリー&ジュリア』(*Julie & Julia*, 2009)のように、実話に基づく作品も手掛けた。一方、実体験や実話とは無関係の、数多の映画作品に影響を受けてきたエフロンらしい、「映画」的物語も作った。『めぐり逢えたら』、『ユー・ガット・メール』、『奥さまは魔女』(*Bewitched*, 2005)が主にそれに当たる[1]。

彼女の作品は、ミシェル・シュライバーが「ポストフェミニスト・ロマンス・サイクル」と呼ぶところの時期にすべて収まっている。シュライバーは、一九八〇年から二〇一二年までをその期間とし、実社会で女性を取り巻く状況は大きく変化したのに対して、この間の女性を主人公とした映画は、依然として結婚がゴールのロマンス中心の物語が大半であるように見えるが、六〇年代以降のフェミニスト・レトリックから八〇年代以降のポストフェミニスト・レトリックになったことで、お決まりのハッピーエンドのロマンスの中に同時代の女性たちの直面する問題や不安を反映しているという(Schreiber 1-4)。

ポストフェミニズムの特徴は、三浦玲一の言葉を借りれば、第二派フェミニズムの「後の世代」の女性たちの、「かつての性差別的な制度はもはや存在しない、よって、かつてのフェミニズムはもはや無意味だと宣言し、現代社会において、私は個人の力で生きていくことができるしそうやって成功する」という考えである(三浦62)。より具体的には、ネオリベラリズムの影響の下、「個人主義・選択・エンパワーメント」を重視し、「『私探し』による自己実現」と「男女には自然な差が存在するという主張」が再び常識となり、「性が重要な話題となると同時に、さまざまな差異が商品化され消費主義が当然視されること」などがその特徴となっている(三浦63)。

ポストフェミニスト・ロマンスのジャンルは、そうした選択権とエンパワーメントをもつ女性を描くのが主たる関心であり、最も重要なのは、恋人・夫の選択である。ポストフェミニスト的文化の中で、女性たちは「エンパワーされた消費者」として、女性を取り巻く複雑な日常の描写と恋愛の成就というハッピーエンドの両方を提供してくれるポストフェミニスト・ロマンスというジャンルを好む(Schreiber 4)。それはちょうど、実社会においても、自己責任の下に選択権を与えられた女性たちが、自己実現のために重視する選択が、恋人・夫選びであると考えていることを反映しているように見える。

エフロン作品の中で、シュライバーの言う「ポストフェミニスト・ロマンス・サイクル」に最も相応しいのは、メグ・ライアン主演のロマンティック・コメディ三部作であろう。これらは、恋愛の成就が最重要の関心事であり、幸福の大前提であるとする物語だ。リズ・ダンスも述べるように、この三部作で興行的に成功し、「軽いロマンティック・コメディ」の名手として有名になったエフロンは、これまでシリアスに論じられることは多くなかった（Dance 5）。しかし、その一見単純な図式の物語が、映画であることを最大限に活かした、エフロンならではの手法で作られていることに目を向けると、「ポストフェミニスト・レトリック」なるもので、彼女の作品が現代の女性の恋愛観を映し出しているように見えてくる。さらに、通常ロマンス・ジャンルには分類されない、彼女の他の作品に、ロマンス・ジャンルとは別の観点から捉えたポストフェミニスト的文化が抱える問題が描かれていると捉えることもできるだろう。

本稿では、エフロンの監督・脚本作品のうち、女性が主人公の作品を取り上げ、ポストフェミニスト的状況で是とされる物語に、女性たちの願望と現実がどのように反映されているのかを検証する。まず、独身女性が主人公で、恋愛の行方を中心に描くロマンティック・コメディ作品（『恋人たちの予感』、『めぐり逢えたら』、『ユー・ガット・メール』、『奥さまは魔女』）、次に既婚女性が主人公で、結婚後の問題を描いた作品（『電話で抱きしめて』、『ジュリー&ジュリア』）、最後に彼女の実体験に基づく、離婚後の女性を主人公にした作品（『心みだれて』、『ディス・イズ・マイ・ライフ』）の順に考察し、それぞれの境遇の女性たちの問題がどのようにポストフェミニズムの考えを映し出しているのか（いないのか）を考える。そして、フェミニズムの終焉を唱えるポストフェミニズムの評価が正当であるのかについても、エフロンの作品を通して考えてみたい。

ファンタジーとしての恋愛映画

エフロンの提示するロマンティック・コメディは、男女の恋愛を中心に描くだけでなく、私たちがロマンティックだと考える恋愛は映画《フィクション》から学んだものであり、映画だからこそありえるのだと証明しようとしている作品に見える。現実世界ではそうはいかないと考えながらも、観客は映画の中の恋愛に惹かれ、憧れ、現実に当てはめてみたい誘惑に駆られる。映画の中にしか存在しない「恋愛」は、現実世界で理想の恋を求める女性たちにとってどのような意味を持つだろうか。

(一)『恋人たちの予感』

『恋人たちの予感』は、脚本はエフロンが担当しているが、ハリーのモデルである監督のロブ・ライナーと製作のA・シェインマンとの話し合いから脚本を仕上げている(『恋人たちの予感』スタッフコメント)。その発端は、男女で恋愛に関する考え方があまりに異なることに驚いたことで、その違いをめぐって物語を作ることが決まった。本作は、「恋愛」を映画でどう描くかを模索した作品であり、彼女のその後の作品の土台となる要素がここに築かれていると言える。

男女間に友情は成立するか——『恋人たちの予感』の主人公ハリーとサリーは、初対面ながら車に相乗りしてニューヨークへ向かう道中に、この問題で意見を違える。ハリーはサリーの友人の恋人で、恋愛対象ではない間柄ゆえに、二人は男女の恋愛観の違いについて激論を交わす。数年後、二人が空港で再開した際は、サリーには恋人が、ハリーには婚約者がいて、再び男女の友情について話し合うが、どちらも考えを変えてはいない。しかし、三度目の本屋での再会では、サリーは恋人と、ハリーは妻と、価値観の違いから別れており、二人は「友人」として親しくなっていく。ハリーは「男女の友情は成り立つ」というサリーの説に同意し、やがて二人は、恋の悩みを打ち明け合い、恋人のいない時には慰め、恋人ができれば相応しい相手かどうか気にかける仲になる。

しかし、自分には結婚しないと言っていた元恋人が結婚すると知り、ショックを受けたサリーをハリーが慰めに行った時、二人は「友情」を超えた関係になる。そのことに動揺するハリーの姿を見て、サリーは落胆するが、やがてサリーこそが人生のパートナーだと気づいたハリーが、彼女に求婚する時、物語は結末を迎える。男女間に友情は成立するか——少なくとも二人の例は、男女の仲は友情から愛情に発展するのが望ましいものであることを示している。

『恋人たちの予感』は、恋愛映画ではあるが、主人公たちの恋模様を描く作品というよりは、「恋愛」についての物語であり、さらには、恋愛がどれほど人生の大きな部分を占めるものであるかを説く作品であると言える。恋愛は、男女で考え方は異なっても、双方にとって重要な、不可欠なものであり、その成就は結婚であることが望ましいことを、恋愛と結婚に纏わるエピソードだけで作品を構成することで、この映画は語ろうとしている。

この作品には、サリーとハリーの物語と並行して、ドキュメンタリー風に七組の夫婦のインタビユーが差し挟まれている。六組の老夫婦がソファに並んで座り、二人の馴れ初めと現在の幸せぶりを、カメラに向かって語り、最後に、夫婦となったハリーとサリーが七組目として登場する。紆余曲折はあっても、人は結婚をするものであり、結婚の継続こそが幸せな人生の証であるというメッセージを、これらの場面は伝えている。そして結婚が素晴らしいものであれば、その前提としての恋愛もまた、人生において不可欠なものとなる。老夫婦たちを演じているのは俳優だが、彼らが語るエピソードは実話に基づくものだという（『恋人たちの予感』スタッフコメント）。こうした実話らしさを強調したエピソードが、この物語が肯定する恋愛と結婚の本当らしさを補強している。

（二）『めぐり逢えたら』

『恋人たちの予感』の中にも、名作映画が言及される場面や、主人公二人がテレビで映画『カサブランカ』（*Casablanca*, 1942）を見ながら電話で話す場面があり、彼らが映画から恋愛を学んでいることを示しているが、『めぐり逢えたら』では、それが作品の中心モティーフとなっている。メグ・ライアンの言葉を借りれば、人は「ロマンスなしには生きられない、それは水みたいなもの」であり、そのなくてはならない「恋愛」は、映画で描かれるようなロマンティックなものこそが本物とされている（『めぐり逢えたら』特典映像）。

「私たちの恋愛観の大部分は映画に形成され」ていると言うエフロン自身が「これは恋愛映画ではなく、映画の中の恋愛の映画」だと述べているように、『めぐり逢えたら』は、映画に影響された恋愛観をもつ女性アニーと、映画のような偶然の出会いに心ときめかせる男性サムをめぐる物語であり、出会ったばかりでもこの後二人は結婚するのだろうと観客に想像させて終わる物語である（『めぐり逢えたら』特典映像）。

アニーは、ラジオの向こう側で、愛する亡き妻への想いを語るサムに、会ったこともないままに心を奪われ、婚約者がいることを歯止めにしながらも、レオ・マッケリーの映画『めぐり逢い』（*An Affair to Remember*, 1957）のエピソードそのままに、バレンタインデーにエンパイア・ステート・ビルで会う約束をし、そこでサムとめぐり逢うことになる。他方、サムは、友人に今風のデートの作法を教わり、息子ジョナに邪魔されながらも、妻を忘れるために好みでない女性と付き合う一方で、知人の助けと探偵調査を使って自分の居場所を突き止めて遠路はるばる会いに来たアニーを、空港で偶然見かけた時にデジャヴを覚え、彼女が忘れられない存在となる。そして約束の場所でめぐり逢い、「君だったんだ」と彼女を見つめた時、それは、サムがラジオ番組で語った、亡き妻との出会いのエピソード――「車から降りるのに手を貸した瞬間にこの人だとわかった、まるで魔法だった」(2)――を思い起こさせる、恋に落ちる瞬間となる。

「魔法」は、アニーの認識でも恋に落ちる瞬間に現れるものだ。クリスマス休暇にウォルターとの婚約を告げに実家に戻った際、祖母のウェディング・ドレスを試着しながら、アニーは母が父と出会った瞬間に感じた「魔法」の話を聞く。その帰り道に、ラジオでサムの言葉を聞きながら、彼と同時につぶやいた言葉も「魔法」だった。アニーはアレルギー持ちで手はかかるが誠実なウォルターを愛していて、サムに惹かれる自分は間違っていると反省する。兄に相談に行った際には、会ったこともない男性への恋心をファンタジーと思いながらも打ち消せないのを、結婚前の気の迷いだと自分に言い聞かせもする。

アニーが、運命の人と「魔法」のような出会いをしたいという願望をもつのに大きく影響しているのが、映画『めぐり逢い』である。アニーを初め、友人のベッキー、サムの姉、ジョナの友人ジェシカ、そしてエンパイア・ステート・ビルの展望台の係員の妻に至るまで、この映画は世代を問わず女性たちを夢中にさせている。しかし、『めぐり逢い』をテレビで見ながら、「この頃は恋をするってどんなことかわかっていたのよ。時間も、距離も、何も二人を引き離せない。だって正しいってわかってるから」と言うアニーを、ベッキーは「映画だから」と遮る。「あなたは恋したいんじゃなくて、映画のような恋がしたいのよ。」

「映画のような恋」に憧れていることも、それがファンタジーであることも、仕事と偽ってサムに会いに行ったことが馬鹿げていることもわかっていながら、アニーはサムを諦められない。そして、バレンタインデーにニューヨークで落ち合ったウォルターから、彼が母から譲りうけた大事な指輪を、一度は受け取りながらも、今の自分はサムに夢中なのだと打ち明ける。そして、婚約者と別れたアニーは約束の場所に向かい、閉場時間で誰もいない展望台に、バックパックを置き忘れたジョナとサムが引き返してきたことで、アニーとサムに「魔法」の瞬間が訪れる。

アニーは「映画のような恋」を手に入れ、サムは最愛の妻と出会った時と同じ「魔法」を感じた女性を手に入れる。サムの息子ジョナは、ママを失って悲しむパパのために新しいママを手に入れ、ラジオ番組で語った願いが叶う。そして観客は、「映画のような恋」が彼らにもたらした幸福を、映画だからこそ成就するものと知りながら、それを理想として認識し、憧れを抱くのだ。

(三)『ユー・ガット・メール』

『恋人たちの予感』でも『めぐり逢えたら』でも、主人公は仕事に就き自活しているが、仕事に熱心な姿は描かれず、物語はほぼ恋愛のことだけで進む。恋愛が成就した後に彼女たちが仕事とどう向き合うのかも、重要なこととして扱われてはいない。ポストフェミニズム的な映画として度々取り上げられる『ブリジット・ジョーンズの日記』(*Bridget Jones's Diary*, 2001)や『プラダを着た悪魔』(*The Devil Wears Prada*, 2006)では、もちろん恋愛が重要な関心事として描かれてはいるが、生き甲斐としての仕事やキャリアの実現も、自分らしさを保つ上で大切なものとして描かれているのとは、対照的に見える。

『ユー・ガット・メール』の主人公キャスリーンは、サリーやアニーと比べると、仕事への情熱は大きく、母から受け継いだ書店経営に、誇りを持って向き合っている。しかしだからこそ、彼女の恋愛が成就した後に、奪われてしまった天職への未練が、あまりにもあっさりと扱われているように見えてしまう。それはまるで、キャスリーンにとってさえも、仕事よりも、恋愛、あるいはパートナーを得ることの方が、人生には重要なのだというメッセージを伝えているようだ。

アニーが映画の影響で「映画のような恋」に憧れているように、キャスリーンは、ジェイン・オースティンの小説『高慢と偏見』に影響を受けており、それが女性らしい恋愛観として示されている。また、エルンスト・ルビッチの映画『桃色の店』（*The Shop around the Corner*, 1940）で舞台となる店が、キャスリーンの書店のモデルにもなっている（『ユー・ガット・メール』特典コメンタリー）。だが、それ以上に映画的なのは、キャスリーンもまた、同棲している恋人がいながら、インターネットのチャットルームで知り合った、会ったこともない男性に心を奪われていることだ。現代では、インターネット上で意気投合し、恋愛・結婚に至る人々は珍しくなくなってきたが、彼女の場合は、その相手が近隣に住む同業者であり、しかも自分の店を脅かす商売敵であるという、物語的偶然のあからさまな、恋愛トラブルにうってつけの設定となっている。

キャスリーンは、母との思い出に満ちた児童書専門店「街角の店」を、気心の知れたスタッフとともに営んでおり、馴染みの客も多かったが、近所に大型書店フォックスができたことで、事態が一変する。自分たちにしかできないサービスや常連の存在に自信をもち、知人の出版記念パーティで会ったフォックス店オーナーのジョーにも強気な態度を取る彼女だったが、フォックスは大型店ならではの戦略であっという間に地域住民の支持を得て、キャスリーンの店を閉店へと追いやる。窮地の彼女の相談役となり、心の安らぎとなるのが、「ショップガール」として参加していたチャットルームで知り合った「NY152」である。素性がわかることは尋ねないルールのもと、ハンドルネームしか知らない男性に、キャスリーンは恋人フランクよりも心を許すようになる。「NY152」

もまた、「ショップガール」を恋人パトリシアよりも近しい存在と感じている。

物語の中盤で「NY152」と「ショップガール」は顔を合わせることになるが、待ち合わせの場所に先に来ていたキャスリーンを、遠方から覗き見て、ジョーは彼女が自分の想い人であることを知ることとなる。商売敵の自分ではなく「NY152」を待っている彼女に、ジョーは正体を明かさずに話しかけ、彼女の気持ちを探ろうとする。彼はその後、メールでも正体を明かせず、ただ約束を守れなかったことを詫びる。一方、キャスリーンはそれを受け入れ、閉店を決心したことを「NY152」に伝える。彼女が恋人フランクとは互いに心が離れていることを確認する一方、ジョーも恋人パトリシアと別れ、主人公二人の恋が成就する準備が整う。ジョーは風邪を引いたキャスリーンを見舞いに行き、友だちになりたいと言って驚かせる。

ジョーは「NY152」としてキャスリーンを勇気づけ、本屋を失った彼女に児童書に関する執筆の依頼を受けるように勧め、それと同時に、ジョーとして偶然を装って彼女と会い、商売敵だった時の溝を埋めようとする。そしてキャスリーンもジョーとの時間を楽しむようになり、営利優先の、価値観の異なる敵対者だった彼の面影は消えてゆく。そして、再び「NY152」と会うことにした彼女は、ジョーに「君を待ちぼうけさせた男は許せても、僕の小さな罪は許せないか。どうか許してほしい」と嘆願され、戸惑いながら「NY152」との約束場所へ向かった時、そこに現れたジョーに、「あなたであってほしいと思っていた」と言って、彼を抱きしめる。BGMに用いられる『オズの魔法使い』の曲「虹の彼方に」は、虚構空間から現実世界に戻った時のドロシーの喜びと、インターネット上の理想の相手が現実に恋人として現れた時のキャスリーンの喜びとを重ね合わせる仕掛けとなっている。

キャスリーンと同様に、観客もまた、彼女の中で、「NY152」とジョーが重なり合い、理想の相手となって現れたことを、幸福な結末だと感じるだろう。彼が、母から受け継ぎ天職だと思っていた仕事を彼女から奪った相手だということは、恋の成就に比べれば、重要なことではなくなっている。女性にとって恋愛は仕事よりも大切なのであり、恋の成就こそが女性の幸せであることを、この物語は強調している。

(四)『奥さまは魔女』

『めぐり逢えたら』においても、「魔法」は恋に落ちる瞬間をもたらしたが、本作では文字通りの「魔法」と恋の関係が描かれる。先の三部作と比べると、興行収入も評価も低いが、この作品もまた、エフロンからポストフェミニズム的な状況にいる女性たちに向けられた、恋愛と幸せをめぐる物語である。ここでも、恋愛こそが女性の幸せの基盤であり、自分らしい人生を送るための最優先事項となっている。

主人公の魔女イザベルは「普通の生活」をするために箒に乗ってハリウッドにやってくる。家の入手、買い物、片付けに、つい魔法を使ってしまうが、引き留めに来た父親には、魔法など使わない生活の苦労がしたいと言う。そして何より「普通の恋」に憧れ、「魔女だとわかっても気にしない」「私を必要としてくれる男性がほしい」と願う。

イザベルの恋の相手ジャックは、巨額の製作費の映画が失敗に終わり、妻には家を追い出され、不本意ながら『奥様は魔女』リメイク版の夫役を引き受けた落ち目の映画スターである。マネージャーに唆され、自分が目立つようにサマンサ役は素人から探せと制作側に注文を付けるが、オーディションではテレビ版のサマンサのように魔法をかける鼻の仕草ができる人は見つからない。その折、本屋で偶然見たイザベルの鼻に一目惚れした彼は、「君が必要だ」と彼女をスカウトし、事情を把握しないまま撮影所に来た彼女に「君が魔女でも気にしない」と言って口説く。

しかし撮影が始まって、ジャックの思惑を知ったイザベルは、仕返しに本番中に魔法で彼を困らせ、それでも懲りないとわかると、呪いまでかける。だが呪いで自分に夢中になる彼を見て、「本当に愛されていなければ、何の意味もない」と気づき、呪いを解く。再び横柄な態度に戻った彼に、イザベルがきつく説教して役を降りようとすると、叱咤に感化されたジャックは彼女を引き留める。イザベルが魔法なしにジャックを変える、「本当の恋」が始まる瞬間である。番組は一変して『奥様は魔女』らしくなり、彼らは二人きりで夜のスタジオでミュージカルのように歌って踊るほど親密になる。二人の幸せの時が、現実とフィクションの混ざり合った世界として描かれ、彼女は「魔法のようなことが、魔法なしで起こった」ことに幸せを感じる。

ついにイザベルは、魔女であることを打ち明ける。だが期待に反し、彼は騙されたと彼女を罵り、拒絶する。その一方で、彼女のことが頭から離れないジャックは、仕事で大失敗する悪夢を見た後、架空の人物アーサー叔父に導かれて、彼女に会いにスタジオに向かう。そこには、「家とは自分が一番幸せでいられる場所」と父親に言われたイザベルも来ていた。「魔女だから普通にはなれない」と嘆く彼女に、二つの世界にいながら幸せになったサマンサになぞらえて、「愛しているよ、サマンサ」とジャックは言う。結婚した二人が新居に到着したところで物語は終わる。

イザベルが夢見た「幸せ」は、魔法に頼らずに苦労をする生活の中にある。とりわけ恋の相手とは、魔法を使わない「本当の恋」がしたいと願う。だが実際には、彼女は少しだけと言って何度も魔法に頼り、恋の相手には呪いまでかけている。ジャックを改心させたのはイザベルだが、彼を悩ませるのも彼女である。魔法なしで自分に恋してくれる相手との幸せを求めた彼女は、その一方で、自分が魔女であっても構わないと言ってくれる相手を求めているという矛盾には気づかない。魔女であるのを隠して魔女役をやるイザベルに翻弄され、現実とフィクションの区別が付かなくなるジャックは、彼女の矛盾した願望にもまた振り回されているようだ。

脚本と監督を担当したエフロンは、本作に関するドキュメンタリーで、テレビシリーズでは「サマンサが魔法を使うのは、家庭の問題を解決する場合に限られている」と、当時の女性の力が発揮できる領域が限定されていたことを示唆している。そして、「男性の愛情を失わずに関係を築きながら、女性はどの程度まで力が許されるのか、それは女性が常に悩んできた問題」で、「ロマンティック・コメディの基本前提」でもあり、それを踏まえると、『奥様は魔女』は魔法という力を発揮できる女性が主人公ではあるが、フェミニスト的とは言えないと述べている（『奥さまは魔女』特典映像）。それと比べれば、映画『奥さまは魔女』では、主人公は自分の幸せ探しのために魔法を使い、その最重要項目である恋愛のためにも魔法という力を発揮していて、「フェミニスト的」であるのかもしれない。

しかし、クライマックスのイザベルの言葉は、現代の「普通の女性」の願望を代弁しているのだろうか。「君なら他のどんな男性だって選べた」というジャックに、「でもあなたを選んだ……もし間違っていたら、いつでもやめられるから」と彼女は答える。自分で選択した人生を自分らしく生きたいと願う女性たちにとっても、最重要の選択はパートナー選びである。しかし選択を間違ってもやり直すことが可能なら「最重要」とは言えない。結局は、魔法という力を持つ魔女にしか言えない言葉なのだ。イザベルの望んだ幸せは、映画の中の「魔女」にしか実現しえないものである。そのイザベルが語る恋愛観に、多くの女性たちが共感するように仕向けられているとすれば、理想の恋愛はフィクションの中にしかないことを知りながら、現実世界に女性たちは何を求めることになるのだろうか。

ハッピーエンドの先——結婚後の生活と家族

恋愛が成就し、ロマンティック・パートナーを得て結婚した主人公は、ポストフェミニスト・ロマンス・サイクルの作品の中で、どのような境遇を迎えるのだろうか。映画的な恋愛や、魔法のかかった恋愛をめぐる作品とは異なり、結婚後の女性が、自分らしい人生を送るために、自己実現のために対処しなければならない諸々の問題が、そこではどのように提示され、どのような解決が描かれているだろうか。

（二）『電話で抱きしめて』

本作の監督は、出演もしているダイアン・キートンであるが、脚本は、妹デリア・エフロンの原作小説をもとに彼女とノーラが共同執筆しており、しかも主人公の家族は、エフロン家をモデルにしている。映画では四姉妹ではなく三姉妹の設定で、誰も執筆の仕事はしていないが、両親は実際と同じく脚本家として登場する。主人公は次女のイヴで、彼女の経験する出来事——仕事の向き合い方、姉妹との葛藤、家族との接し方、父の介護、母との再会——を中心に物語は進む。

別々に暮らす姉妹と父は、イヴを中心に繋がっている。冒頭の人物関係の紹介は、イヴと彼らとの電話でのやりとりから成り立っている。家族との電話の合間に、仕事仲間とも電話することで、彼女が家族と仕事を同じくらい大切にしていることが暗示され、姉のジョージアが雑誌の編集長として仕事中心に生きていること、妹のマディが時折昼メロに出演しながらボーイフレンドと気ままに暮らしていることと、対比されている。イヴの一番の気がかりは、認知症の疑いのある父親で、妻と別れたことを忘れていたり、「おまえが一緒にいないと死んでしまう」と言って困らせたり、多量の鎮痛剤を飲んで病院に運ばれたりと、いつも彼女の心配の種となっている。

常に電話をしているイヴは、ある時電話しながらの運転で事故を起こしてしまう。また、電話がかかってくると、入院中の父の訃報ではないかと慌てる。電話は、彼女を家族や仕事と繋くと同時に縛ってもいる。特に家族との電話は、自分がまとめ役として家族の中心にいることを彼女に自負させるが、それに振り回されてもいる。

イヴの夫は寛大に彼女を支えようとするが、彼女のパニックぶりに苛立つこともあり、一人息子はマイペースで母のことをあまり気にかけない。姉と妹が父の世話を自分に任せきりなのも、自分もパーティ会社の経営で忙しい身であるのにと、納得がいかない。一方、父を案じて、父の元に戻ってほしいと頼みに行った母には、「母親業は私の生き甲斐にはならなかった」、「私は母親になるのが全てという類いの女性じゃない」と言われ、娘として、母として、イヴは自分の生き方を批判されたように感じ愕然とする。

物語の山場は、イヴの会社が手掛けた夫人交流会のパーティで、主催者希望でゲストに招いた姉ジョージアが父の具合が悪いことをスピーチで話したことに、妹二人が激怒し、口論になる中、「父危篤」の連絡が入り、三人は病院に駆けつける。その後父は息を引き取り、三人は悲しみに暮れるが、やがてまた日常に戻っていく。

結婚し、子どももいて、責任のある仕事をしているイヴの生活は、いわば勝ち組の、現代の女性の理想のそれであるにもかかわらず、実際には、面倒なことを一身に引き受けて悪戦苦闘していることに不満を抱えたものとして、この作品では描かれている。そのイヴを通して、ジョージアとマディの方が人生を楽しんでいるように、観客の目にも映る。しかも、家事に子育てに介護にと、女性が請け負うことが当然とされている仕事をこなそうと頑張るイヴに対して、母の言葉はイヴの価値観を揺さぶることになる。結婚後の女性の幸せは、その幸せを手に入れる前に想像していた程には、「幸せ」ではない。

(二)『ジュリー&ジュリア』

これは二人のアメリカ人女性の実話を基にした物語である。一人は、一九四九年、外交官の妻でパリに赴任中に料理に目覚め、料理学校で学び、何年もかけてアメリカ人向けのフランス料理の本を著し、家庭料理を変革したジュリア・チャイルド、もう一人は、二〇〇二年ニューヨークで、小説家志望を断念するも、文筆で何かを成し遂げたいと、ジュリア・チャイルドの料理本に掲載された五二四のレシピを三六五日で制覇するという料理ブログに挑んだジュリー・パウエルである。ジュリーにとってジュリアは、かつて母が彼女のレシピで「牛肉の赤ワイン煮込み」を作った際、彼女を「妖精」のように身近に感じて以来、特別な存在であると言う。料理を開始してからも、彼女は常にジュリアに思いを馳せ、ブログにも彼女への憧れを綴る。映画は、ジュリアとジュリーが、どちらも夫に支えられながら、目標に向かって努力するさまを交互に映し出すことで、女性が料理を通して自己実現していくことを理想の人生として描いている。

ジュリアは、包丁もうまく使えないまま、名門ル・コルドン・ブルーで、唯一空きのあったプロ養成コースに入ってフランス料理の技を習得し、アメリカのペンフレンドへの便りに「私は、今楽園にいます。ずっと生き甲斐を探してきて、やっとみつけた」と打ち明ける。友人を介して、アメリカ人向けの料理の本を準備中というシムカとルイゼットと知り合い、一緒にパリのアメリカ人のための料理教室を始め、やがて彼女らの本作りにも参加する。

一方ジュリーは、「フルタイムで働いて、夫がいるのに、ブログまで始めて、体をこわすわ」と母に心配されながらも、「自分にはこれしかない」と料理に夢中になっていく。やがてブログは「サロン・ドット・コム」で三位になるほど注目され、彼女は自分が必要とされていると感じる。

料理を通して、二人は自分の目標に近づくのと同時に、自分の世界を広げてゆくが、苦難も訪れる。それを救ってくれるのが、夫の理解と協力と愛である。ジュリアは、夫の転勤で愛するパリを離れてマルセイユ、次にドイツへ移ることになり、労作の料理本は長すぎて出版は難しいと言われる。だが、中国赴任時の任務をスパイ行為と疑われて尋問を受け、深く傷ついた夫が、「今まで何のために頑張ってきたのか。君には本があるけれど」と言うと、「あなたの本でもある」と返答して彼の理解と協力に改めて感謝し、彼女は出版社の要望に妥協せずに、初心を貫く決心をする。

他方、ジュリーは、ジュリアの本の編集者ジュディス・ジョーンズの招待が決まり、夢中で料理の準備をするも、悪天候で中止になり、ブログ読者の反応を案じて絶望し、それまで全面協力してくれていた夫エリックに八つ当たりしてしまう。すると彼は「彼らはブログが終われば忘れて生きていく」けれど、これは「僕たちの人生で、結婚生活なんだ」と叫んで家を出ていく。ジュリーは、ジュリアと自分には「政府機関で働いていて、素晴らしい夫がいて、途方に暮れたとき料理に救われた」という共通点があるが、「ジュリアは夫に当たったりしない」と反省する。改めて夫の存在の大きさに気づいたジュリーは、ブログに彼への謝罪と感謝を綴り、夫婦の絆は一層強くなる。その後、『ニューヨーク・タイムズ』の記者をディナーに招待し、それが記事になって出版社やエージェント、テレビ局から問い合わせが殺到する中、最後のレシピの料理完成を祝う記念のホームパーティで、ジュリーは夫の存在を強調する。「エリック、あなたがいたからやり遂げられた」と。

オスローに移り、その後アメリカに戻ってきたジュリアにもついに、「世界を変えられる」彼女の本の真価を見抜いた編集者と出版社が現れる。届いた封筒の中に完成した自分の本を見つけて感激するジュリアとポールの姿で物語は終わる。

この作品は、実在の二人の女性が「夢」を実現させる物語であると同時に、二組の夫婦の愛の物語でもある。ジュリーも認めるように、二人の重要な共通点は、「素晴らしい夫」がいることだ。どちらも夫の存在なしには、料理に多大な時間と労力を費やすことはできず、夢は実現できなかった。妻を深く愛し、理解し、妻の夢を応援し支える夫は、結婚した女性の自己実現にとって非常に重要な存在であることがわかる。ポールは、妻と喧嘩することもなく、妻の全てを受け入れ、彼女が望むことは何でも応援し、妻の夢を自分の夢と考える、まさに「理想の夫」として描かれている。エリックは、妻の癇癪に腹を立てることもあるが、それは自分たちの結婚生活を大切に思うゆえであり、妻の欠点を優しく受け入れる姿は、やはり「理想の夫」のそれである。

そのことは逆に、「理想の夫」なしには、結婚後の女性の自己実現は困難になることを意味する。そしてポールやエリックのような夫が、決して見つけやすくはないことも、彼らの完璧な夫ぶりから観客は知ることとなる。この物語は、実在の女性たちをモデルに紡がれているが、彼女たちの恵まれた境遇は、フィクション以上に獲得困難なものであることを示しているといえる。

離婚と結婚の現実と理想

ノーラ・エフロンは、脚本家の両親がそうであったように、自分の経験を執筆時の題材としてよく利用したが、映画においては、ロマンティック・コメディ以外の作品で実体験を用いており、『心みだれて』と『ディス・イズ・マイ・ライフ』がそれに当たる。どちらも離婚経験を基にした物語で、離婚後再婚しまた離婚するまでを、夫との関係を中心に追った前者は、自著の小説の映画化作品であり、後者は、離婚してシングル・マザーとなった女性とその娘たちを主人公にした物語である。

(一)『心みだれて』

料理評論家のレイチェル・サムスタットは、独身で有名なコラムニストのマーク・フォアマンと、友人の結婚式で出会う。互いに離婚経験があり結婚には慎重だったはずが、ほぼ一目惚れで恋に落ちた二人は、すぐに結婚を決める。だが式当日、レイチェルはまたの離婚を恐れて、挙式を躊躇う。「分析医は結婚と出産をいつも勧める」けれど、「結婚すると幸せは続かない」と愚図る彼女を最後に説得したのはマークの「君のことは全てわかっているよ」という言葉だった。レイチェルが式を嫌がり控え室に籠もる場面と、その後漸く始まる結婚式の場面には、長い尺が使われており、特に誓いの場面では二人の宣誓が一字一句述べられていて、その後の結婚生活が破綻し離婚に至ることを、辛辣に皮肉っているようにも取れる。

二人が選んだ新居は、前の住人が火事を出したせいで格安で手に入ったが、修理に手間と時間がかかり、早速喧嘩の原因となる。だがレイチェルの妊娠がわかると仲直りし、出産後レイチェルは「こんな幸せがあったなんて」と娘の育児に夢中になる。一方、マークは自分が蔑ろにされていると感じ始め、レイチェルが再び妊娠した頃に彼の不満はさらに増すが、彼女は気づかない。

ある夜、レストランでの友人たちとの食事の席で、自分が何者であるかを箇条書きにして皆で発表しあう。レイチェルが「妊娠、妻、母親、作家、幸せ」と発表すると、マークは「コラムニスト、恋愛中、既婚、父親、(野球の)ショート」と並べるが、後に「恋愛中」の相手は妻ではなく別の女性だと判明する。美容院で店員から恋人の浮気話を聞くうちに、レイチェルはマークを疑い始め、書斎ですぐに証拠が見つかる。彼女は子どもを連れて実家に戻るが、「別れる」と言いながらもマークの謝罪と迎えを待ちわびている。

ある日レイチェルは、地下鉄で席を譲ってくれた男性に、目的地まで尾行され、結婚指輪を盗まれる。よりを戻したマークに指輪がないことを指摘され、事情を話すと、それを記事に書こうと言われ、私の事件だから私が書くと彼女は反論する。気まずい二人のもとに、強盗が捕まったことで結婚指輪が戻ってくる。二人目の出産時には、ベッドに横たわったレイチェルが、長女が生まれた時のことを話してとマークに頼み、思い出話をしながら二人は涙ぐみ、一時夫婦は絆を取り戻す。

しかし事件は起こる。宝石店に指輪のサイズ直しに行ったレイチェルは、店員からマークがネックレスを購入したことを聞くが、それはレイチェルへのものではなかった。彼女はサイズ直しをやめて、指輪を売ると店員に言う。

クライマックスの友人宅での食事会で、レイチェルは「一緒に住んでいてもどんな人かはわからない」「人はそう簡単には変わらない」と言い、マークとは「夢の中で暮らしているよう」だったが「夢は消える」と結婚生活の終わりを仄めかした後、クリームを塗ったパイをマークの顔に押しつける。レイチェルが、子どもたちを連れて飛行機に乗る場面で物語は終わる。おそらくは、実家のあるニューヨークで、作家の仕事に戻り、結婚の失敗を題材に執筆することになるのだろう。

愛し合って結婚した二人が、心の擦れ違いや不満の兆しを見逃して、近くにいながら遠い存在になっていき、やがて別れを決意する。この作品は、渦中の二人にはつらい出来事の積み重ねを、観客に次々と見せることによって、結婚生活の失敗対策マニュアルの役割を担っているようにも見える。夫の浮気を疑うきっかけや、強盗と指輪の話、別れると言いながら夫を待ち焦がれる姿、パイを顔に押し付ける様子など、エフロン自身や周囲の体験談から生まれたエピソードの一つ一つを、見ている側は微笑ましく感じたり苦笑したりしながら、臨場感を持って追体験する。

幸せになるための結婚は、離婚の始まりでもあることを、この映画は表している。挙式を躊躇っていたレイチェルの予言は現実のものとなる。結婚は女性の幸せのための重要手段であるとされるが、絶対確実な結婚などない。結婚している間、レイチェルは家事と育児のために仕事を離れていたが、マークの浮気発覚後、仕事仲間のリチャードにまた仕事がしたいと相談に行く。仕事を休んでいる間も、彼女は執筆のことを考えていた。結婚生活を失っても、愛すべき子どもたちと、打ち込める仕事があるのは幸せなことだ……とまではこの作品は述べていないが、それはエフロンの初監督作品で大きな問題として取り上げられている。

(二)『ディス・イズ・マイ・ライフ』

「これは私の人生」——冒頭で長女エリカがそう語るように、この作品は、母ドティの成功物語だけでなく、彼女の二人の娘たちの視点で語られる物語でもある。

ドティは、化粧品の店頭販売の仕事をしながらコメディエンヌを目指しているが、エージェントへの売り込みもままならない。だが、離婚後母娘と一緒に暮らしていた伯母が心臓発作で急死し、遺言で譲り受けた家を売ることで、仕事を辞めてコメディエンヌ業に専念する決意をする。娘たちの応援を受け、エージェントと組み、有名なプロデューサー、アーノルド・モスに認められてロサンゼルスの有名クラブに出演するチャンスを摑んだドティは、ショウを成功させたことで、テレビのトークショウ出演、新聞の取材、CM起用と、着々と夢を実現させていく。そんな母を娘たちは誇らしく思う。ある時、母の留守に世話しに来てくれた芸人仲間のミアから、女性は皆、欲しいものは全て手に入れる「ベロニカ」と、我慢ばかりの「ベティ」に分類されるものだという話を聞くと、妹オパールは、自分はベロニカになりたいと言う。一方エリカは、ドティがベティからベロニカになることができた女性だというミアの話に納得する。

留守がちになった母との関係に娘たちが不安を募らせる中、ドティは、好きで子どもと離れるわけじゃない、自分の成功は「皆で望んでいたことだったはず」と念を押す。だが、ボーイフレンドとの関係で悩む娘を放っておく母を「普通のママ」ではないとエリカは言い、さらに、その悩みをテレビ番組でネタにされ、「アーティストなら自分の経験をネタをするもの」と言う母に、「ママの人生でしょ、私のじゃない！」と反発する。

さらに、母とモスの恋人関係を知り、彼を嫌う二人はショックを受け、探偵に依頼して居場所を突き止めた父親の元に行くことを考える。一方、自分とモスを皮肉るエリカにドティは腹を立て、ついに本音を叫ぶ。「今度は私が自分の人生を持つ番じゃないの？　私が自分の人生を持っちゃだめなの？　こんなの変よ。私が不幸だった時は娘たちが幸せ、こうやって私が幸せな時は、あなたたちが惨めだなんて。」

翌朝、娘たちは、父に会いにオルバニーへ向かう。再会を果たすも、母が家を空けてコメディエンヌになったと聞いて苦笑し、母の悪口を言う父に、エリカは思わず父のように「家庭を捨てたわけじゃない」と弁護する。

娘たちの居所がわからず落ち込むドティは、モスに打ち明ける。「以前は娘たちのことしか考えていなかった。十六年間。でもこの三か月は自分のことを考えてた。その間、娘たちを殺したような気分よ。」モスが「母が幸せなら子どもたちも幸せだよ」と慰めると、「それは違う、子どもは遠くで幸せな母より、自殺寸前の隣の部屋の母を好む」と自分を責める。母親は子どもの側にいるべきと考えるドティは、モスが映画『素晴らしき哉、人生』（*It's a Wonderful Life*, 1946）のメッセージを「夢を諦めて家に留まるのは愚かしい」と解釈するのに対して、「家に留まったからこそ、周囲の人々も幸せにできた」物語だと反論する。

エリカとオパールは、駅に迎えに来ていたドティと仲直りし、母はこれまでの気持ちを娘たちに説明する。「自分の身に起きたことを自分でも説明ができない。突然宇宙に出されて、薄い空気に頭がぼーっとなっていた。自分に起こったことを、いつか二人にも体験してほしい。できれば子どもが生まれる前に。子どもが生まれると複雑になってしまうから。」今後は旅行を控えるけれど、良い仕事があれば受けると言う母は、「何とかする、方法はわからないけど」と呟く。オパールが、テレビドラマなら旅行せずにすむと提案すると、ドティは化粧品セールスの主人公と、二人の娘の物語はどうかと答える。すると姉の名前は「ベロニカ」にして、とエリカが言う。彼女もまた、母のように変わりたいと願っている。

『ディス・イズ・マイ・ライフ』は、ノーラ・エフロンが妹デリアと脚本を書き、初めて監督した作品であるだけでなく、彼女の他の作品との共通点の多い作品でもある。女性が仕事を持ち、夢を追い、成功し、パートナーを得て、家族を愛する物語であり、ショウビジネスをめぐる物語でもある。映画やテレビ番組に纏わるエピソードも盛り込まれ、フィクションを使って主人公の心情を表現してもいる。仕事も、夢も、家族との幸せも全て必要で、全て手にしていたいと願う女性の願望が詰まった作品だとも言えるだろう。

しかし、主人公がいつまでもこの幸せな状態を維持できる保障はない。仕事をしながら家族との時間も大切にする、とドティは娘たちに約束するが、彼女には「方法はわからない」のだ。その姿はまるで、個人の意思で人生を選択できる時代になったのだと信じ、当然の権利としてあれもこれも手に入れたいと願いながら、その方法は与えても教えてももらえず、全て自己責任で選ぶようにと社会に放り出されているような、ポストフェミニズム的状況に置かれた女性と重ならないだろうか。そして、子どもがいるとやりたいことがしづらくなるというドティの本音は、女性の自己実現の困難さと、何でも好きな選択をしていいが全ては自己責任でと突き放す社会の現状を、女性たちに突きつける。

おわりに

『ディス・イズ・マイ・ライフ』で「方法はわからない」というドティの呟きは、二〇年以上経った現代も、解決していないように見える。ポストフェミニズムが信じる男女平等の達成は、消費社会における消費者としては実現したかもしれないが、それ以外の面では本当に果たされているのかどうかを問う機会は、女性たちに提供されていないのではないか。また、消費社会と密接な関係にある恋愛市場において、女性は男性と対等で、「女らしさ」を財産にして、自由を手に入れたと考えられているとしても、そして数多のポストフェミニスト・ロマンスの作品が、恋愛において男女が対等であることを前提に、恋愛の成就の素晴らしさを謳い上げるとしても、それが女性たちの選択を実際に可能なものにする保障をしてくれるわけではない。そして女性たちが自分の意志で選択をしているように見えても、選択肢がきちんと機能しているのか、そもそも選択肢は十分に用意されているのか――現代のポストフェミニスト的文化状況では、それを確かめる機会は提供されていないのではないか。

エフロンのロマンティック・コメディ作品は、恋愛の素晴らしさ、ロマンティックな恋愛の魅力を観客に与えながら、それがフィクションの中にしか存在しないことを示唆する。一方、結婚後の女性たちの日常に降りかかる問題を描く作品は、結婚が幸せの基盤であるとしても、決して安泰ではなく、女性を幸せから遠ざけるものにもなりうることを表している。あるいは、「素晴らしい結婚生活」は、「素晴らしい夫」なしには成立しないことを痛感させる。そして、結婚が幸せを保証するものではないことを描く離婚後の女性たちの物語は、現実的に、冷静に、女性を取り巻く現状で何が問題となっているかを考える手がかりを示しているように思われる。

しかし、ポストフェミニズムの考え方ではそれらを解決しえないとわかったとしても、ポストフェミニズム的文化状況をなかったことにできはしない。だからこそ、ここに、「役目を終えた」とされるフェミニズムを再考する必要が生じてくるのではないだろうか。それは第三派フェミニズムとなるかもしれないし、フェミニズムの「亡霊」に向き合うことなのかもしれない（三浦、71-77、Munford & Waters 17-21）。あるいは別の方法があるかもしれない。女性が手にしたと信じられている「平等」と「エンパワーメント」が、どのようにどこまで女性の自己実現のための「自由」と「選択」を可能にしているのか——それを考えるためには、ポストフェミニズムが掲げる権利だけでは十分ではないのだ。

註

（1）他の監督・脚本作品には、クリスマス・イヴに起こった出来事をユーモラスに描いた『ミックス・ナッツ』（*Mixed Nuts*, 1994）、ジョン・トラボルタが風変わりな天使を演じた『マイケル』（*Michael*, 1996）、脚本のみでは、二人目の夫の影響で執筆した、マフィアのボスの父とパンク少女のコメディ『私のパパはマフィアの首領』（*Cookie*, 1989）と、田舎を舞台に元マフィアとFBI局員の交流を描いた『マイ・ブルー・ヘブン』（*My Blue Heaven*, 1990）がある。

（2）『めぐり逢えたら』より。以下、この項の台詞は、この作品からの筆者訳の引用。また、次項以後も、台詞はすべて各項で取り上げている作品からの筆者訳の引用。

参考資料

［書籍］

Dance, Liz. *Nora Ephron: Everything Is Copy*. North Carolina: McFarland, 2015.

Ephron, Nora. *Crazy Salad & Scribble Scribble*. New York: Vintage, 2012.

Gill, Rosalind. *Gender and the Media*. Polity Press, 2007.

McRobbie, Angela. "Postfeminism and Popular Culture," eds. Yvonne Tasker and Diane Negra. *Interrogating Postfeminism: Gender and the Politics of Popular Culture*. Durham: Duke University Press, 2007.

Munfield, Rebecca, and Melanie Walters. *Feminism and Popular Culture: Investigating the Postfeminist Mystique*. London: L.B. Tauris, 2014.

Schreiber, Michele. *American Postfeminist Cinema: Women, Romance and Contemporary Culture*. Edinburgh: Edinburgh University Press, 2015.

竹村和子（編）。『〝ポスト〟フェミニズム』作品社、二〇〇三年。

三浦玲一。「ポストフェミニズムと第三波フェミニズムの可能性―『プリキュア』、『タイタニック』、ＡＫＢ48」。三浦玲一、早坂静（編）『ジェンダーと「自由」』所収。彩流社、二〇一三年。

［ＤＶＤ・ＶＨＳ］

エフロン、ノーラ。『ディス・イズ・マイ・ライフ』（ＶＨＳ）ポニー・キャニオン、一九九二年。

――。『めぐり逢えたら』ソニー・ピクチャーズ・エンタテインメント、一九九三年。

――。『ユー・ガット・メール』ワーナー・ホームビデオ、一九九八年。

――。『奥さまは魔女』ソニー・ピクチャーズ・エンタテインメント、二〇〇五年。

――。『ジュリー&ジュリア』ソニー・ピクチャーズ・エンタテインメント、二〇〇九年。

キートン、ダイアン。『電話で抱きしめて』ソニー・ピクチャーズ・エンタテインメント、二〇〇〇年。

ニコルズ、マイク。『心みだれて』パラマウント・ジャパン、一九八六年。

ライナー、ロブ。『恋人たちの予感』二〇世紀フォックス・ホームエンターテイメント、一九八九年。

[ウェブサイト]

"allcinema : Movie & DVD Database" http://www.allcinema.net/prog/index2.php
"Box Office Mojo" http://www.boxofficemojo.com/

ニューシネマ・ターザン

──フランク・ペリー『泳ぐひと』と映像の性／政治学

塚田幸光

「ターザン」と映像の性／政治学

一九三〇年代、ハリウッド映画が「音」を手に入れた時代に耳を傾けよう。ジャングルや摩天楼に木霊する雄叫びや奇声は、トーキー時代の代名詞だろう。或いは、その「音」こそが、映画を「耳」で享受する時代の幕開けを象徴していたと言っていい。そして、興味深いのは、ターザンやキング・コングに限らず、三〇年代のハリウッド・スクリーンが、数多の「ジャングル」で溢れていた点である。

原住民の「女神」として君臨する白人ヒロイン。彼女は、簡易な胸当てと腰蓑のみで白い肌を露わにする。この『トレイダー・ホーン』(*Trader Horn*, 1931)は、エキゾチシズムとエロティシズムを融合させたジャングル映画の嚆矢だろう。『密林の女王』(*Queen of the Jungle*, 1935)、『ジャングルに踊る怪物』(*Darkest Africa*, 1936)、『密林の魔獣』(*The Girl from Mandalay*, 1936)等々。ジャングルを支配し、その中心に君臨するキング/クイーンの「白人」。その最も大衆化された物語が『ターザン』シリーズなのだ。

エドガー・ライス・バローズの小説『ターザン』(*Tarzan of the Apes*, 1912)が、およそ三桁もの映画作品やテレビ、ラジオドラマを生み、一種のメディア現象を生み出したことは周知だろう(初出の映画版『ターザン』は一九一八年)。その契機は、もちろんターザンの「雄叫び」に尽きる。一九三〇年代のトーキー化に伴い、「雄叫び」は分かりやすい「耳」アイコンとなり、ジョニー・ワイズミューラーというスターの存在にも後押しされ、『ターザン』人気は不動のものとなる。ジャングルを熟知する白人ヒーロー。彼は動物たちと意志疎通し、強靭でしなやかな身体を駆使する(原作では古代ローマ剣士の身体美とギリシア神々の跳躍的身体の融合として描かれていたことを想起しよう)。「ターザン」とは、神話的崇高さと理想的男性像の極地だったのだ。三〇年代の「ターザン」シリーズが、「女性映画」のヴァリエーションだったことをふまえると、彼の「白痴美」も納得がいく[1](Doherty 262)。知的な女性が、男性を理想的な紳士へと教育する物語。それは逆『プリティ・ウーマン』(*Pretty Woman*, 1990)・イン・ジャングルであり、だからこそ「ターザン」は、女性観客の欲望の焦点となる。彼が、アフリカ収奪という帝国主義の「女/ジェーン」のガーディアンであっても、である。

しかしながら、ここで我々が注目すべきは、「ターザン」とその冒険旅行の帝国主義的視座や差別構造ではない。代表作『類猿人ターザン』（*Tarzan the Ape Man*, 1932）に透けて見える一九三〇年代の残滓。それが「郊外」と「プール」、「男性身体」に対して、如何に接続するかを見ていきたいのだ。さらに言えば、そのターザン的身体が、アメリカが郊外化する六〇年代にも影響を与え、逆説的なアメリカン・アイコンへと変貌を遂げたプロセスも検証すべきだろう。オリジナル・ターザンから、ニューシネマ・ターザンへ。ハリウッド・ヒーローから、カウンター・カルチャーのアンチヒーローへ。そしてワイズミューラーから、『泳ぐひと』（*The Swimmer*, 1968）のバート・ランカスターへ。ターザン表象の変容とその意味を辿ることで、「プール」が繋ぐ映像の性／政治学を考察する。

ターザンと「プール」――ニューディールの功罪

ディートリヒが佇み、ジーン・ハーロウが微笑むプールサイド。一九三〇年代、ハリウッド・セレブ御用達のビヴァリーヒルズ・ホテルに豪奢な「プール」が作られる。恐慌の余波が全米を覆い、失業者が街に溢れ、配給物資が人々の命を繋ぐ。スタインベックのプロレタリアート文学や、ヨリス・イヴェンスらの左翼系ドキュメンタリー映画が隆盛を極め、社会全体が左傾化し、硬直した世論は、ファシズムやコミュニズムを支持したのだ。しかしながらここで注目したいのは、恐慌の「逆説」である。国家が緊急事態に喘ぎ、ブロック経済で生き存えるなか、皮肉にもマンハッタンでは、天空に屹立するエンパイア・ステート・ビルが建立され、ハリウッドでは富裕層がこぞってプライベート・プールを作ったことだろう。「恐慌」と「プール」。それは、ニューディール時代を象徴する富の不均衡を映し出す。

フランクリン・ローズベルトのニューディール政策は、公共事業、とりわけ巨大ダムと密接である。一九三六年にフーバーダムが完成し、巨大ダム建設が加速する。コロラド河からロサンジェルス市内へと水の供給が開始され、炎暑の街ハリウッドは、こうして「水」を手に入れるのだ。水の清涼さへの渇望、それは砂漠の街の宿命だろう。ロス郊外の富裕層は、富と名声の象徴として、プールを自宅に標準装備し、自らの乾きを潤す。『フットライト・パレード』(*Footlight Parade*, 1933)の水の饗宴や、数多の水着映画の清涼感とは、銀幕の世界の出来事だけではない。映画と二重写しとなる清爽な世界が、同時代のハリウッドに存在したのだ。

二冊のハリウッド・プール写真集、『ハリウッド・プールサイド』(*Hollywood Poolside*)と『スプリングボード・イン・ザ・ポンド』(*The Springboard in the Pond*)が興味深い。ここでは各時代のプールの変遷が説明されているが、とりわけ三〇年代が目を引く。熱帯のジャングルを連想させるエキゾチックなプールが流行するからだ。その形状も、矩形から蛇行系へと変化し、ジャングルを流れる河やラグーンと見まがう。砂漠のオアシス的プール。加藤幹郎は次のように指摘する――「スターたちはプライヴァシーを守るためにプールの周囲を緑で覆い、その結果、ハリウッドのプールは砂漠の街の緑化計画の一翼を担う私設オアシスとなったのだ」(加藤27)。ハリウッド郊外に出現した「ジャングル・プール」は、富裕層の「私的オアシス」であり、今日的な熱帯リゾートの別名だろう。アメリカ郊外の「アフリカ」。そこはエキゾチックな癒しの「場」であり、視覚的な異国を演出する。そして重要なのは、このジャングル・プールが、スクリーンの向こう側とも同期する点である。

スクリーンの世界が、現実のメタファというのは不思議なことではない。それらは互いに影響を与えながら、同時代を映し、未来を予告する。この意味において、『類猿人ターザン』の「ジャングル」と「河」は二重化するだろう。物語の前半、ジェーンとその父の旅は、危険と隣り合わせ。ライオンなどの肉食獣、カバの大群や人食いワニなど、ジャングルは野獣の巣窟であり、河は死を手招きする。だが、ターザンのいるジャングルや河には、猛獣が不在であり(現れてもターザンが駆逐するか、一瞬で過ぎ去る)、あろうことか河の水は澄みきり、流れもない。そう、この河は「プール」なのだ。我々はここで、水とロマンスの系譜、或いは抱擁の起源を確認できるだろう。スイミング・プール的ラブシーン。それは『ロミオ&ジュリエット』を想起すればいい。ジェーンとじゃれ合うターザン。刹那、彼は彼女に手を伸ばし、優しく抱きかかえる。水が媒介する象徴的な結びつきは、スクリーン越しに観客の欲望を煽るだろう。そして、この光景は、現実のハリウッド、ジャングル・プールに接続する。

ターザンとジェーンの「プール」は、ラブシーンを暗示しながら、「健全な」エロティシズムを喚起する。彼らは身体を露出し、肌を密着しながらも、そこに淫靡さはない。プライベート／ジャングル・プールは、安全さと快適さを前景化し、エキゾチシズムに彩られ、性と暴力を排除するからだ。同時に、ターザンの身体は、女性観客の欲望の焦点となり、ヘテロセクシュアルを担保する。「健康な」アメリカ、或いはマチズモ・アメリカは、コード遵守のメディア倫理と平行し、ターザン的身体を生成するだろう。この意味において、屈強な身体と脱エロス化されたヘテロ的身体は矛盾しない。ワイズミューラー／ターザンは、アメリカ郊外の「アフリカ」において、人工的で健全な身体を出現させるのだ。

スペクタクル・フレーム——ニューシネマと男性身体

果たして、健全なターザン的身体は、コードが廃棄され、性と暴力がスクリーンを覆うニューシネマの時代でも有効なのだろうか。そして、その身体は、女性観客の視線を奪い、男性観客の（ホモ）エロティックな焦点となり続けることが可能なのだろうか。結論を先取りすれば、答えは「否」だろう。ニューシネマの男性身体。それは収奪の対象であり、アメリカン・マチズモの逆説的な表象に他ならない。示唆的な「プール」のエピソードを見よう。

ニューシネマのカルト映画、イエジー・スコリモフスキーの『早春』（*Deep End*, 1970）に有名なシーンがある。主人公マイク（ジョン・モルダー・ブラウン）はいわゆるフツーの男子。彼女などいるはずもなく、悶々とした日々と格闘中。ある日、スー（ジェーン・アッシャー）への欲望が爆発した彼は、彼女の等身大パネルを抱え、全裸でプールに飛び込むのだ。揺らめく水の中で、看板を愛撫すると、それは本物の彼女になる。当然、ここでのスペクタクルの対象は、明らかにマイクであり、スーではない。そしてプールは、彼の実現不可能な欲望を映し出し、誰にも欲望されない脆弱な身体を強調する。プールはファルスを無効化する「場《フレーム》」となり、男性身体をスペクタクル化するのだ。加えるならば、マイクの悲劇は『早春』に限らない。プールと男性身体の逆説的な関係は、マイク・ニコルズの『卒業』（*The Graduate*, 1967）でも見出すことができる。プールからベッドへ。フレームの中の「フレーム」（二重のフレーム）が、男性身体を嵌めるとき、そのマスキュリニティは根こそぎにされるのだ。

『卒業』の主人公ベンジャミン（ダスティン・ホフマン）は、大学陸上部のスターであり、将来を嘱望された青年。だが彼は、ニューシネマの主人公に相応しく、言いしれぬ不安を抱え、虚無感に苛まれる日々を送る。そんな中、彼は父の友人の妻、ミセス・ロビンソン（アン・バンクロフト）と関係を持ってしまう。ここで重要なのは、彼が童貞を喪失した直後（「私が怖いの？」、「初めてなの？」と挑発する彼女に対し、彼は自らドアを閉める）、つまり暗転後のシーンである。暗闇でのセックスを継続するかのように、彼はサングラスを掛けて、プールに浮かんでいる。穏やかな陽光だが表情はさえない。刹那、股間に飲料水の缶を屹立させたショットが映る（図1）。水は揺れ動くセ

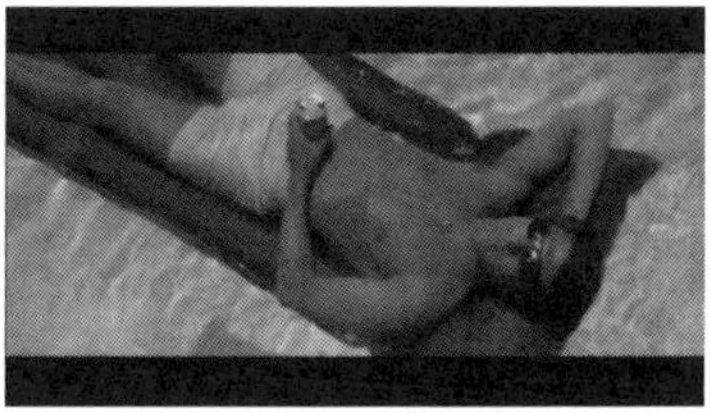

図１　屹立する缶と二重のフレーム（『卒業』）

図２　収奪される男性身体（『卒業』）

クシュアリティのメタファ。代理のペニス／ファルスが天を仰ぎ、長方形の浮き袋が二重のフレームを形成する。これは、マスキュリニティ収奪のショットだろう。なぜなら、そのプールは「ベッド」に接続するからだ。

プールからベッドへ。パンするカメラがトラックするのは、半裸のベン。部屋に入ると、そこで彼を待ち構えているのは、ミセス・ロビンソンである。ベッドで仰向けになる彼の服を脱がせて、事に及ぼうとリードするのも彼女だ（図２）。ベッド／フレームは、男性身体をスペクタクルのステージへと変えるだろう。そして、その身体は、女性が消費する性的対象でしかない。半裸の彼が物語に偏在し、物語の基調となる一方で、それは決してマスキュリニティを強調しない。或いは、女性観客にとってのターザン的理想像にもならない。性の消耗品としての男性身体だけがスペクタクル化され、パロディ化されているのだ。

ニューシネマの男性身体とは何だろうか。ベンとミセス・ロビンソンの関係は、ターザンとジェーンの現代的アレンジであり、皮肉なかたちで女性の視線と欲望を映し出す。「健全さ《ヘルス》」ではなく「淫靡さ《エロス》」。剝き出しの性は、奇妙にもベンの不能を呼び込むだろう。なぜなら彼の身体は、消費とスペクタクルの対象であり、そこに主体性は付与されない（花嫁強奪という有名なラストシーンでも、果たしてそれが彼の欲望かどうかは明らかではない。バスに乗り込んだ二人の顔はさえないからだ）。女性に消費されるマスキュリニティ。或いはフレーミングされる男性身体。その違和感の根は何処にあるのか。その映画的背景を整理しよう。

本来、映画のフレームは、女性身体／裸身と相性がいい。ローラ・マルヴィが述べたように、ハリウッド映画を見る行為とは、男性視線への同化を意味し、「観客＝男性」の図式を強化する（「観客」はヘテロセクシュアルであることが前提であり、その視座に強制されるだろう。もちろん彼女の理論は後に修正されていくのだが）。実際、ハリウッド映画に限らず、「芸術」のフレームとは、女性身体の批判的トポスではなかったか。絵画、文学、映画という芸術媒体によって、維持、捏造された支配的ジェンダー観は、「女性とベッド」や「女性と窓」など、数多の芸術的主題にコミットし、そのモチーフを再生産させてきたはずだ。「フレームの中の女性《ウィメン・イン・ザ・フレーム》」。この父権的・異性愛的な視線と構図は、男性の欲望を代弁し、女性身体を貫き、父権構造にその身体を配置する。

男性の性的・暴力的な視線は、例えば、アルフレッド・ヒッチコック『サイコ』（*Psycho*, 1960）を見ればいい。ジャネット・リーの裸身と迫り来る殺人鬼。我々はこのあまりにも有名な惨劇の結末を知っている。映画製作倫理規定《プロダクション・コード》が機能するハリウッドにおいて（一九三四年の厳格施行から六八年の廃棄までがコードの運用期間）、女性裸身のエロスや傷口のグロテスクは表象できない。リーの殺害時間はおよそ四〇秒。それは三三ショットに分割され、コラージュされた身体は、絶妙にコードを遵守し、惨劇の雰囲気を伝えるだろう（一方、観客は殺人鬼に同一化し、リーの身体を欲望する）。コラージュされ、コード化される身体。それは、リーのエロスと殺害のグロテスクを絶妙に回避した身体である。だが改めてこのシャワー・シーンを考えるとき、リーの身体とは、ハリウッド的裸身であり、マルヴィ的視線／男性観客の視線を補完する。スペクタクル化されるのは女性身体であり、男性身体ではないからだ。

だが、コード廃棄とレイティング・システムへの移行期、いわばニューシネマの時代では、女性身体は必ずしも欲望の対象とはならない（この意味において、（女性）観客がジェーンに同化する『ターザン』シリーズは、その始まりから、「異質」であったと言うこともできるだろう）。『早春』や『卒業』の裸身と「プール」の関係を見れば、我々はマルヴィ的視座が反転する瞬間を目撃することになる。とりわけ『真夜中のカーボーイ』（*Midnight Cowboy*, 1968）は強烈である。オープニングのシャワー・シーン（ここでも「水」の問題系）。露わな四肢と水飛沫、或いは筋肉に寄り添うカメラワーク。そこにあるのは、ジョー（ジョン・ヴォイド）の身体であり、男性身体のエロスだろう。リーの肢体から、ヴォイドの肉体へ。スクリーンが開示するのは「男性身体」であり、そのスペクタクルである。これこそが、コード以後、ニューシネマの身体に他ならない。

では、ニューシネマとは何だろうか。それはハリウッド・スタジオの終焉、ヴェトナム戦争とカウンター・カルチャーに象徴される混迷の時代が生み出した映画的現象である。(2) 一九六〇年代後半、政治的《ポリティカル》、人種的《レイシャル》、性的《セクシュアル》な問題が噴出するこの時代、コード廃棄が性や暴力などの表現の自由をもたらしたことは周知だろう。ニューシネマは、ヴェトナム戦争とその社会的混乱に目配せしながら、そこから絶妙な距離を取り、メタフォリカルに体制を批判する。ティーンの若き青春物語ではなく、人生の辛酸を舐めた中年世代が主人公であり、彼の苦悩が時代の混乱のメタファとなる。そして、若さにフォーカスしない物語とは、ヤング・アメリカの否認でもある。『俺たちに明日はない』（*Bonnie and Clyde*, 1967）、『イージー・ライダー』（*Easy Rider*, 1969）、『ファイブ・イージー・ピーセス』（*Five Easy Pieces*, 1970）、そして『タクシードライバー』（*Taxi Driver*, 1976）。ヴェトナムの裏側で展開するもう一つのアメリカは、悲惨なラスト、強さと弱さの共存と併置、そして絶望の未来にシンクロするだろう。カオス的アメリカ。それはコード廃棄が可能にした映画的現実《シネマティック・リアリティ》に他ならない。その複層性は、主人公たちの「身体」に照射され、アメリカの逆説を映し出す。だからこそ、映画がフォーカスするのは、二重化する「男性身体」なのだ[3]。

『真夜中のカーボーイ』における鏡のシーンを見てみよう（図3）。これは、ニューシネマの男性身体の矛盾が集約される好例である。ヴォイド／ジョーが鏡を見る。その行為は彼の悲痛な内面を隠蔽《イン》／開示《アウト》し、テクストのトーンを決定する（彼はそのマチズモの向こう側に、「何か」を隠しているわけだ）。ニューヨークのホテルに到着したジョーが最初に行うのは、自我理想の確認であり、身体の誇示に他ならない。鏡と裸身。両者を接続するワンショットが、図3と言えるだろう。鏡の左側にはポール・ニューマン主演『ハッド』（*Hud*, 1963）のポスター。右側にはロデオ開催のカウボーイ・ポスター。そして、鏡にはジョーの屈強な身体とヌード・ピンナップが映る。半裸の男性身

図３　鏡と身体と『ハッド』のポスター
（『真夜中のカーボーイ』）

図４　ベッドと不能
（『俺たちに明日はない』）

体と女性ヌードが同一のフレームに収まる。その新しさ、或いは違和感は、ゲイ・ディレクター、ジョン・シュレシンジャーのセクシュアリティを差し引いても、テクストに一種のしこりを残すだろう。ジゴロ（ニューマン）とカウボーイに陶酔し、同一化することで「男」になろうとする主人公ジョー。ホモエロティックな身体の誇示と女性ヌードが誘うヘテロへの暗示。ジョーの身体に象徴される曖昧な男性ジェンダーと不安定なセクシュアリティは、このワンショットに集約されるのだ。

ニューシネマの男性主人公たちは、その屈強な身体とは裏腹に、性へのトラウマと無縁ではない。別の言い方をすれば、彼らは性的／精神的な牢獄を生きる（だからこそ、屈強な身体という「鎧」が必須条件となる）。そして、ここで重要なことは、その精神の牢獄が「ベッド」というトポスにおいて、性の亀裂を全開する点だろう。ニューシネマの「ベッド」とは、先にも言及した「二重のフレーム」であり、不能のスペクタクル・ステージである。『俺たちに明日はない』が好例だろう。ボニー（フェイ・ダナウェイ）とクライド（ウォーレン・ベイティ）、二人の出会いは性急であり、銃による強盗が苛烈であるほどに、その性的関係は深まる。『俺たちに明日はない』のオープニング終了直後に出現する「唇」に集約されるように、ボニーの過剰なセクシュアリティは、コーラを咥える「唇」から、ベッドでのフェラチオへと接続し、クライドを圧倒する。だが、彼は勃起せず、性器を隠すようにベッドに仰向けになるしかない（図4）。ベッドはマスキュリニティを剝奪し、不能をスペクタクルへと転換する。ベッドは不能のステージ／フレームであり、屈強な身体はその悲痛さを増幅するだろう。加えるなら、『真夜中のカーボーイ』のジョーも、シャーリーとの性交では不能を晒し、ゲイを指摘されてしまう。再び性交を試みるが、それはベッドを介した男女の動物的な闘いに等しい（性交シーンの最後、ディゾルヴする画面に象徴されるように、ジョーの意識は、男娼であるにも関わらず薄れていき、その場を支配できていない）。

ニューシネマの男性身体。それは、表象のスペクタクルを反転させる。女性から男性へとスペクタクルは譲歩され、脆弱な男性が「フレーム」に出現するのだ。では、再び、ターザン的身体と「プール」の関係に戻るとき、そこには如何なるコンテクストが見えてくるのだろうか。

ニューシネマ・ターザン――プール、身体、『泳ぐひと』

映画は先行するテクスト／コンテクストの織物であり、その数多のリファレンスから自由ではない。如何なる映画もその網状の関係の一部であり、だからこそコンテクストの考察が意味を持つのだ。ジョン・チーヴァーの短編小説「泳ぐひと」（"The Swimmer," 1964）が郊外《サバービア》文学に接続し、コミユニティの閉塞感と横溢するスノッブな価値観を皮肉ったことは有名だろう。ならば、ペリーの映画『泳ぐひと』は、如何なるコンテクストを引き寄せるのか。そして、それはニューシネマの男性身体と如何に接続し、性／政治学を映し出すのか(4)。

『泳ぐひと』のオープニングにおいて、視線《カメラワーク》は森の中を彷徨い、観客の視座を惑わす。揺れるハンディは、時折、森や河、動物たちを捉え、慌ただしいパンとカットを繰り返す。刹那、上空のクレーンからの視線。フレームには、木々の間を抜けて、水着の男が映る。プールに辿り着いた褐色の男は、そのままダイヴし、泳ぎ出す。森から出現した裸身の男性は誰なのか。華麗なクロールを披瀝する姿は、往年のワイズミューラーを彷彿とさせ、ターザンとの親和性を強化するだろう。だが、ここにはある違和感がある。水着の男ネディは若々しいが若くはなく、旅をしていたはずが、持ち物を何一つ所持していない。クロースアップが示すのは目尻の皺であり、張りのない身体である（日焼けしすぎた肌は、痛々しく、健全《ヘルス》とは言い難い）。つまり、ここで強調されるのは、「老いた」マスキュリニティと「不健全な」半裸の身体なのだ。

『泳ぐひと』は、真夏の日曜日、中年男ネディがプールを泳いで家に帰る物語である。ただ、それはハッピーエンドに帰着しない。途中、様々なパーティの喧噪や知人とのトークに触れても、彼は過去を語り、遠くを見るのみだ（現実を直視しない）。そして、ラストシーンで彼を待つのは、朽ち果てた豪邸と何もない部屋である。我々観客は、彼と共にプールを旅し、徐々に開示される過去を知らされ、彼の絶望へのダイヴを見続けることになるだろう。この逆説的『オデュッセイア』では、一〇年の月日ならぬ一〇のプールが、漂泊と探索と冒険の舞台に他ならない。重厚な古典のパロディと考えても、ネディの旅は皮肉が効きすぎている。

加えるなら、オデュッセウスの旅と異なり、ネディの旅には冥界も大海原も登場しない。そこには、白人中産階級の理想郷《ユートピア》、ホワイト・サバービアがあるだけだ。一九六〇年代、都市から郊外へと人口が流入し、WASPたちのゲーテッド・シティが作られたことは有名だろう。サバービアは、父権的な核家族アメリカの象徴であり、「パパは何でも知っている」世界を代理／表象《リプリゼント》する。(5) しかしながら、その世界は、ユートピア的表層の下部に言いしれぬ闇を抱え持つのだ。『泳ぐひと』の舞台は、ニューイングランド、コネチカット北東部ブレット・パーク。『ステップフォードの妻たち』(*The Stepford Wives*, 1975) や『レボリューショナリー・ロード／燃え尽きるまで』(*Revolutionary Road*, 2008) の舞台もコネチカット州であることは興味深い一致だろう。ニューヨークの通勤圏であり、ステータス・シンボルのサバービアは、それらの物語が帰着するディストピア的世界を映し出す (例えば、『ステップフォードの妻たち』において、理想的な妻はプログラミングされたロボットであるというように)。当然のことながら、六〇年代は、ヴェトナムの裏側で生起する複数の問題が否応なく噴出し、アメリカのダークサイドを映し出していた点も看過すべきではない。混迷の時代に出現した瀟洒なサバービアとプール。その富の輝きと闇の深さは、奇妙にも同期しているのだ。

ネディが泳ぐ一〇のプールの所有者は、最後の公営プールを除くと全て白人である。(6) サバービアの高級プールでは、基本的に人々は泳がない（公営プールでは人が多すぎて泳げない）。プール本来の機能を失ったプールは、午後のひと時を演出するアルコールの添え物でしかない。だが、彼はプールの連なりを妻の名前と重ねて「ルシンダ川」と呼び、それを渡って、家／家庭に戻ろうとする。その方角は、奇妙にも「西方」であり、旅の途上で自らを「探検家」と語り、フロンティアを目指す開拓者に自身を同定するのだ（Slabey 185）。当然のことながら、その幻想の「フロンティア」の先に待つのは、絶望でしかないのだが。

実際、先のオープニングに即して言えば、「老いた」ランカスター／ネディ自身もまた、アメリカのダークサイドを逆照射するだろう。『アメリカ野郎』（*Jom Thorpe*, 1951）、『真紅の盗賊』（*The Crimson Pirate*, 1952）、『地上より永遠に』（*From Here to Eternity*, 1953）、そして『空中ぶらんこ』（*Trapeze*, 1956）等々。ランカスターのキャリアは、常に女性の欲望を喚起し、エロスを誘発していたはずだ。観客が彼に期待するのは、アメリカン・マチズモであり、それを体現する屈強な身体に他ならない。だが『泳ぐひと』は、彼のペルソナを「転覆的」に使うことで、観客の眼を欺く（Brown 358）。スペクタクル化された「老いた」身体が、堕ちたアメリカを象徴すると言うわけだ。

では、実際に映画の分析に入ろう。ネディが泳ぐプールは、すべて象徴的な意味を持つ。プールは彼の過去を開示する「窓」であり、同時にその「フレーム」は、マスキュリニティ剝奪の「場《トポス》」となる。つまり、彼は「プール／フレーム」を通過するごとに、その脆弱さが開示され、メタフォリカルに去勢されていくのだ。もちろん、この関係性は、波打つ「ベッド」と揺れる「プール」をアナロジカルに結びつけるだろう（例えば、『卒業』のベンが精神的に去勢されるプロセスを想起してもよい）。屈強な身体と脆弱な精神。そのバランスの悪さは、フレーミングを通じて明らかになる。「老いた」身体の誇示は、若さをグロテスクへと変容させ、スペクタクルへと反転する。そこに出現するのは、欲望の焦点とはなり得ないネディの虚無だ。

ネディが逆説的なターザンである限り、そこにはジェーン的人物が不可欠である。実際、『泳ぐひと』では、二人の「ジェーン」が存在する。四番目のプールで再会する元シッターのジュリーと、九番目のプールで再会する元愛人シャーリー・アボットである。ティーンのジュリーは、ネディの過去を知らない（ように見える）。好奇心も手伝い、彼女は彼との「プールをめぐる冒険」に参加するのだ。その途上、競技用の「馬場」シーンが異様であり、この映画の本質を映し出す。

三番目のプールを経て、ネディは森のトンネルを抜ける。休憩する彼は遠くを見つめ、カメラはその眼にクロースアップする。馬が疾駆し、嘶く。刹那、彼の現前に、馬が出現し、競争を始める（図5）。当然のことながら、その振る舞いは、マスキュリニティを強化しない。息せき切って、限界まで走る彼だが、足がもつれて離脱するのだ。この直後、四番目のプールで、ジュリーと再会する。「あなたは私の偶像だった」と、在りし日の想いを告白する彼女。ローションの匂いを嗅ぎ、服を触り、それを持ち帰って、肌の感触を楽しんだ、と（森を歩きながらのトークは健全だが、時折挿入される彼の顔のクロースアップは異様であり、男根的に見える）。そして、五番目のプールのあと、二人は「馬場」に到着する。

図5　馬と競走（『泳ぐひと』）

図6　「老い」と「若さ」（『泳ぐひと』）

「馬場」シーンでは、スローモーションによるアクションと雄大な音楽がシンクロし、セリフは一切ない。ネディは疾駆する馬に同化し、ジュリーと一緒に障害物を超える（図6）。カメラは彼の身体に寄り添い、クロースアップで筋肉の揺れやたるみを映し出す。スローモーションは、筋肉の「表情」をフェティッシュに強調するのだ。つまり、「馬」的な力強さ、言い換えれば強靭なマスキュリニティを暗示しながら、カメラが細部を映すことで、その試みは反転すると言えばいいだろう（スローな画面が、細部の描写を担保するのだ）。「若さ」を演出し、「老い」のグロテスクを強調する。このカメラワークは、ジュリーの十代の身体と比較すれば分かりやすい。二人が並んでフェンスを跳び越えても、ネディは「老い」、ジュリーは「若さ」を示したに過ぎない。「老い」と「若さ」の併置は、彼女の顔のクロースアップと彼の走りがオーバーラップするショットでも示される。それは若さの共振ですらないのだ。さらに言えば、「馬場」シーンの後、二人は寝転び語り合うが、欲情する「老いた男根」は、もはやエロスを誘発しない。クロースアップが強調する「皺」のフェティッシュは、ティーンの拒絶の対象でしかないのだ。

そして、もう一人の「ジェーン」、シャーリー・アボットもまた、ネディのマスキュリニティを収奪する。九番目のプール、生気に満ちた彼女に対し、再び彼は欲情するが拒否される。去勢、傷、喪失。マスキュリニティの「逆説」は、彼女との対峙で決定的となるだろう(Cohan and Hark 2)。屈強な身体から脆弱な身体へ。「プール」の旅を通じて、彼の身体は精神と呼応し、それが開示されるのだ。

最後に、水のないプールを紹介しよう(図7)。七番目のプールで、ネディは少年と出会う。母親は新婚旅行中。ひとりぼっちの少年に寄り添うネディだが、プールを見るとそこに水はない。そしてこのプールは、個人宅のものにしては、必要以上に深い。ネディは泳ぎの「型」を教えて立ち去ろうとする。だが、少年が飛び込み台の上で跳ねる音を聞き、踵を返す(落ちたらケガだけでは済まないからだ)。「少年を抱きしめるネディ」という光景は、物語で唯一、心の通った交流だろう。だが、この水のないプールと少年は、ネディの心象風景を逆照射し、闇の深さを象徴する。プールの端《サイド》に座る少年。そのアイロニカルな風景は、水を湛えたプールサイドで喧噪に身を委ねる富裕層の「ネガ」と言えるからだ。

そもそもネディとは何者なのか。現代版ターザンは、その後の「ギャツビー」であり、その出自の怪しさはぬぐえない。九番目のアボットのプールと十番目の公営プールの分水嶺が、「高速道路《ハイウェイ》」であある点が示唆的だろう(図8)。この道路が富裕層と下流層を分ける「エイトマイル」であるのは明白だ。道路にはゴミが散乱し、そこを通る車のマナーも悪い。その先に公営プールがあることを踏まえれば、住んでいる人間の階層が異なると考えるのが正しい。加えて、ネディの元邸宅は、

図７　水のないプール（『泳ぐひと』）

図８　高速道路と「ターザン」（『泳ぐひと』）

人で溢れる公営プールを見下ろす山の上にある。とすれば、彼は自身の成功を、同じ出自を持つ人たちに見せつけるために、あえてその場所に家を構えたとプロファイルすることが可能だろう（だから困難があっても、富裕層は誰も彼を助けないし、プールで出会う下層の知り合いからは悪意の標的となる）。

そして、ネディの出自、言い換えればその名前（Neddy）に、ケネディ（Kennedy）が刻印されている事実も忘れるべきではない（杉野７）。当然、二人が対峙する「フロンティア」は同じ意味ではなく[7]、ネディの存在は、ケネディ大統領に匹敵する意味を有しない（重なるのは、ケネディがマリンスポーツを好み、水着のグラビア・アイドルだった点ぐらいだろう。ネディとケネディ、中年男のプール嗜好は共通する）。だが、「喪失」という一点において、両者を結ぶ点は、「線」となるのだ――「ネディの敗北とＪＦＫの暗殺が若々しさと美しさと男らしさの喪失という点において共振している」（杉野７）。「ランカスター」というアメリカン・マチズモの変容と「老い」、「ケネディ」というアメリカン・アイコンの「死」。両者のメタフォリカルな共振は、偶然ではない。

アメリカン・アイコン／マチズモは、如何に否認されるのか。一九六〇年代という混迷の時代、現代版「ターザン」が迷走する物語は示唆的だろう。ジャングルはサバービアへと変貌し、ジェーンがターザンを支えることはない。二人を結びつけるはずの「河／プール」は、皮肉にも彼のマスキュリニティを収奪し、その身体をスペクタクルへと変えるのだ。

誇張／強調される身体、或いはそのマスキュリニティ。その不自然さは、いわば父権的シニフィアンの喪失とそこに付随するナラティヴの危機を開示するだろう。人種的、政治的、性的な諸問題が混在する六〇年代は、七〇年代末のフェミニズムの隆盛、言い換えれば、ジェンダーのパラダイムシフトの予備段階であり、それを予告する時代と措定できる。この意味において、ネディという「ターザン」は、アメリカン・マチズモのリミットを示しながら、「強さと弱さ」が共存する現代的キャラクターへと変貌を遂げるのだ。それは一種の境界侵犯であり、ジェンダーを横断、攪乱する行為だろう。「プール」は、ネディの過去を暴き、マスキュリニティを奪う。だが、そこから見えてくるのは、等身大のアメリカンであり、それこそが「共感」をドライヴさせるはずだ。

ターザンの「プール」から、ネディの「プール」へ。揺らめく水面が象徴するのは、セクシュアリティの揺れか、或いは混迷の時代の波なのか。少なくとも、そのメタファは、同時代的であり、アメリカの「今」に接続するだろう。そして、プールで佇む男性身体は、視線と欲望が交差するスクリーン、或いはスペクタクルとなり、アメリカのダークサイドを体現する。ニューシネマの複層性。それは、その身体の性／政治学にこそ見出すことができるのだ。

註

（1）「女性映画」とは、一九三〇年代から四〇年代にかけて、女性観客を対象とした映画ジャンルである。女性が視点人物に設定され、妊娠、出産、自己犠牲、子供、家庭生活など、女性的とされるステロタイプな問題を扱う点に特徴がある。『類猿人ターザン』を見る女性観客は、ジェーンの視座で物語を体験する。ターザンは彼女／観客の守護者として、いつも側にいるというわけだ。詳しくはドハーティを参照されたい。男性身体と女性の視線という、古典的ハリウッド映画の原則から逸脱する『ターザン』は、再考すべき余地が多いにある。

（2）ニューシネマは、ヘイズ・コード廃棄とメジャー・スタジオの終焉というハリウッドの混乱期に生じた現象である。そして、同時代のヴェトナム戦争に目配せし、社会と政治に微妙な距離を取っている点も重要である。人生の辛酸を舐めた三十代の青春群像は、若さ故の無軌道さとは一線を画す悲痛さと背中合わせである。

ニューシネマの主人公たちは、精神的な牢獄を生きる。それは、広大なアメリカを疾走し、袋小路に迷い込む逆説と同義だろう。『イージー・ライダー』や『バニシング・ポイント』（*Vanishing Point*, 1971）、『グライド・イン・ブルー』（*Electra Glide in Blue*, 1973）、そして『俺たちに明日はない』。その牢獄から逃れるため、彼らは死へのドライヴを選択するのだ。ニューシネマに関しては、ジェフ・キングやピーター・クラマー、トマス・シャッツらの著書が参考になる。

（3）ニューシネマの男性身体とマチズモの関係性について、拙著やデレク・ヒストロムの著書を参照されたい。『泳ぐひと』のマスキュリニティに関しては、クリストファー・ブラウンの分析が重要だろう。そこではバート・ランカスターのキャリアを踏まえながら、「転覆的」マスキュリニティの意味について考察している。

（4）映画とは一体何か。或いは、それは文学と如何なる差異を有するのか。本稿が焦点を当てるのは、映像的・文化的「再解釈」である。ジョン・チーヴァーの短編小説「泳ぐひと」とフランク・ペリーの長編映画『泳ぐひと』。両者は、主人公ネディの悲劇的アクションを共有し、大凡のプロットで重なり合う。だがここで重要なのは、その細部を比較して小説《オリジナル》を礼賛し、映画《コピー》を卑下することではない。原作の骨子だけを残し、換骨奪胎された物語／映画は、その再解釈／翻案のプロセスを通じて、独自の輝きを放つはずだ。

（5）サバービアの発展と変容に関しては、ロバート・ビューカの著作を参照されたい。彼はここで文化的・歴史的意味について考察している。また、サバービア文学とアメリカン・ダークサイトの交差に関しては、大場正明が詳しい。チーヴァーに限らず、アップダイクやリチャード・イェーツ、ブルース・フリードマンなど、郊外の闇に焦点を当てた作家は多い。

（6）パトリック・ハンクスの『アメリカ姓名辞典』（*Dictionary of American Names*）を参考に、杉野健太郎は、登場するキャラクターのエスニシティを分析する。チーヴァーの原作では、レヴィのみがユダヤ系。映画版では、アングロサクソン、アイルランド系、ドイツ系などの白人系である（杉野 2）。

（7）一九六〇年七月の「ニュー・フロンティア」宣言とは、表向きには、戦争、貧困、差別などのメタフォリカルなフロンティアに立ち向かうという主旨だが、実際にはソ連のスプートニク・ショック後のアメリカにおいて、政治的・軍事的に自らを奮い立たせるアクションであった。「マスク」をかぶり、「マチズモ」を演じる。ケネディのアメリカとは、この意味において、ネディの虚勢と共振するだろう。

参考資料

[書籍・論文・雑誌]

Bernardoni, James. *The New Hollywood: What the Movies Did with the New Freedoms of the Seventies.* Jefferson: McFarland & Company, Inc., Publishers, 1991.

Beuka, Robert. *Suburbianation: Reading Suburban Landscape in Twentieth-Century American Fiction and Film.* NY: Palgrave, 2004.

Brown, Christopher R. "Mad About the Boy? Hollywood Stardom and Masculinity Subverted in The Swimmer." *Quarterly Review of Film and Video*, 29（2012）: 356-364.

Cheever, John. "F. Scott Fitzgerald." *Atlantic Brief Lives: A Biographical Companion to the Arts.* Ed. Louis Kronenberger.

Boston: Little, Brown and Company, 1971. 275-76.

——. "The Swimmer." *The Short Stories of John Cheever.* New York: Vintage International, 2000.

Cohan, Steven and Ira Rae Hark, eds. *Screening the Male: Exploring Masculinities in Hollywood Cinema.* London: Routledge, 1993.

Dixon, Wheeler Winston. *The Exploding Eye: A Re-Visionary History of 1960s American Experimental Cinema.* Albany: State University of New York Press, 1997.

Doherty, Thomas. *Pre-code Hollywood: Sex, Immorality, and Insurrection in American Cinema 1930-1934.* New York: Columbia UP, 1999.

Elsaesser, Thomas, Alexander Horwath and Noel King, eds. *The Last Great American Picture Show: New Hollywood Cinema in the 1970s.* Amsterdam: Amsterdam University Press, 2004.

Evenhuis, Frans and Robert Landau. *Hollywood Poolside.* Santa Monica: Angel City Press, 1997.

Gustafsson, Henrik. *Out of Site: Landscape and Cultural Reflexivity in New Hollywood Cinema 1969-1974.* Stockholm: Stockholm University, 2007.

Hanks, Patrick. *Dictionary of American Family Names.* New York: Oxford University Press, 2003.

Houshell, David A. *From the American System to Mass Production, 1800-1932.* Baltimore: Johns Hopkins UP, 1984.

Hystrom, Derek. *Hard Hats, Rednecks, and Macho Men: Class in 1970s American Cinema.* Oxford: Oxford University Press, 2009.

King, Geoff. *New Hollywood Cinema: An Introduction.* New York: Columbia University Press, 2002.

Krämer, Peter. *The New Hollywood: From Bonnie and Clyde to Star Wars.* New York: Wallflower Press, 2005.

Levine, Elana. *Wallowing in Sex: The New Sexual Culture of 1970s American Television.* Durham: Duke University Press, 2007.

Lipsitz, George. "Genre Anxiety and Racial Representation in 1970s Cinema." *Refiguring American Film Genres: History* and Theory. Ed. Nick Browne. Berkeley: University of California Press, 1998. 208-232.

MacDonald, Dwight. "A Theory of Mass Culture." *Hollywood: Critical Concepts in Media and Cultural Studies.* Ed. Thomas Schatsz. New York: Routledge, 2004. 38-52.

Mulvey, Laura. "Afterthoughts on "Visual Pleasure and Narrative Cinema" inspired by King Vidor's *Duel in the Sun* (1946)" *Feminist Film Theory: A Reader.* Ed. Sue Thornham. New York: New York University Press, 1999. 122-130.

——. *Visual and Other Pleasures.* Bloomington: Indiana University Press, 1989.

——. "Visual Pleasure and Narrative Cinema." *Feminist Film Theory: A Reader.* Ed. Sue Thornham. New York: New York University Press, 1999. 31-40.

Schatz, Thomas. "The New Hollywood." *Hollywood: Critical Concepts in Media and Cultural Studies, Volume I.* Ed. Thomas Schatz. New York: Routledge, 2004. 285-314.

Silverman, Kaja. *Male Subjectivity at the Margins.* New York: Rutledge, 1992.

Slabey, Robert M. "John Cheever: The 'Swimming' of America." *Critical Essays on John Cheever.* Ed. R.G.Collins. Boston: G.K.Holl & Co, 1982. 180-191.

Staiger, Janet. "Finding Community in the Early 1960s: Underground Cinema and Sexual Politics." *Queer Cinema: The Film Reader.* Eds. Harry M. Benshoff and Sean Griffin. New York: Routledge, 2004. 167-188.

van Leeuwen, Thomas A.P. *The Springboard in the Pond.* Cambridge: The MIT Press, 1999.

大場正明。『サバービアの憂鬱—アメリカン・ファミリーの光と影』東京書籍、一九九三年。

加藤幹郎。『映画の領分—映像と音響のポイエーシス』フィルムアート社、二〇〇二年。

杉野健太郎。「幻滅のニュー・フロンティア—John Cheever の "The Swimmer" とその時代—」『中・四国アメリカ研究』中・四国アメリカ学会、二〇〇七年、一-一二頁。

塚田幸光。『シネマとジェンダー—アメリカ映画の性と戦争』臨川書店、二〇一〇年。

遠山純生（編）。『American Film 1967-72「アメリカン・ニューシネマ」の神話』ネコ・パブリッシング、一九九八年。

——。『60's New Cinema—６０年代アメリカ映画』エスクァイア・マガジン・ジャパン、二〇〇一年。

小藤田千栄子（編）。『世界の映画作２４—アメリカン・ニューシネマの俊英たち』キネマ旬報社、一九七四年。

〔DVD〕

ペン、アーサー。『俺たちに明日はない』ワーナー・ホーム・ビデオ、二〇一〇年。

シュレシンジャー、ジョン。『真夜中のカーボーイ』二〇世紀フォックス・ホーム・エンターテイメント・ジャパン、二〇一四年。

ペリー、フランク。『泳ぐひと』ソニー・ピクチャーズエンタテインメント、二〇一五年。

ニコルズ、マイク。『卒業』ジェネオン・ユニバーサル、二〇一二年。

Skolimowski, Jerzy. *Deep End*. Rachel Rocks Studios, 1982.

照沼かほる（てるぬま・かおる）
福島大学教授。主な著書・論文として、『ターミナル・ビギニング—アメリカの物語と言葉の力』（論創社、2014年、共著）、「主人公になったティンカー・ベル—『小さな妖精』の挑戦と限界」（『行政社会論集』、2015年）、ほか。

中尾信一（なかお・しんいち）
秋田大学准教授。著書として、『アメリカ文学とテクノロジー』（筑波大学アメリカ文学会、2002年、共著）。

細谷　等（ほそや・ひとし）
明星大学教授。主な著書として、『国家・イデオロギー・レトリック—アメリカ文学再読』（南雲堂フェニックス、2009年、共著）、『〈都市〉のアメリカ文化学』（ミネルヴァ書房、2011年、共著）、『アメリカ文化55のキーワード』（ミネルヴァ書房、2013年、共著）、『ターミナル・ビギニング—アメリカの物語と言葉の力』（論創社、2014年、共著）、ほか。

松崎　博（まつざき・ひろし）
愛知学院大学教授。主な著書として、『多文化主義で読む英米文学』（ミネルヴァ書房、1999年、共著）、『国家・イデオロギー・レトリック—アメリカ文学再読』（南雲堂フェニックス、2009年、共編著）、『北米の小さな博物館2』（彩流社、2009年、共著）、『ターミナル・ビギニング—アメリカの物語と言葉の力』（論創社、2014年、共著）。

三添篤郎（みそえ・あつろう）
流通経済大学准教授。主な著作・論文として、『冷戦とアメリカ—覇権国家の文化装置』（臨川書店、2014年、共著）、『アメリカン・ロードの物語学』（金星堂、2015年、共著）、「アカデミック・ライティング論序説」（『流通経済大学論集』、2016年）。

村上　東（むらかみ・あきら）
秋田大学教授。主な著書として、『高校生のための地球環境問題入門』（アルテ、2012年、共著）、『冷戦とアメリカ—覇権国家の文化装置』（臨川書店、2014年、共著）、ほか。

†執筆者紹介

宇津まり子（うつ・まりこ）
山形大学准教授。主な論文として、"Lesbian and Heterosexual Duality in Kate Chopin's 'Lilacs,'" *Mississippi Quarterly* 63:2 (2010), "A Subversive Subplot in Kate Chopin's "Ma'ame Pélagie,'" *The Journal of the American Literature Society of Japan* 12 (2014)。

大田信良（おおた・のぶよし）
東京学芸大学教授。主な著書として、『帝国の文化とリベラル・イングランド—戦間期イギリスのモダニティ』（慶應義塾大学出版会、2010年）、『ポスト・ヘリテージ映画—サッチャリズムの英国と帝国アメリカ』（上智大学出版、2010年、共編著）、『冷戦とアメリカ—覇権国家の文化装置』（臨川書店、2014年、共著）、ほか。

越智博美（おち・ひろみ）
一橋大学教授。主な著書として、『モダニズムの南部的瞬間—アメリカ南部詩人と冷戦』（研究社、2012年）、『文学研究のマニフェスト—ポスト理論・歴史主義の英米文学批評入門』（研究社、2012年、共著）、『ジェンダーにおける「承認」と「再分配」—格差、文化、イスラーム』（彩流社、2015年、共編著）、ほか。

伊達雅彦（だて・まさひこ）
尚美学園大学教授。主な著書として、『ゴーレムの表象—ユダヤ文学・アニメ・映像』（南雲堂、2013年、共編著）、『ユダヤ系文学に見る教育の光と影』（大阪教育図書、2014年、共編著）、『ユダヤ系文学と「結婚」』（彩流社、2015年、共編著）、『映画で読み解く現代アメリカ—オバマの時代』（明石書店、2015年、共著）、『アメリカン・ロードの物語学』（金星堂、2015年、共著）、ほか。

塚田幸光（つかだ・ゆきひろ）
関西学院大学教授、韓国済州大学校特別研究員、米国ハーバード大学ライシャワー日本研究所客員研究員。主な著書として、『シネマとジェンダー—アメリカ映画の性と戦争』（臨川書店、2010年）、『映画の身体論』（ミネルヴァ書房、2011年、編著）、『映画とテクノロジー』（ミネルヴァ書房、2015年、編著）、ほか。

アメリカ映画のイデオロギー――視覚と娯楽の政治学

2016年10月20日　初版第1刷印刷
2016年10月30日　初版第1刷発行

編著者　細谷等／中尾信一／村上東

発行者　森下紀夫

発行所　論創社

東京都千代田区神田神保町2-23　北井ビル
tel. 03（3264）5254　fax. 03（3264）5232
web. http://www.ronso.co.jp/
振替口座　00160-1-155266

装幀・目次・扉デザイン／奥定泰之
組版／フレックスアート
印刷・製本／中央精版印刷

ISBN978-4-8460-1561-9　